U0074510

文革之火

「麻色文革」三部曲

南懷沙 著

此書中既無臆造的人物，又無虛構的事件。人與地都稱其真姓實名。如果人物、地點的名稱與《三國演義》中巧合，則係事出有因；所寫事件的日期、細節、數字也都盡量地做到真實，若是出現些許差錯，那也是因為人的記憶難以經受歲月的磨損。

自序

所謂老三屆，指的是中國大陸文革開始那年正在中學讀書的高中和初中各三屆的學生。其實稱呼為老六屆才更能盡言其詳。這六屆中學生，多數出生於一九四六至一九五三年，文化大革命開始之際是十三歲至二十歲。

本人出生在一九五〇年，高中一年級沒有讀完，就趕上了文革，算是老三屆中的老高一。老高一有時還會被人稱作一九六八屆高中畢業生。

現在回頭來看，老三屆無疑是特殊時代造就的一個特殊群體；是一個受騙最久，受害最深，受苦最多的群體；是一個前無古人後無來者，經歷無可複製的群體。

自打我們降生在中國的土地上，一場場政治運動便接踵而來：土改、鎮反、抗美援朝、公私合營、抓胡風、合作化、反右派、大躍進、人民公社和四清，連喘息的間隙都沒有，直至波浪滔天烈焰滾滾的文化大革命。我們這一代人是吮吸著政治運動的狼奶長大的。是誰從小就把我們當做狼崽子來養的呢？

我們剛剛識圖認字，家長老師報紙書籍戲劇電影，教育我們的全是這主義那思想甲模範乙標兵，冷酷無情的人是英雄。誰個告訴過我們世界的真相？何人給我們講解過什麼是慈悲與憐憫？什麼是善良與寬容？什麼是真誠與尊重？

正當我們身體成長發育需要營養的時候，卻趕上了亙古未有的人為饑荒；我們吃糠咽菜含辛茹苦就讀到中學，學業卻被「史無前例」無情地終止。

文革伊始，狼崽子們就露出了冷酷殘忍的本性。我們焚燒圖書；我們砸毀文物；我們橫衝直撞；我們「文攻武衛」；我們批鬥侮辱刑訊關押逼死校長和老師；我們謾罵毒打杖斃無仇無冤無罪無辜的人。所作所為幾乎都是對人類價值觀的否定，每一樁罪惡幾乎都可以被列入人類文明史上的登峰造極。

文化大革命方興未艾，老三屆就被無情地甩下了決策者的戰車。紅衛兵小將成了文革犧牲品中的又一批，也是人數最多下場最慘的一批，幾乎囊括了整整一代人。所有的老三屆都淪為了失學青年和失學少年；千千萬萬城市裡的老三屆被發配去了山區邊疆農村。老三屆們從此落得一無所有，只剩下一句尷尬無奈的口號：「青春無悔！」老三屆的命運何其苦啊！

日月如梭，時光荏苒。最年輕的老三屆如今也都年逾耳順了。正所謂「江山不幸詩家幸」，我們老三屆人人都是江山不幸民眾遭難國家蒙羞的見證者。我們要肩負起歷史見證者的責任，我們應該把當年的經歷見聞感悟一五一十地說給後人聽，避免類似的悲劇在他們身上重複再現；我們也希望把歷史的真相告知於自由天空下的人；我們還要說的是：老三屆並非是突然降臨地球的天外來客，我們的所作所為既是中華文明的傳統延續，也是人類歷史的組成部分。

近年出現了不少老三屆秉筆直書往事的文章，有的已經出版成書。本人有幸也加入到了這一行列，沒承想鍵盤啪啪噠噠竟然敲出來七十多萬字。

我把敘事的筆端嘎然停止在了一九七五，那一年我二十五歲正當年。老三屆的青春無一不是來自荒漠的歌，我的這一曲或許也蒼茫。如此多的文字記述了一束人們不曾聽到過的陳年往事，我現在敘說起來仍悲涼。

如果介紹自己是序言的必要內容，我只能並不謙虛地說：我是一個普通的人，是一個普通的北方人；我生長在一個普通家庭；我家之所在是一座普通的縣城；我讀書的母校是一所普通中學；我服役的軍階是一名普通的士兵；退役後的幾十年，我依舊是普通了再普通。所以我展示給讀者的只能是一個普通人的所經所歷，一個普通人的所見所聞。

普通人的故事或許低沉卑微，卻也不缺少酸甜苦辣跌宕起伏；普通人的感受往往難以慷慨激昂豪情萬丈，卻最容易讓讀者產生共鳴；普通人是組成社會肌體的基本細胞，普通人心跳的聲音才是國家民族最真實的脈動。所以我執著地相信：普通人的所經所歷同樣可以用來書寫歷史，詮釋歷史，傳承歷史。

就在本書即將完稿的時候，我閱讀到一位朋友在她的書中寫出的一句話：「切莫因生命的平凡而放棄神聖的記憶權利。唯千千萬萬樸實的生命記憶，才能熔鑄成不可塗改的歷史真實。」這也正是我要說的，希望每一個讀者都能從我的書中閱讀出「歷史真實」。

南懷沙

二〇一三年三月

每個人的一生，都像一次旅行。不論你什麼時候出發，不論你從哪裏啟程，大家的目的地都一樣；不一樣的是沿途的風景；差別最大的是看風景的心情。

旅行的意義在於留足痕於大地，閱世界入胸襟；人生的價值體現在：當生命結束之後，憑欄回眸，還有人傳承著你的思想，你的記憶。

——題記

前言

開篇扉頁亮明了此書的宗旨：書中既無臆造的人物，也無虛構的故事。書中所述，全是與青春捆綁在一起的記憶，時時事事都刻骨銘心。故事發生的空間是三個渾然不同的場景：河北大平原上兩個相鄰的村莊；山東大運河畔一座古老的縣城；東北大山裏幾處簡陋的軍營。時間跨度是二十五年或更久一些，文革自然是全書的主題，也包括文革前的一些事情。整部作品記述了一個普通家庭的變遷，敘說了一個普通年輕人的苦澀感受，通篇都可以被看作是對階級鬥爭學說的精細解讀。

上中農，是一個專門用來區別階級成分的名詞，曾經在中國大陸流行流通了四十多年。在那個以人們的家庭出身來確立社會地位，分配政治權利甚至是生存權利的年代，上中農的身份奇特尷尬。上中農既不是被鎮壓被專政的對象，也不是被相信被依靠的力量，不上不下，中間偏右。因為「偏右」，上中農在多數情況下都會被疏遠，被懷疑，歧視羞辱壓抑自然是難免的。

文革期間，按照家庭出身把人劃分為「紅五類」、「麻五類」和「黑五類」，上中農通常是被劃歸於「麻五類」之中。《麻色文革》的書名也由此而來。

如果按照當年階級路線的政策細則來精準地研判，我實際上還算不得是一個上中農，因為我們家被確認為是上中農時，我還沒有來到這個世界。我的父親也算不得是上中農，他只能算是一個上中農子女，因為土改那年他只有十七歲。充其量我也只能算是上中農的孫子，一名上中農的後代而已。如此微不足道的一個身份，卻在我身上演繹出許多似是而非哭笑不得的故事，只因為它們發生在那不正常的歲月。

基建工程兵，原是解放軍的一個兵種，因其執行任務的特殊性，外界素來就對它知之甚少。一個上中農的後代成為一名基建工程兵的士兵之後又會遇到一些什麼呢？我相信每位讀者一旦跟隨我的思緒進入我的故事，心中都會湧出一股酸酸苦苦的感覺，並且這種感覺可能會持續好一陣子。

書卷合攏，掩面回味，上中農和基建工程兵這兩個原本陌生的概念，生澀的詞語，在你腦海裏留下的印象或許會是清晰而又難以忘懷的。

本書回憶文革的章節中寫有一些自我懺悔的文字。希望能有更多的親歷者和我一起來對當年的執迷瘋狂，對當年的是非顛倒，對當年的錯誤罪行，真誠地懺悔，深刻地反思。說真的，我們這些人用來完成這件事的時間也不是很多了。

在決定將此書付梓出版的時候，我突發奇想：假如閱讀這套書的人多了，我或許就會成為一名全中國最著名的上中農人士兼研究上中農問題的史學家啦。

全書按照時間順序集結為三部：

首部曲《饑餓的小城》；

二部曲《文革之火》；

最終曲《挖山洞的大兵》。

目次

自序 004
前言 008
第八章 文化大革命——一九六六 017
一、四十七頁筆記與一卷廢紙 020
二、文革風起 021
三、縣委派來了工作組 029
四、批判《國慶十點鐘》 041
五、改名 042
六、破四舊 044
七、掘墳燒屍 051
八、橫掃一切牛鬼蛇神（上） 057
九、語文教師孫誠 070
十、也是語文教師的高百祥 077

十一、體育教師張士仁 080
十二、榮主任 083
十三、憨老孟（下） 087
十四、政治課教師賈連城 091
十五、上中農（中）——紅紙做一個「紅衛兵」 094
十六、橫掃一切牛鬼蛇神（下） 098
十七、成者為王，敗者為寇 101
十八、《狐狸、綿羊和狼》 105
十九、一張兩個字的大字報 108
二十、一顆十五年前的地雷 110
二十一、選代表去北京見毛主席 116
二十二、大串聯（上）——濟南 121
二十三、大串聯（下）——北京 124
二十四、買像章 135
二十五、我的懺悔之一：揭發馬登洋同學 138

二十六、我的懺悔之二：砸碎武訓的雕像 139
二十七、我的懺悔之三：皮鞋與罐頭盒 140
二十八、我的懺悔之四：對聯與漫畫 141
二十九、我的懺悔之五：「你把軍裝脫下來！」 142

第九章 文化大革命——一九六七 143

三 十、燒掉黑材料 145
三十一、批鬥縣委書記 148
三十二、三二三奪權 151
三十三、炮轟與捍衛 160
三十四、「東方紅」 164
三十五、「井岡山」 166
三十六、七一造反兵團 168
三十七、脫坯 170
三十八、七三事件 175
三十九、濟南辯論 187

四　十、攻陷中型廠 197
四十一、逃亡 201
四十二、北京上訪 209
四十三、捍衛派的遠方戰友 212
四十四、第五生產隊 213
四十五、魚訊 218
四十六、祖母的中秋節午餐 220
四十七、吃撈麵 222
四十八、拾柴火 223
四十九、榮枝媽 225

第十章　文化大革命——一九六八 235

五　十、築長城戰鬥隊 237
五十一、放風箏 240
五十二、糧票油票肉票雞蛋票 242
五十三、復課鬧革命 249

五十四、校長受辱自殺 252
五十五、校醫群毆致死 254
五十六、會計菜刀刎頸 259
五十七、數學教師魏固軒 259
五十八、反復舊 263
五十九、魏延領人來抄家 268
六　十、風雨同舟鬧革命，永遠忠於毛主席 271
第十一章　文化大革命——一九六九年及以後 277
六十一、工人游擊隊 279
六十二、康莊學習班 283
六十三、《批示十條》 287
六十四、清查「五一六」與「一打三反」 295
六十五、一份清查「五一六」辦公室的彙報 299
六十六、「畏罪自殺」者一百三十七人 303
六十七、一份被列為機密的《情況反映》 307

六十八、「反共野戰兵團」 314
六十九、暗殺張部長 322
七　十、美人計 326
七十一、「叛逃到蘇修去」 328
七十二、一份關於家屬鬧事的報告 332
七十三、袁英之死 335
七十四、南郊會議 338
七十五、康聖莊人民公社 340
七十六、「勒令你把它喝下去！」 347
七十七、清理三種人 349
七十八、兩個縣委副書記 352
七十九、王澤國 362
八　十、丁司令 367
八十一、路司令 378

附錄

「麻色文革」三部曲總目次 383

第八章　文化大革命——一九六六

文化大革命結束三十多年了。歷史無法湮滅在忘卻之中。

我是巴金先生建立文革博物館倡議的擁護者支持者。我相信，當中華民族的思想真正成熟的時候，我們的後代一定會實現巴金先生的願望。我還相信，到那時，展現文革歷史的博物館不會只有一座，因為文革給中國每一座城市，每一個學校都曾經造成過動亂與災難。

像臨清這樣的小城，臨清一中這樣的中學，將來能否出現文革博物館、紀念館一類的展示場所，我沒有十分的信心。《縣志》中能夠充實更多有關文革的資料；《校史》中增添一些文革的具體內容是完全可能的。

四十多年後的今天，臨清一中老三屆的校友們聚到一起，話題自然而然就都會集中到當年的文革。因為文革給我們老三屆這一代人的印象與影響，實在是太深刻太沉重了。當我說出要把大家的回憶整理成文字時，這些近逾耳順年紀的同學無不支持贊同。

支持歸支持，贊同歸贊同，真要動手成文的時候，才感覺到這是一件很不容易的事。它遠比梳理我父母回憶劉口村，自己回憶大躍進要困難得多。漫長的歲月使得記憶不斷磨損流逝，當年驚魂動魄刻骨銘心的情節也都會漸漸模糊。

文革傷害了許多人。受過傷的人不願讓舊日的傷心破壞如今的安寧，甘願選擇忘卻。

文革是全民族的錯誤，被傷害的人也做過許多傷害他人的事，被害者往往又是害人者。

文革是大家共同的傷疤，真實地記述描繪往往會引起舊傷的搔癢或隱痛。

即便如此，我還是要盡我微薄的力量，把自己記憶裏的，瞭解到搜集到的都如實地整理記述出來。

文革的過程跌宕起伏，猶如萬花筒一般。每個人看到的景色千奇百怪，每個人的感受千差萬別。我只能記述我自己親自經歷，親眼看到的事情，敘說一下自己的感受。有些情節，來自我的同學、朋友和家人的回憶，我要加以推敲考證，盡力地去偽存真。

一、四十七頁筆記與一卷廢紙

從文革開始之前到文革結束之後的十數年間，國家的高層得寵者不久就失寵，失寵者又被重新啟用，如走馬燈般地變換；各個省市，各個地區，各縣市，甚至每一個單位，統統都是如此。

臨清縣城與母校臨清一中，也是你方唱罷他又登場，否定之後再否定，最後完全否定。這樣的變化使得有關文革的文字歷經了一次次官方的銷毀，無數次個人悄悄地滅跡，能夠保留下來的少之又少。目前，保存於我手中的資料除去幾本《最高指示》，只有四十七頁筆記與一卷廢紙。

四十七頁筆記是臨清一中的校友王德俊同學提供給我的。他和我一樣，中學時期就養成了記日記做筆記的習慣。每天發生的事情、讀書的感想、會議人的發言都隨時用文字記錄下來。

我的日記、筆記在文革中，因為既特殊又普遍的原因全部都銷毀了。王德俊同學的筆記是七十年代某天，王家清理住宅後賣廢品時被王的祖父看到了。老漢珍惜自己孫子的筆跡，便把筆記本中有字的四十七頁截留下來並一直保存至今。

王同學的四十七頁筆記，記載的正是一九六六年夏天文革剛開始臨清一中校園裏所發生的事情，真是珍貴萬分。下來敘述那一時段的情節時，我將予以引用。

一卷廢紙的得來純屬偶然：大約是七十年代末的一天，臨清城裏某住宅區內有一個收廢品的老頭兒在路邊整理他的貨物。我看到其中一摞廢紙上有些印刷或手寫的文字。隨手翻看，見是一些文革期間的傳單、報表、文件以及手抄的材料。當時也沒有細看，就決定把這些廢紙贖它回來。幾角錢的價格已是其原價的幾倍，那老頭兒並不吃虧。

廢紙贖買到手之後，便被我用塑膠紙包裹起來，一直和家裏的雜亂物品堆放在一起。住處搬遷過多次，沒有丟棄也沒有在意它，直至前些年有了空閒才把廢紙尋出來研判。廢紙因為包裹得好，三十多年後仍沒有霉變毀壞，只是陳舊了一些。細細翻閱，心中一陣驚喜：不起眼的一卷廢紙，原來幾乎都是文革期間，臨清縣革命委員會的一些重要文件資料。

從紙張上鋼筆批註的文字可以斷定，這些文件資料都是來自曾經擔任過臨清縣革命委員會政治部主任原縣武裝部軍官焦興魯的辦公室。不知如何輾轉，到了收廢品老頭兒的手裏。後面的章節我將會引用廢紙中的內容，它無疑會增加文章的真實性。

二、文革風起

> 無產階級文化大革命，實質上是在社會主義條件下，無產階級反對資產階級和一切剝削階級的政治大革命，是中國共產黨及其領導下的廣大革命人民群眾和國民黨反動派長期鬥爭的繼續，是無產階級和資產階級階級鬥爭的繼續。
>
> 這次無產階級文化大革命，對於鞏固無產階級專政，防止資本主義復辟，建設社會主義，是完全必要的，是非常及時的。

以上兩段文字是文化大革命進行到一九六八年的時候，以毛主席最高指示的名義為那場狂熱的動亂所下的抽象定義。第二段文字裏的「完全必要」和「非常及時」，未免讓人有武斷的感覺，顯現出運動的發動者和領導者，好像並不是底氣十足。

現在回頭看文化大革命，它就像是一個以整個中國為舞臺，場面宏大熱鬧非凡的連續劇。連續劇包括正劇、鬧劇、醜劇和喜劇，結局則是貨真價實的悲劇。

連續劇的男主角是一位曾經集智慧韜略勇氣權威魅力於一身的老人。他苦思冥想了幾年之後，決定傾注自己畢生的積蓄來建造一座空前絕後的大廈。沒有規劃，沒有設計，沒有圖紙，甚至沒有施工人員，只有一個心懷叵測的合夥人和幾個另有圖謀的包工頭。工程開工以後，匆匆忙忙地招聘了一批沒有經驗的年輕民工，一邊設計一邊施工。中間發生了許多傷亡事故，不斷地更換施工隊伍，懲罰辭退了部分包工頭，合夥人也死於非命。大樓越蓋越大越蓋越高卻始終無法封頂。最後，老人年邁體衰，積蓄也所剩無幾。面對奇形怪狀無法完工無法使用的大廈，老人一聲聲長歎很不放心地走完了自己的一生。

假如上面的比喻成立，我們這些一九六六年在校的學生：幾十萬大學生、一千多萬中學生就是毛主席招募的第一批民工。

關於文化大革命的起止時間，現在公認的日期是從一九六六年中共中央《五一六通知》發出，中央文化革命領導小組成立開始，到一九七六年十月江青、張春橋、王洪文、姚文元等人被逮捕結束，共十年四個月的時間。

毛主席謀劃醞釀文化大革命的過程還要往前追溯好幾年。毫無疑問，歷時三年多的四清運動可以說是文革的鋪墊；一九六五年十一月，上海《文匯報》刊登了姚文元的《評新編歷史劇〈海瑞罷官〉》可以看做是文革的序曲；至於一九六六年五月批判北京市吳晗、鄧拓、廖沫沙的三家村，全國各地工農商學兵猛烈向三家村開火，各地紛紛揪出類似三家村的黑店，則可以看做是正戲開場前的一陣鑼鼓。

響亮的號角，緊湊的鑼鼓，並沒有讓生活在臨清縣城的人們立即認識到將要開場的是一齣什麼戲。不僅我們這些年輕的中學生，即便經歷多次政治運動，政治嗅覺非常敏銳的縣委縣政府的官員，我們臨清一中的領導們也都沒有意識到即將到來的是一場什麼樣的風雨。

臨清一中的文革烈火沒有像北京的大學中學那樣迅速點燃。除了聽聽高音喇叭的廣播，學學《活頁文選》（一種專門登載報刊社論和重要文章印刷簡陋的三十二開本小冊子），各個班級依舊照常上課，高三年級的學長們都在認真地準備高考，晚自習的教室裏坐滿了溫習功課的學生。

星期天回家，兩個在小學讀書的弟弟押韻地吆喝著一段叫花子創作社會廣為流傳的快板：

> 說吳晗來道吳晗，吳晗炒菜不放鹽；
> 說鄧拓來道鄧拓，鄧拓炒菜沒有鍋；
> 還有一個廖沫沙，炒菜忘了放蔥花。

我聽了後覺得很好玩。

直到一九六六年六月初，中共中央國務院關於停止大學招生的通知傳達到學校以後，臨清一中的學生們才真正意識到，投身文革是每一個人面臨的唯一選擇。

這個通知讓在校學生都很震驚。高三的學長們考大學的報名費都已經交上。臨清一中的升學率每年都在百分之七八十以上，他們距離朝思夢想的大學僅有一步之遙。對於大學停止招生的消息，高三學長的感受肯定比我們高一的學生更震驚更深刻。

儘管這樣，憤怒迷茫失望之後，臨清一中的學生們還是陸續貼出了表態支持黨中央決定的大字報。中央的通知說大學僅僅是推遲招生，誰也沒有想到這一推遲就是十一年半，我們這些在國家經濟困難的時期含辛茹苦吃糠咽菜攻讀中學的學生，從此就永久失去了進入大學殿堂的機會。

毫無疑問，中共中央國務院發出《關於改革高等學校招生考試辦法的通知》，肯定是經過毛主席同意才下發的。這一看似並不十分重要的《通知》，在文革的發動過程中所起到的作用非同小可。它或許是毛澤東為淵驅魚的謀略。千萬個被斷絕了出路的中學生，將成為最容易被驅使著衝鋒陷陣的士兵。我相信作為異常精明的戰略大師，毛澤東完全能夠把黨內複雜鬥爭的技巧謀劃到如此精密。

王德俊同學的《筆記》記載：

一九六六年六月十八日：

（臨清一中）高三學生表決心，擁護國務院改革高考制度；全校學生也都貼出來大字報，支持擁護黨中央國務院的決定。

六月十九日，星期天：

高三停課；高二罷課；

上午，高三的學生貼出第一張大字報；（大字報的內容王德俊的《筆記》沒有記載，本人也完全忘記）

晚飯後，臨清一中和師範學校的全體師生集合於師範學校的操場，聽臨清縣委副書記范春明做關於開展文化大革命的動員報告。范春明副書記代表中共臨清縣委宣布：臨清縣的文化大革命從六月二十日正式開始。

當晚，高三四（文科）班給中共山東省委寫信：要求省委派工作組到臨清一中來；

六月二十日：

許多學生貼出矛頭對準學校黨支部的大字報。喊出「炮轟黨支部」的口號。

高中三年級的丁玉泉、徐德龍、宋來泉、凌統、郝海文等五個人聯合署名的大字報振聾發聵，成為校園文革的旗幟與號角。後來在他們的署名後面又增添了一個陳玉明，因此便有老師同學或善意或惡意地戲稱之：「革命造反五條龍，又加上了一條小爬蟲」。

高中二年級獨領風騷的學生是高二二班的尚艾華。他和前面的幾位高三學生，在今後的若干年內，先後成為一中和臨清縣文化大革命叱吒風雲的人物。他們的事蹟經歷我將在後面的敘述中還有涉及。

六月二十一日，星期二：

高三三與高二三班的學生共同起草了一份發給山東省委譚（啟龍）書記的電報，篇幅洋洋千言。高三三班的班主任物理教師洪平生看了後說：去郵局發電報是按字數收費的，這樣要花不少錢。隨提筆把電報簡化成二十多字，更改後的全文如下：

譚書記：我校文化革命無領導，縣裏不重視，組織癱瘓，速派黨來。臨清一中高三三班，高二三班

當天，臨清一中黨支部書記陳煥民針對學校出現的混亂情況採取了六項措施：

一、成立五人領導小組，確定了五個批判對象；（領導小組肯定是陳自己為首；五個批判對象是王力平（校長）、呂丁一（副校長）、洪平生、欒含光、孫誠；

二、召開學校團委和學生會的成員會議，參加的人員有劉冠義、田義功、方迎水、劉傳錄、何蓮芳等人。陳書記還拿出來一些炒花生讓弟子們吃，說是親戚從老家帶來的。會議的主要內容是要這些學生幹部們「站穩階級立場」；

三、召開部分黨員，預備黨員，積極要求入黨的教師員工會議，參加的教師有繩欽忠、周青、趙蘭石等。在會上陳書記說：

「你們不是積極分子嗎？階級敵人都跑到你們前面去了，都專了你們的政了，你們的行動為什麼這麼慢呢？」

新近入黨的外語老師繩欽忠帶頭向陳書記做了檢查，表示要積極大膽起來；

四、向學生們公布了部分教師員工的歷史檔案。以什麼方式什麼渠道公布的不清楚，但內容非常詳盡；

五、指示總務主任吳蘭東用竹竿蘆葦蓆片搭建了正式的大字報牆；

六、下午，派校醫王秀清陪同教師朱耀華把在醫院裏養病的語文教師孫誠強行帶回學校，並召集一些教師學生將其批鬥了一頓。這是臨清一中文化大革命開始後對教師的第一次批鬥。

有學生把大字報貼到了學校的外面去。

六月二十二日，星期三：

因為學校黨支部的引導，學生教師們大字報的矛頭幾乎都轉向了理化生教研組和語文教研組的老師們。

上午，高三三班主任，物理教師洪平生在高三三班教室前貼出來一張大字報：

理工三班全體同學：

由於我辨別是非的能力差，政治覺悟不高，在文化大革命的運動中沒有能把你們象（向）正確的方向引導。根據我現在的情況，我不能與同學們一起搞文化大革命了，希望同學們今後在工作組，學校黨支部，班內團支部，班委會領導下，將這場文化大革命進行到底。

我堅信我還是一個革命者（雖然不很堅強），革命者不怕受到暫時的挫折，不怕個別老師的打擊報復。過去今後的事實將給提出好的見證。

此致

革命的敬禮

洪平生　一九六六年六月二十二日

洪老師這樣做的原因顯然是因為自己被學校黨支部書記確定為批判對象。

下午，外語教師繩欽忠貼出了題目為《看準，站穩，頂住》的大字報，喊出：「誓死保衛黨支部」的口號。

六月二十三日，星期四：

大字報繼續猛攻理化生教研組與語文教研組的教師們。

黨支部書記陳煥民和曹仁、曹休兩名教師一起署名帶頭貼出了揭發孫誠的大字報，篇幅三千多字。另有教導員曹洪和幾名教師也貼出了揭發孫誠的大字報，毫無疑問曹洪等人也是秉承了陳書記的旨意。

下午，政治課教師賈連城從地區招生委員會回到學校。

晚上，賈連城老師連夜書寫大字報：《揭開「教改顧問團」的真面目》矛頭直指黨支部書記陳煥民。大字報的主要內容有兩個：

1、陳煥民組成「教改顧問團」，重用孫誠、徐雲階（一九六六年初退休）、向臻、欒含光、劉志等有嚴重歷史問題的教師；

2、陳煥民辦公室的玻璃板下面，用其母親的照片壓在毛主席照片的上面。

賈連城書寫大字報的時候，桌子就擺在學校的院子裏。賈笑容滿面邊說邊寫，一副胸有成竹的樣子，引來許多學生圍觀。大家很受震動，遂回各自的教室，連夜寫出了許多針對黨支部的大字報。

六月二十四日，星期六：

賈連城老師的大字報貼出，呼應者眾。

也有支持黨支部書記陳煥民的教師學生貼出名曰《撕破賈連城這個反黨反社會主義分子——資產階級陰謀家的畫皮》的大字報，作者的姓名現已無從考證。立即有學生在大字報旁邊寫道：「造謠污蔑！」很快，少數支持陳煥民的「保皇派」教師學生被人數絕對占優的學生教師孤立起來，甚至遭到人格的攻擊侮辱。

七月五日，星期二：

臨清一中全校師生大會上，縣委宣傳部副部長宋桂琴代表縣委宣布撤銷陳的黨支部書記的職務並責令其檢查錯誤。

宋副部長在大會上帶頭揭發陳煥民的罪行。

陳煥民隨後被批鬥。批鬥時學生強迫給他戴上了用白紙糊的高帽子。

文化大革命在臨清一中正式全面展開了。

三、縣委派來了工作組

一九六六年五月十六日《中國共產黨中央委員會通知》（簡稱《五一六通知》）裏有毛澤東親自加上的一段文字。它是《通知》的點睛之筆：

高舉無產階級文化革命的大旗，徹底揭露那批反黨反社會主義的所謂「學術權威」的資產階級反動

> 立場，徹底批判學術界、教育界、新聞界、文藝界、出版界的資產階級反動思想，奪取在這些文化領域中的領導權。而要做到這一點，必須同時批判混進黨裏、政府裏、軍隊裏和文化領域的各界裏的資產階級代表人物，清洗這些人，有些則要調動他們的職務。尤其不能信用這些人去做領導文化革命的工作，而過去和現在卻有很多人是在做這種工作，這是異常危險的。
>
> 混進黨裏、政府裏、軍隊裏和各種文化界的資產階級代表人物，是一批反革命的修正主義分子，一旦時機成熟，他們就會要奪取政權，由無產階級專政變為資產階級專政。這些人物，有些已被我們識破了，有些則還沒有被識破，有些正在受到我們信用，被培養為我們的接班人，例如赫魯曉夫那樣的人物，他們現在睡在我們的身旁，各級黨委必須充分注意這一點。

文字的最後一句「睡在我們身邊的赫魯曉夫」所指就是劉少奇。具有諷刺意味的是《五一六通知》在中共中央政治局擴大會議通過的時候，黨中央的主席毛澤東並沒有參加會議，也沒有在北京。主持會議的恰恰就是「中國的赫魯曉夫」劉少奇。「與人鬥爭，其樂無窮。」是毛澤東的名言。造成這樣的格局，毛澤東肯定是看在眼裏樂在心中了。

不知所措的劉少奇心中無數，他使用了歷次運動中使用的老辦法：派工作組。土改時派過工作組；合作化派過工作組；四清時全國派出的工作組達到數十萬人，劉少奇的夫人王光美女士親自參加了四清工作組下到河北省撫寧縣的桃園，總結出著名的「桃園經驗」並推廣於全國。文革伊始，臨時領導全國文革的劉少奇一如既往派出了許許多多個工作組。劉少奇給工作組做過如下的批示：

> 當牛鬼蛇神紛紛出籠開始攻擊我們的時候，不要急於反擊，要告訴左派要硬著頭皮頂住，領導上要善於掌握火候。等到牛鬼蛇神大部分暴露了，就要及時組織反擊。

劉主席的思想意識還停留在一九五七年反右鬥爭的窠臼中。工作組派出二十多天之後，北京二十四所高等院校就有一萬多名學生被打成了右派，數千名教師被打成了反革命。如果文化大革命安照他劉老人家的指揮棒發展下去，一定也會如同反右運動一樣，校園內外冤屈成山，全國上下血流成河。肩負領導文化大革命重任的工作組，就是在這種局面這種背景秉承著這種旨意，被派到臨清一中的。

一九六六年六月十六日，《五一六通知》的精神逐級傳達到臨清。臨清縣委也成立了文化革命領導小組，縣委第一書記劉之忱親自擔任組長。三天後，根據中共山東省委的指示，臨清縣委向臨清一中和臨清師範派出了文革工作組。

沒有資料線索可以證明，工作組進入臨清一中，與高三四班的學生給山東省委寫信；高三三和高二三班的學生們集體給省委譚啟龍書記派發電報，有著直接的因果關係。派工作組進入大學中學，是全國上下一致的舉動。

縣委副書記范春明親自擔任臨清一中工作組的組長，一中做為全縣「最高學府」的地位無容置疑。范副書記臨危受命擔任了一個把他推上風口浪尖的臨時職務。

工作組的成員除了范副書記以外，還有宋桂琴、王懷詩等十餘人。宋、王擔任副組長，宋大概是兼職，只是偶爾駕臨臨清一中，其他成員的姓名我和同學們幾乎全都忘記了。

工作組在一中期間，還有聊城行署派來地區直屬機關的幾位幹部也在學校裏活動，他們與范春明帶隊的工作組是否是一夥，還是另有職責，另有任務，大家的印象也都模糊不清了。

除去正式派到臨清一中的工作組成員，縣委還安排了數名觀察員定期不定期地來往於一中與師範的校園，負責收集情況與動態。臨清縣委對臨清一中的文化大革命肯定是非常重視的。

工作組進駐臨清一中的日期是一九六六年的六月二十一日下午。

二十二日晚上，工作組在理化實驗室召開全校教職工會。

二十三日上午，工作組召開了貧下中農出身的教師學生大會。堅持黨的無產階級階級路線，是以往二十多年歷次重大政治運動中各種工作組一貫的做法，文革工作組也不可能例外。

二十四日，賈連城老師的大字報轟動全校，黨支部書記陳煥民失勢。學校運動的領導權完全歸屬了工作組。

二十六日，是星期一。工作組組長范春明在全校師生大會上做關於最近八天形勢的報告，報告中有如下內容：

迅猛異常，變化很快，賈連城老師關於「顧問團」的大字報廣播之後，同學們兩天寫了幾千份大字報。矛頭指向黨支部，根子找到了。我們要乘勝前進，不獲全勝，絕不收兵！

前面已經說過：在七月五日的全校師生大會上，工作組的副組長，縣委宣傳部副部長宋桂琴代表縣委，宣布撤銷陳煥民黨支部書記的職務。宋副部長責令陳煥民檢查錯誤的同時，還宣布今後全校的文化大革命和一切工作全部由工作組直接領導。

范春明以工作組長的身份做大會總結，直接點名批判陳煥民，還批判了「保皇派」，表揚了帶頭書寫大字報的政治課教師賈連城。

以范春明為組長的臨清一中的文革工作組按照上級的指示，確立了文化大革命運動中要把鬥爭矛頭對準當權派的大方向。他們下車伊始，很快就把運動的矛頭直接對準了學校主要負責人的做法，與北京劉少奇直接指揮，他的妻子王光美女士擔任「普通工作組組員」的清華大學工作組，運動一開始就把校長蔣南翔和所有副校長全都打成了黑幫的做法如出一轍。

七月十一日，經工作組同意，高三二班批判保皇派朱躍華老師（高三二班的班主任），部分教師員工參加。

七月十四日，全校師生大會，工作組副組長，縣委宣傳部宋桂琴副部長做運動總結和今後工作的報告，再次點名批評原黨支部書記陳煥民。工作組王懷詩同志主持。會後組織討論。

七月二十一日上午，工作組在南校園大飯堂召開第一次左派學生大會，王懷詩主持講話；高三三班四十二個學生，到會二十三人。按照這個比例，全校八百多學生，被工作組列為左派的約占百分之五十稍多。

左派大會召開的同時，在高三一班的教室，召開了右派同學會議，到會的學生約五十人，約占全校學生總數的百分之六。右派學生會由工作組組長范春明主持並講話。

工作組在學生中明確劃分了左派和右派，其餘大約四百餘學生，想當然應該屬於中間派了。

七月二十五日，全校師生大會，聽工作組王懷詩做當前運動情況的報告。

七月二十八日，大飯堂，全體左派師生大會。工作組王懷詩同志講話，記錄稿如下：

召開這個會議之前，對左派的每一個師生逐個進行了審查，合格之後才召開了這個會議，才讓大家參加的。這個會議的內容只能傳達給最可靠的革命教師與同學。

前段運動的概括情況：一個多月來，文化大革命成績是很大的，很突出的，表現在：

1、學校的問題基本上揭露出來，統治這個學校鑽進黨內的資產階級代表人物被揭露出來，黑線被揭露，根本問題被揭露出來了。能把這些問題解決，證明我們搞的是無產階級化的革命。

2、我校一切牛鬼蛇神，反黨反社會主義分子的本來面目暴露在了光天化日之下。

3、通過前段運動，革命左派力量基本形成，開始時因為認識不清，革命的左派占少數，現在占到了多數，這是學習毛主席著作的結果，是戰鬥的結果。

取得成績的原因：

1、最主要的一條，是革命師生在運動的過程中，活學活用毛主席著作，堅定了立場，明確了觀點，如對陳煥民、榮樹嶺能夠透過現象看本質。原來認為陳煥民是好書記，好班長，學習後認識到陳等人是打著紅旗反紅旗。

2、有地委、縣委的具體領導。在地委、縣委沒有派來工作組之前，大家雖有革命熱情但是出了問題，特別是在力量的配置上，左派不能團結，集中火力，對準主要的牛鬼蛇神。如果沒有工作組的領導，革命勝利在時間上會大大推遲。

3、革命師生的革命成果是通過堅強的鬥爭才獲得的，特別是今天在座的各位同志。敵人曾經集中火力進行過兩次反撲；（六月）二十一日下午和二十二日上午兩次，此時鬥爭是很激烈的，兩派的大字報對著貼。敵人對革命師生的打擊是很兇狠的，例如寫大字報攻擊革命同學，說什麼「赤膊上陣的尚某某」。（六月）二十三日上午和二十四日下午又進行了兩次有組織有計劃的反撲，寫大字報攻擊說賈老師是叛黨分子，是野心家。之後，運動逐步正規發展。

當前的形勢：

1、革命師生熱情很高，由於問題基本揭露，反革命面目基本暴露，現在要求對反黨分子們進行批鬥的班級有：高二四班；高一一班；高二三班；高三一班；高三二班；初一一班。已經開展了鬥爭的有高二四班對繩欽忠（高二四班的班主任）；全校師生對楊德龍；小型會議對榮樹嶺；數學組對朱躍華；語文組對周青、周士顯。

2、有些同志認為基本問題揭露出來，認為再沒有什麼問題可揭了。對這種情緒要進行批判，不然的話，跟著我們走的人的熱情要涼下去。

運動今後怎麼辦？

工作組研究，請示縣委，運動轉入集中鳴放到邊鳴放，邊批判，邊鬥爭。

工作組的具體意見如下：

為了把敵人批透鬥倒鬥臭，分三步走：

第一步：邊學習邊專題鳴放，要更深入地學習毛主席著作，把鬥爭變成活學活用的講用會，變成對資產階級徹底批判的大戰場，大課堂……

結合形勢，我們要著重學習如下幾篇文章：

毛主席的《將革命進行到底》；

毛主席的《集中優勢兵力，各個殲滅敵人》；

七月一日《人民日報》社論；

學習時間用三天。

第二步：問題基本揭露出來，但仍不全面徹底。今後要專人專題鳴放。對教導主任以上的幹部：陳煥民；王力平；呂丁一；榮樹嶺；楊德龍；李愛民；吳嵐東進行鳴放。對待老師的問題可以自放，不進行專題鳴放。

對保皇派，中間人物今後的運動中另有安排，揭發時要團結他們。

第三步：組織起來，對問題進行整理上綱。

因為鬥爭激烈，在每個班的「學習毛主席著作中心小組」領導下設立保衛組，每班三——五人，任務另有布置；材料小組三人組成，上綱後的事實落實下來，寫出證明材料，並承擔保衛材料的任務。每個班再成立若干個三——五人的戰鬥小組，批判鬥爭時為一個戰鬥單位，可以集中寫批判稿子，選代表發言。會後儘快成立，從戰鬥的需要出發，不合格的儘快淘汰。

> 具體到陳煥民，將揭發他的材料在一個總提綱上進行細緻的本質的分類，學校材料組印發。在分類的基礎上上綱，上階級鬥爭的綱，提到反黨反社會主義，反三面紅旗，反毛澤東教育思想，教育方針的綱上來。材料要落實，落實到事情發生的時間、地點、背景，具體的細節，以及發生後的影響與作用，還要有能夠證明的人。
>
> 這個階段最能考驗人，是革命的試金石，這是關口，是嚴重的時刻。
>
> 今天講的，尤其是戰鬥部署是絕密材料，絕不可外傳，以免敵人擾亂我們的陣腳。

右派學生的會議是否也同時又召開了一次，我就不知道或不記得了。

七月二十九日，高三三班「學習毛主席著作中心小組」組員之一，原班長李占成發布通知：

> 班領導小組研究，左派同學通過，經學校工作組批准特發布通知如下：
>
> 1、從八月份開始，撤掉反革命壞分子子女趙玉龍的全部助學金；
>
> 2、限期××天，富農分子子女吳金臺還清所欠班內的全部錢款。

這花絮般的小插曲，可以窺看工作組在臨清一中工作的基本指導方針與工作之細微至極。

八月一日，運動進入落實材料的階段，每班收到了五份工作組下發的絕密材料。重新組成五個小組（保衛小組、材料小組、戰鬥小組等）開始吸收了部分非左派的同學參加，既擴大了革命左派的隊伍，又免除了一些群眾的思想包袱。

據當年參加學校工作組直屬材料組的同學回憶，學校材料組的辦公地點在十字樓一層的某一教研室，每天各班級送交的材料很多，材料組的人經常加班加點。

八月八日，星期一。全校師生大會，縣委宣傳部宋桂琴副部長講話：內容是傳達貫徹山東省委、聊城地委關於文化大革命的指示：

中共山東省委一九六六年八月二日的決定：

各大專、中等院校：

當前，無產階級文化大革命的主要任務是鬥倒走資本主義道路的當權派，批判反動的資產階級學術權威，改革教育制度和教學方法。派遣工作組的方法不能適應革命的形勢，省委決定：

1、省委和地委派往各大專院校和中等學校的工作組一律撤銷；
2、工作組撤銷後，學校的文化大革命一律由該校的革命派組成革命領導小組領導；
3、接通知後，立即進行宣布成立籌備委員會，負責召開全校的文化革命委員會；
4、宣布上述決定後，工作組馬上結束工作，集中在該校學習，聽取群眾意見；
5、本決定原則上也適用於機關團體。

中共聊城地委一九六六年八月五日的決定：

根據黨中央的指示，

1、地委和縣委的工作組立即撤銷；

2、文化大革命由革命師生員工領導；

3、立即宣布省委的決定和本決定。

傳達完以後，工作組組長范春明做報告。

八月九日，臨清一中全校召開批判教導主任榮樹嶺大會，政治教師賈連城主持，先後有十六個教師學生發言。

八月十一日，臨清一中文化大革命領導小組籌備委員會成立。

籌委會委員二十六人；

賈連城（政治課教師）為主任委員；

王道南（數學教師）、王懷仁（高二二班學生）、孫長江（高二四班學生）、花俊起（高一三班學生）、霍蓮香（女，高三？班學生）、郭玉平（高三二班）六人為副主任委員。

八月十三日上午，全校師生在大飯廳召開大會，原黨支部書記陳煥民做檢查交代，王道南老師主持。下午五點，收聽中央廣播電臺的廣播：內容是《中共中央八屆十一中全會公報》。

工作組撤離臨清一中。

從六月二十一日進校，到八月十三日撤離，工作組在臨清一中共駐紮了五十四天。

從北京到各省各地區，從大學到中學，工作組怎麼說撤就都撤離呢？

為了搞掉對手劉少奇，文化大革命的發動者毛澤東主席改變了運動的方向。一九六六年八月五日，毛澤東發表了著名的《炮打司令部——我的一張大字報》：

全國第一張馬列主義的大字報和人民日報評論員的評論，寫得何等好啊！請同志們重讀這一篇大字報和這篇評論。可是在五十多天裏，從中央到地方的某些領導同志，卻反其道而行之，站在反動的資產階級立場，實行資產階級專政，將無產階級轟轟烈烈的文化大革命運動打下去，顛倒是非，混淆黑白，圍剿革命派，壓制不同意見，實行白色恐怖，自以為得意，長資產階級的威風，滅無產階級的志氣，又何其毒也！聯繫到一九六二年的右傾和一九六四年形「左」而實右的錯誤傾向，豈不是可以發人深醒的嗎？

隨之，八月八日，中國共產黨八屆十一中全會通過了《關於無產階級文化大革命的決定》，即《十六條》。毛主席的《炮打司令部——我的一張大字報》和《十六條》宣告了派到全國各個學校工作組的命運，自然也包括臨清一中以范春明為首的工作組。

范春明為首的工作組在臨清一中兢兢業業翻雲覆雨的五十四天，一個個跌宕起伏的夏日，工作組如同一艘不明確方向，不清楚航線的小船，顛簸了幾下，就擱淺了，觸礁了，沉沒了。工作組在臨清一中的所作所為，我在下面的敘述中會穿插地涉及到。

說實在的，即便四十多年後的今天，即便當年工作組的總指揮劉少奇被完全恢復了名譽，我還是認為派去臨清一中的工作組是一群乏善之輩。只是變換莫測的政治風雲使得他們剛剛掄起的屠刀還沒有砍到獵物的身上，就捲了刃。他們自己反被其他的獵人擊中。

工作組的夭亡，對每一位工作組的成員說來，其實是一件好事，否則的話，他們將成為一夥兒慘殺無辜的屠夫，他們的良心——假設他們是有良心的，會陷入無休無止的自責，他們的靈魂在有生之年會永遠不得安寧，有生之年以後也會難以安息。

四、批判《國慶十點鐘》

一九六六年五月末，臨清一中還沒有停課鬧革命，文革的氣味已經蔓延到了學校，我們這些普通的中學生的神經也都隨之顫抖起來。這時發生的一件小事表明文革的幽靈已經進入了我們的頭腦。

一天，學校組織學生去看了一場電影：《國慶十點鐘》。那是一部很普通的電影，描述公安幹警在人民群眾的協助下，抓獲了幾個陰謀在國慶節搞破壞的國民黨特務。

電影散場回到學校，我們班十幾個同學七嘴八舌地議論電影的情節，議論的結果是發現了許多問題，決定寫一篇批判文章。執筆者是黃興榮，文筆和鋼筆字都好的一個同學，署名是臨清一中高一二班全體學生。批

臨清一中校園裏的十字樓，原是一座德國教堂，文革初破四舊時被改名為反帝大樓。四個大字是用水泥塑在大樓正面的。（照片係趙蘭傑同學提供）

判的內容現在已經記不得了，筆調是模仿當時最流行的姚文元戚本禹們的文風。批判文章寫好以後，寄給了《紅旗》雜誌編輯部。

不久，《紅旗》雜誌編輯部回信了，大意是肯定我們的積極性，稿件因故沒有採用，鼓勵我們繼續支持他們的工作云云。我們這些不知天高地厚的中學生幼稚的行為，只能說明我們當時發熱的頭腦和緊張的神經，其中也不排除有人想借此種方式如姚文元一般儘快地鬧出些名堂來。

現在回想起這件事，感覺到非常幼稚可笑。

五、改名

更幼稚可笑的是改名。

文革初期，很流行的一句話是徹底和舊思想舊傳統決裂，具體表現之一是改名。

據說北京有人要求把天安門廣場改稱為「東方紅廣場」；臨清城裏最主要的三條大街改成了「反帝路」、「紅星路」和「躍進路」；臨清一中校園裏的十字樓，改成了「反帝大樓」，並且用水泥在樓正面的牆上塑了「反帝大樓」四個字。

改來改去，發現我們自己的名字裏也有許多資本主義封建主義的糟粕。

最先張榜給自己改名的是高三最早給學校領導張貼大字報的五條龍。為首的丁玉泉改名為丁闖，其他四人取的好像是敢、猛、勇、壯一類的名字。

全校給人印象最深的是高三一班的徐曙光同學。他沒有更改自己的名字，而是改了姓氏。徐改成複姓「東方」，姓名全稱「東方曙光」，富有詩意而且很革命，精彩極了。

有人做出了榜樣，各個班級聞風而動，我們高一二班每個人也都為自己取了一個很革命的名字，並且立馬需要書寫到紅色大紙上予以公布。因為新名都極具革命氣質，可供選擇的字就十分有限，負責往紅紙上書寫的同學持筆等候，只能匆匆草率地選擇兩個字報上，都是一些什麼紅軍、學鋒、向東、向黨、忠黨、解放、向陽的字樣。有人問到我想把自己的名字改成什麼時，我審視了已經寫到了紙上的名字，紅兵、紅農已經有了，就順嘴說道：

「我就叫紅工吧！」

每個同學都改了名字，只有俞學東的名字不用改就已經很具革命特色了，他的父母雖是上中農，給孩子起名卻有前瞻性，從小就叫他學習領袖毛澤東。

雖然新名字用大紅紙正式張貼公布出去，真的使用時大家仍然很不適應，互相用新名字開玩笑。每個班起名用的詞字都差不多，這個班和那個班重名的很多。

改名的當天很熱鬧，第二天就很少再有人使用新名，我們班只有梁躍生和彭春榮例外：梁躍生改名為梁躍進；彭春榮改名為彭衛東。梁躍進的名字他一直使用到老年；彭衛東的名字使用到離開學校前，估計他回家做農民當民辦教師時，就不會再繼續使用了，最晚也就是推遲到文革結束之後。毛主席他老人家去世後，不需要再「衛東」了。

改名後的星期天，我回家當笑話一樣說起在學校改名的事。母親說：

「名字怎麼能胡亂改呢？」

弟弟們好奇地問我的名字改成了什麼，我告訴他們我的新名字是「紅工」，二弟順口說道：

「耶，是二百二啊！」

醫院用來給傷口消毒的紅藥水，學名叫紅汞，臨清人俗稱之為「二百二」。四個人嬉笑了好一陣。

改名的風潮中，我們家所在的街道車營街改成了工農街，我們家所在的車營街十四號，就成了工農街十四號；車營街糧店也就改成了工農街糧店；曾經居住過的福德街改成了英烈街；元倉家屬院所在的新開街改名為抗美街；臨清一中附近的南門街改成了援越街。工農街的名稱使用了十多年，八十年代初才又恢復成了車營街。

六、破四舊

所謂「破四舊」是指破除舊思想、舊文化、舊風俗、舊習慣的簡稱。任何革命和改革，不都是要破除這些舊東西嗎？

至於文化大革命開始後應當如何破除，毛主席、黨中央和各級領導都沒有說明，最後導致打砸搶抓抄燒，遭殃的是文物古蹟圖書和個人積蓄的財物，還有許許多多無辜的民眾。於是乎，中學生和紅衛兵便成了打砸搶抓抄燒的代名詞，一代少年男女如同青面獠牙的怪物野獸，被雕塑在了中國乃至世界歷史的恥辱柱上。

臨清一中的破四舊，首當其衝的自然是圖書館。臨清一中的學生和教師員工還沒有野蠻到把所有的書全部燒掉的程度，學校的領導指派了一些出身好，政治可靠，又有鑒別能力的學生，由幾個老師員工帶領，一本一本地把整個圖書館裏的書都審查了一遍，只是篩選的標準比以往的篩選更嚴厲了一些。

臨清一中的圖書館位於北校區西南角第二排的一棟紅磚紅瓦的平房裏。燒書的儀式是在圖書館南邊的空地上進行的，大概還有教導處的一個教導員講了幾句話，內容無非是：燒書是「興無滅資」的革命行動，是革命鬥爭的需要，等等。圍觀的老師學生有數十人，有人帶頭呼喊口號，眾人的情緒並沒有激昂起來，口號聲有氣無力。被付之一炬的書有一兩千本，雜亂地堆在地上，某學生從大堆裏揀出一本想翻看一下書的內容，有人當即制止，那學生快快地把書丟到了大堆上。火焰燃起，濃煙滾滾，為使燃燒充分，有人找來了竹竿木棍，把書堆挑起空隙。眾人啞語悄言，好像是怕驚動什麼。我的心情和大家一樣，戚戚地如參加某個關係並不密切卻十分熟悉者的追悼會，沒有等燒書的火堆燃燒殆盡，我就離開了現場。

圖書館一部分圖書被清理燒毀後，學校指派木匠許金榜用木板木條鐵釘把圖書館的門窗在外面封閉起來。既然是「文化大革命」，把「文化」色彩最濃的東西封閉起來，免得它再污染腐蝕人的思想，未免不是一個好辦法。換一個角度，從保護這些圖書暫渡難關說來，這樣的措施也算是明智之舉。

幾個月後，學生們大串聯回到學校，整個校園處於混亂渙散真空的狀態。有幾個同學乘無人看管之際，偷偷地撬開了圖書館的一扇窗戶，拿走了一些書。

那幾個同學雖然和我不是一個班級，和我的關係也都熟悉密切。事後，我曾經去作案現場看過，雖然不贊同他們的做法，卻羨慕他們的收穫和收穫後的享受。我認為本人對圖書館藏品的嚮往，要強似那幾個勇敢的同學，只是我沒有他們的膽識而已。

我那幾個親密的同學朋友，膽識過人卻行事粗糙，缺乏慎密，得逞之後不久東窗事發。好在時事混亂不堪，較真的人權利旁落，臨時有些權勢者又不較真或顧不過來較真。幾個當事人並沒有受到什麼懲處，只落得心情有幾日不爽。至於自身的形象，早有孔乙己先生為之辯護：

「竊書不能算偷……竊書！……讀書人的事，能算偷麼？」

以後我和這幾個同學朋友交往數十年，行事做人果然都不蠅營狗苟，個個正人君子耳。

為了防止再次發生失竊事件，學校把圖書館的門窗全部用磚砌死，後來沒有聽說再有什麼窺伺者的非份之想得逞。

第一次燒書的壯舉之後，又有一批印刷品被集中到一起，多是教師員工個人的書籍報刊；有些是學生們到老師宿舍裏破四舊清理出來；有些是主人自己主動呈獻出來。它們的命運沒有被投入進火堆。有人提出：把書燒掉不如送到造紙廠去更符合革命的利益。明智的建議被採納，集中起來的印刷品由可靠的員工帶領幾個家庭出身好的學生看護著，直接送進了造紙廠的製漿池。

教師們的宿舍即便再簡陋，也被學生認為是藏污納垢所在。破四舊期間，臨清一中所有的教師職員的宿舍住宅，是否全部遭受學生搜查，當時沒有統計，現在已無從記得，起碼是多數教師被自己的男女弟子們翻弄了一遍或數遍。其實在學生弟子們光臨之前，老師們早已自己進行過清理了，只是革命小將們的眼光更尖銳，篩子更細密罷了。搜查者盡力從昔日師長的書櫥衣櫃裏尋找出封（建主義）資（本主義）修（正主義）的東西來。穿西服連衣裙的照片，棉袍馬褂的全家福，過去的招貼畫和海報廣告，各色化妝品和高跟鞋，都被歸入其中。

物理教師蔡凱有集郵的愛好，學生們從他的宿舍搜查出許多郵票，其中一些國民黨時期的，上面有中華民國的國徽和當時流行的圖案。蔡凱老師的郵票全部被沒收，十幾年的心血毀於一旦。

許多年後，和一中的同學談及當年破四舊的情節，都還記得蔡老師的郵票之殤。那些郵票的下落，同學們都不知其究竟，其中一些也許很珍貴，放到現在很值錢的。

清真北寺，亦稱洪家寺。臨清三座清真寺中的一座，建築風格接近華北佛教寺廟。最高處的鎏金尖球，文革初期破四舊時悉數被紅衛兵套上繩索拽了下來，寺內物品設施也遭到嚴重破壞，宗教活動被禁止。

文革後政府出資對這座清真寺進行了修繕，頂部又安裝上了圓尖，只是體積沒有原來的大，也沒有再裝飾以金色，宗教活動也部分恢復。（攝於二〇〇七年）

學校之外，破四舊也進行得如火如荼：大眾公園裏有兩塊乾隆皇帝題詞的御碑，係當年乾隆皇帝下江南路經臨清時親筆所書。兩塊御碑全部被砸得粉碎；幾座高大的清真寺，殿堂之顛塑有包銅鎏金的尖頂，也悉數被捆上繩子拉了下來。那麼高的去處，一定是有人冒著生命危險而從事之；那麼沉重的物件，一定花費了眾人不小的氣力。

運河西岸，河北省臨西縣的破四舊也不比山東遜色。臨西一帶，從前信奉天主教基督教的民眾比較多，上世紀五六十年代以後，信徒多數遠離了教會，天主教堂卻還保留了幾座，苟延殘喘而已。

臨西縣的縣城設在距離衛運河二十多公里的童村，一些縣直機關都還滯留在河西鎮，包括臨西縣最好的中學（原臨清二中）和最重要的企業火柴廠。

時間大約是一九六六年八月的一天，我閒逛到一河之隔的臨西縣河西鎮。火柴廠附近的一塊空地聚集著很多人，周圍的排水溝沿和牆頭上都站滿了人。公路上的人群把來往的車輛也都堵了個水洩不通。圍觀的民眾，沒有一萬，也要超過八千。人們關注的對象是兩個三十多歲散亂著頭髮的女人。她們站在臨時搭建的主席臺上，聲淚俱下地控訴天主教堂的神甫強姦她們的罪行。高音喇叭把她們的哭泣她們的憤怒以及她們受凌辱的細節全部擴散到空中。

被批判的神甫，一個五十多歲身材修長臉色煞白穿一身舊衣服的男人，就站立在主席臺的一側，他的腳下胡亂仍著一堆《聖經》、《唱詩篇》類的書。其中一個女人訴說到自己被強姦的過程時情緒非常激動，撲過去抓住神甫男人的衣領要和他拼命。因為揭發控訴的細節詳盡至微，觀眾聽眾才異常地踴躍，以至於連做生意的小販，進城的農民都停步止足，從始至終不肯散去。那神甫接下來的日子肯定十分地淒涼艱辛。

加入破四舊隊伍的不僅是我們這些中學的學生，幾乎全社會的人都成了主動出擊的士兵。臨清城裏所有房頂屋脊上的瓦當圖騰都被毀壞拆除；石頭門墩上的獅子麒麟，牆壁上的壽星仙女飛禽走獸都被鑿毀或砸掉；店鋪的牌匾，門窗上的木刻，所有器具家飾上的圖案繪畫雕塑（有毛主席光輝形象的除外）統統都被鏟除銷毀。

京劇團唱戲的行頭，不管是劇團所有，還是演員個人的珍藏，都被收繳在一起。劇團的職工和去劇團破四舊的學生把那些五顏六色金光閃閃的龍袍玉帶，鳳冠霞帔，朝靴官帽，旌旗翳纛，用木棍竹竿高高挑起，浩浩蕩蕩沿著縣城的街道遊行展覽，最後都堆積在劇院門前的運河岸邊付之一炬，宣告帝王將相才子佳人永遠徹底告別了臨清的京劇舞臺。

臨清的抄家和北京濟南上海大城市可能不太一樣。臨清城裏的抄家行動主要是街道居委會組織，由出身好、苦大仇深的社會青年，有重點地查抄。被查抄的對象，多是過去的資本家，舊軍政人員，舊商人，和家底相對殷實的居民。不排除街道居委的幹部和出身好的人借機報復發洩私怨。也有街道居委的人到一中向紅衛兵小將求援，一中也曾派學生前去支持協助。

我們高一二班去沒去學校以外抄家，我沒有印象。因為即使派出增援校外的人員，也不會讓我參加，我在那一段時間所面臨著微妙而危險的處境，下來我再詳細敘述。

我只是在我們班的男生宿舍裏看到有一姓劉的同學把玩一件明顯不屬於他自己的小物件。不清楚那只有抄家時才能獲取的小物件，是來自一中教師的宿舍，還是來自城裏某資本家某小業主的住宅，也不清楚那是他本人直接繳獲來的，還是經其他戰友之手而得到的戰利品。

破四舊的成果被集中起來，上交到縣裏進行展覽。展覽的物品包括字畫、圖書、皮衣、絲綢和金銀玉器銀元銅幣等。

據臨清官方統計，全縣共查抄到：

黃金二千二百五十五點一六克；

白銀三千六百五十八點六克；

銀元三千三百九十七枚。

後來這些名義上腐朽沒落，其實很有財富價值的東西堆放在某一座房子裏。負責管理的人員經不起利誘，近水樓臺先得月，發生了監守自盜私藏私分，為此還立案偵查嚴肅懲處，黨損失了幾名幹部。

許多年以後，才知道幾乎中國所有進行過破四舊的城市鄉村，抄家者順手牽羊是十分普遍的行為；查抄歸攏展覽以後，一些值錢的物品往往都會讓經手者中飽私囊。從社會財富再分配的角度研判，破四舊可以說是上世紀二十年代的打土豪，四十年代的土改運動分浮財的自然延伸，手段和分配方式也都有些相似。

全國當時統計出來的數字是：

一九六六年八月十八日後的一個月內，北京市被抄家的達十一萬四千多戶，被趕回原籍的有八萬五千一百九十八人；上海市紅衛兵共抄家八萬四千二百二十二戶；天津市紅衛兵抄家一萬兩千多戶。

從當年六月至十月初，全國紅衛兵收繳的現金、存款和公債券就達四百二十八億元，黃金一百一十八萬八千餘兩、古董一千多萬件，挖出所謂的「階級敵人」一萬六千六百多人，破獲反革命案犯一千七百多宗。

以上的統計數字肯定很不完全，甚至可以說是九牛一毛。

破四舊的風暴也刮進了我們的家。一天，母親上班去了，十二歲的二弟獨自一人對家裏所有的物品進行了清查：外間屋有一張方桌，是借用公家的器具，桌腿和桌掌之間，鑲嵌有八條龍，每根桌腿上兩條。不知什麼人告訴二弟，龍的圖案屬於四舊，二弟基本上是無師自通。風靡全國的破四舊其實並沒有統一的標準。二弟用錘子敲掉了暴露在外的六條木龍，另外兩條因為靠在牆上，年幼的二弟無力將沉重的桌子搬動，那兩條木龍成了漏網之魚。

母親沒有置辦過首飾，也沒有首飾盒子一類的器具，最貴重的物件是針線包裹裏的一對小銀手鐲，那是我滿月時祖父花一斗麥子為我訂做的；還有一副銀質的長命百歲鎖，帶有長長的細鍊，本是我父親孩童時曾經掛在脖子上，後來又由我繼承做為鎖定生命，鎖定平安的神器飾物兼玩具。二弟把全家最珍貴最值錢的三件銀器悉數翻找出來，銷毀的方法是把它們一股腦兒丟到火爐子裏。

做完了這兩件事後，二弟如釋重負。爐火很旺，銀器的熔點低，丟進去的金屬頃刻便沒有了蹤影。二弟往敞開了的爐火裏加了一些煤餅，燉上一鐵壺水。大概他認為自己破四舊的壯舉和主動做家務，為母親下班歸來做晚飯準備開水一樣都會受到誇獎表揚。

母親下班回來，木龍的屍體昭示了一切。二弟敘說事情的原委，彙報自己的成績功勞的話還沒有說完，巴掌已經擊打在了他的腦門上。母親無法容忍二弟擅自毀壞財物的行為，不管他是以革命的名義，還是以純潔家庭文化環境為藉口。

得知珍藏的銀手鐲和「長命百歲」鎖的去處，母親隨手用鐵壺裏的水澆滅了爐子裏的火，火爐裏冒出一股白色的水汽。母親把爐灰爐渣和沒有燃盡的煤餅悉數從爐膛裏掏出來，哪裏還有什麼銀器？三件珍寶早已熔化，液體都滲進了爐渣爐灰的空隙。母親掰開幾塊顏色發黑的爐渣，沒有一點白色金屬的蹤跡。

母親的歎息，弟弟的哭泣，破四舊中的一枝小小花絮。

七、掘墳燒屍

前面說過，我們高一二班是一個平庸的班級。破四舊中，平庸的班級卻要做出一些轟動的壯舉。

臨清後關街有一片青磚青瓦的住宅，幾進幾出的四合院，門樓聳立，階臺高高，那是冀家大院。上世紀四十年代，冀家城裏有買賣，農村有田地，據說是臨清的首富。

臨清史志記載：冀家先祖冀天儀於明朝洪武二十一年（一三八八年）任職平山衛臨清千戶所，舉家由山西平陽府遷居臨清。明清兩朝，冀家二十餘代，人丁衍繁，富庶一邑，官宦輩出，科第聯翩，有記載的進士、舉人、貢生、庠生、太學生六十八人，實屬臨清的名門望族。

冀家的戶主冀曉帆，一九四五年或四六被共產黨處決，屬於國民黨反動派或者說是剝削階級在臨清的代表人物。一九六四年，階級鬥爭成為文藝演出的主旋律。臨清京劇團曾經新編了一齣現代京劇，劇目就叫《萬惡的冀曉帆》，被當做階級教育憶苦思甜的教材，公演了很久。劇中的冀曉帆勾結官府欺男霸女無惡不作，最終死於革命人民的槍下。

冀曉帆相當於臨清的劉文彩，《萬惡的冀曉帆》相當於泥塑《收租院》。

我們高一二班要做出的破四舊壯舉，是去挖掘冀家的墳墓。

當時我就不清楚這一革命行動是來自我們班那位同學的創意，還是我們班接受了某位當時在學校裏說了算數者的指派，或者是我們班的「學習毛主席著作中心小組」積極要求，正好有這麼一個光榮而艱巨的任務落到了我們班的頭上。無論怎樣，第一個產生這樣念頭的人，絕對具有天才革命者的細胞。

時間是一九六六年八月中旬的一天，天氣晴朗，我們的革命熱情和當天的氣溫一樣高漲。和我們高一二班結成革命戰友的還有初中某個班的部分同學。這些學弟學妹是如何投奔到我們隊伍裏來的，我當時也不很清楚，大概是聽說我們破四舊的目標重要，任務艱巨而前來支援的，也不排除是出於好奇想看個究竟。現在我連這些戰友具體是初中哪個班的也已經印象模糊了，好在這不是一個十分重要的細節，只要記得我們高一二班並不是孤軍作戰，而是得到了其他戰友積極的協助就可以了。

我們班的大部和一部分初中的戰友，加起來有六七十號人馬，肩扛幾把鐵鍬，高舉著三四桿彩旗，頗有些聲勢。途中人多的路段，有同學帶頭呼了幾次口號：

「滅資興無！」

「破四舊，立四新！」

「把無產階級文化大革命進行到底！」

「戰無不勝的毛澤東思想萬歲！」

冀家的墳塋在臨清城南河窪村的村北，墳塋的北側就是臨清去聊城的公路。地勢看不出有什麼祥瑞，冀家成為首富可能和墳地的風水也沒有多少直接關係。

我們的首領——這樣稱呼那次行動帶隊者比較合適，是通過什麼渠道得知冀家墳地的確切位置，我也不清楚。我只是一個懵懵懂懂的跟隨者。如果挖人墳墓屬於犯罪的行為，我也只能是一個最不重要的從犯。

臨清首富家的陰宅也只是幾堆淹沒在莊稼地裏的土疙瘩，沒有磚瓦封蓋，沒有石碑標識，甚至連一棵樹木都沒有。或許本來是有那些風光的物件，早先已經被鄉民拆毀移做他用了。

冀曉帆當年飲彈而亡，屍首早已不知去處。即使知道其草草掩埋的位置，也早已成為棲棲白骨，沒有挖掘展示的價值了。

在當地貧下中農的指引下，我們確定了挖掘的目標：幾座墳頭中稍微高大的一座，裏面長眠的據說是冀曉帆的祖父。

盡是身體矯健的青年，三下五除二，墳墓就完全挖開，墳坑裏一大一小兩個棺材。小的已經有些腐爛，輕輕一碰就看見了裏面的骷髏，那顯然是冀某的夫人。此時有人指點：看有金銀首飾否？搜遍骷髏四周，只有兩三根似銅似鐵似鉛的細小金屬。隨之用腐爛的木頭和土塊將其掩埋，集中力量對付旁邊那個體積大而堅固的棺材。

幾個學生使用鐵鍬木棍輪番用力，大棺材紋絲不動。幾個帶隊者商量以後，決定派人回學校去取鐵鎬撬棍。

太陽照在半空，天氣十分炎熱，河窪村的貧下中農送來了開水，有同學端碗喝了起來，大部分因為棺木骷髏的氣味，雖乾渴難耐卻也無意飲水。

這時有貧下中農過來報告說是有冀家的人在附近窺伺，這可是階級鬥爭的新動態。馬上派人去周圍的莊稼地裏查看。閒人倒是有幾個，其中有倆人的面目有些猙獰醜陋，厲聲喝問，卻沒有一個姓冀，都是附近的社員或過路者，圍觀的目的，無非是想看個稀奇看個熱鬧。

鐵鎬撬棍來了，厚重的柏木棺材咚咚有聲，幾個最身強力壯者用盡渾身氣力終於把棺材的蓋子撬了下來。半尺多厚的棺材蓋下面，還有一層內槨。內槨的木板厚度有限，掀開以後，一股刺鼻的惡臭熏得同學們往後躲避。

散發出惡臭的是一具身穿清朝官服頭戴花翎官帽的死屍。死屍的著裝出乎所有人的預料，更出乎大家預料的是死屍散發出來惡臭。自然界的萬物各有各的氣味，人類為了生存，為了炫耀，製造出各種新的物品，這些物品各自的氣味也都不同，其中那些污染地球污染環境的有毒物品，散發的氣味大都刺鼻難聞。奇怪的是世間最惡臭最讓鼻孔難以忍耐的卻是人類屍體腐敗後產生的氣體。

臭讓大家束手無策無從下手，有人背誦了幾段毛主席的語錄，其中有「下定決心，不怕犧牲，排除萬難，去爭取勝利。」有人不知從哪裏找來幾個口罩，裝備到在前沿作業的同學嘴上。

死屍基本保存完好，鬍鬚眉毛還都清晰可見，用手輕輕一動，鬍鬚就全都掉了下來。

眾人中好像有一個很專業的「工程師」，是哪一個同學現在已經記不清楚。很難說他這樣的年紀就有做這種事的經歷，或者是無師自通，或者是萬事留心，從老年人或社會經驗豐富者那裏聽說，便記憶為自己的學問。為了敘述方便，在這裏暫稱之為「工程師」罷。

看死者的裝束，下葬的時間最晚也有六十多年了，因為厚厚的柏木棺材密封嚴密，死屍才保存得如此完好。旁邊小號棺材裏的婦人就沒有這樣的待遇，看來冀家完全是男尊女卑；要麼就是銀兩有限，只能製備一個好棺材給男主人。

在「工程師」的具體指點下，幾個同學不顧刺鼻的惡臭，搜查了棺材裏的角角落落，也沒有發現什麼陪葬品，更沒有什麼財寶。

「工程師」解釋說，屍體保存得如此完好，許是因為嘴裏含著大粒的珍珠。便有一個同學把手指伸進了死屍的嘴裏，摳了一遭，並沒有珍珠。那同學說了一聲：

「還有舌頭呢！」

圍觀的人群裏幾個女同學一陣驚叫，紛紛往外圍躲去。

周圍的地勢並不低窪，壙坑裏挖掘出來的土都很乾燥，大棺材裏卻有很多的水。「工程師」解釋說：那大概是藥水，屍體浸泡在藥水裏，所以才沒有腐爛。

解開死屍的衣服，剝了一層又一層，從外面的官服到裏邊的內衣一共有七層，最裏邊的棉褲竟然是粗糙的土布縫製。這麼多衣物浸泡在水裏，很有重量，眾人費了很大的氣力才把死屍從棺中拉了上來。

死屍的腦後拖著一條細長的辮子，被一個同學輕輕地拽了下來。

帶隊的幾個人稍加商議，決定把死屍燒掉。為了避開女同學們，幾個男生把死屍拉扯到數十米外，脫光了最後的衣服。有人提來一桶煤油，正要傾倒上去，「工程師」趕忙制止道：大火一燒，肌肉收縮，仰臥的死屍自己會坐起來，容易被當作炸屍。

眾人採納了「工程師」的建議，把死屍翻擺成背朝天的姿勢。倒上煤油，火燃燒起來，死屍冒著濃煙，果然臀部漸漸隆起，直至身軀彎成九十度。男同學和圍觀的男性社員都看得觸目驚心，有人大聲地嘔吐起來；女同學和女性社員早都躲避到了遠處。我的膽量還不算太小，從始至終看了個清楚，慘烈的場面讓我覺得自己和同學都不再是人類。

煤油燃盡，已經變成了黑色弓形的死屍依然堅硬，沒有成為骨灰。三五個同學就近挖了一個淺淺的土坑，草草將其掩埋。柏木棺材的木板被一個生產隊長模樣的人指揮著幾個社員（村民）抬走，說是生產隊打機井時使用。任何人都不會用它來建造住宅製作傢俱的。

破四舊的戰鬥進行到了中午，踐踏了一大片莊稼，留下了經久不散的惡臭，可以說是一無所獲。幾件死人穿的衣服，頂戴花翎的官帽，那根前清男性特有細辮子成了僅有的戰利品。帶隊者決定要抬著這些東西遊街，以宣揚破四舊的戰果。

因為死屍的衣服氣味惡臭，大家都推諉拒絕。帶隊者對此大為不滿，自己親自把那件臭味四溢的官服用一根旗桿高高舉起。被挑在旗桿上的還有那個花翎官帽和前清的小辮子。

重新集合起隊伍，清點人數，溜走了幾個同學，其中幾個女生是因為身體不適請假走的。為了振奮大家的精神，帶隊者講了一番這次破四舊行動的意義在於挖除地主階級的根基，我們抬著舉著戰利品遊行是徹底破除封建主義。說完，他就帶領大家上了路。

縣城裏的居民對街上出現遊行的隊伍已經司空見慣，抬著從棺材裏挖掘出來的死人器物遊街大概還都是第一次遇到。我們緩慢地行進，沿途引來許多圍觀的群眾，好奇驚訝之後，死屍的惡臭讓他們退避三舍。一些賣食品的商店趕緊掩起了門窗，像躲避瘟神一樣躲避著我們的隊伍，使我們這些革命小將自己也覺得有些灰灰溜溜。

回到學校，半日的惡臭讓同學們都不想去食堂吃飯。反覆洗滌，身上的惡臭也無法除去。那幾件臭衣服被丟棄在學校東側被當作游泳池的水塘邊，整個夏天，不要說游泳，連洗滌衣物也沒有人走近那個水塘。

如同我不清楚是誰決定了我們班那次荒唐的行動一樣，我也不清楚過後學校的工作組和臨時掌權者對我們那次行動的評價，我只知道，我們班做出來如此的驚人之舉之後，並沒有改變外人對我們高一二班的評價，我們依然是一個平庸的班級。

現在回憶當年的過程和細節，心裏還感到噁心恐怖。我們那時是一群瘋子，我們應當好好想一想，當年我們是如何瘋的。

八、橫掃一切牛鬼蛇神（上）

一九六六年文革開始時，臨清一中校領導教師職工名單：

校長：王力平；

副校長：呂丁一（病休）

黨支部書記：陳煥民；

人事祕書：李艾民（黨支部委員）；

教導處主任：榮樹嶺；

　副主任：楊德龍；

教導員：朱連增、張子玉、王金山、董劍英（女）

管理員：王碧雲（女）；

打字員：王寶蘭；

總務處主任：吳嵐東；

　會計：韓冰；

總務：王清元；

校醫：王秀卿；

伙食管理員：馬子俊、靳祖嶺；

炊事員：籍順岐、盛保金、田振海、欒芝芸（女）；

校工：王保合、徐金榜；

共青團書記：吉文龍；

語文教師：孫誠、韓華堂、張希錄、周士顯、仲績培、周青、胡春山、王玉任、劉國寶、江寶昌；

數學教師：裴林春、朱躍華、陸國慶、魏固軒、王道南、胡學芝（女，病休）、鄒淑芬（女）、王章琪、高春仙（女）、朱一人；

物理教師：滎樹嶺（兼）、欒含光、洪平生、蔡凱、楊曉君（女）；
化學教師：唐雲忠、馬家駿、王明久；
外語教師：劉志、楊敬亭、張存經、梁冠英、繩欽忠、孫慧琴（女）；
政治課教師：楊德龍（兼）、左聯明、許慶蘭、賈連城；
地理教師：劉鐵錚；
歷史教師：向臻；
生物教師：陸望和（女）
體育教師：裴默春、張士仁、趙蘭石；
美術音樂教師：謝永倫、查華（女，兼圖書管理員）；
勞動課領班：孟慶雲；

以上的名單，來自一九九二年編撰的《山東省臨清第一中學校友、教職工名錄》，略有修改，共七十一人。其中工人六人；在職的學校領導及行政管理人員十八人，任課教師四十七人。

《臨清一中校史》記載：文化大革命期間，「有百分之九十以上的群眾遭到過大字報的攻擊」。這裏的群眾，大概指的是普通的教師員工，包括伙房的炊事員和校工。如果不把工人勤雜人員計算在內，臨清一中所有的學校領導、管理人員和教師就都「遭到過大字報的攻擊」了。

當年我還在學校的時候，曾經和同學們議論過此事，文革期間，學生們給學校領導張貼的大字報是鋪天蓋地，不可能有人倖免；針對普通教師和管理人員的大字報也是排山倒海，人人皆有，面面俱到。在我們的記憶中，好像唯一沒有被張貼大字報的教師只有一人：她就是陸望和，一個最和善，最謙恭，身材最矮，體質最單薄，教學無挑剔的生物教師。這樣的記憶並不十分地準確，陸老師的大字報，只能是比較少，我們沒有注意到而已。

無論大字報的內容如何斷章取義，如何扭曲真相，如何顛倒是非，張貼大字報應該說是文化大革命中最文明的行為。

伴隨著大字報內容的升級，打從一九六六年七月開始，學生們對學校領導和教師員工進行批鬥。八月，《中共中央八屆十一中全會公報》公布以後，批鬥會的範圍與批鬥的強度逐步升級，幾乎每一場批鬥會都伴隨著體罰、毆打和人格侮辱人身攻擊。

牛鬼蛇神的稱謂，文革初期劉少奇在發給工作組的指示中曾經使用。「橫掃一切牛鬼蛇神」的口號響徹全國，則起源於《人民日報》一九六六年六月一日的社論。那篇社論的題目就是這八個大字。

牛鬼蛇神原本是指佛教傳說中陰間地獄裏的牛頭馬面小鬼判官一類。人民日報《橫掃一切牛鬼蛇神》的社論發表以後，牛鬼蛇神便成了一個政治界定標準。而這個界定標準又比較模糊，沒有一個嚴格的定義。於是，所有被認為有問題的人就都被歸屬為牛鬼蛇神之列。

《臨清一中校史》上還有一句話：「有百分之八十以上的群眾在運動的不同階段被觸及靈魂」。「觸及靈魂」大概是被批鬥、遊街、毆打、關押、人身攻擊、人格侮辱的官方用語。百分之八十也只能是一個大概的估計數字，說明當年的教師員工嘗受過「觸及靈魂」的占絕大多數。

《臨清一中校史》寫成於一九九二年。我們應當感謝執筆者留下了以上的數字與文字。但是，既然是寫校史，如果趁當年在文化大革命中飽受「觸及靈魂」的教師多數都還在校，還在世，把文革期間究竟有多少教師受到大字報的攻擊；有多少教師被批鬥，被遊街，被毆打，被抄家，被侮辱；有多少教師被關進了牛棚，都統計得盡量準確具體。從治史的角度，其意義遠遠要大於對某次文娛比賽得了什麼獎一類的記載。

我也清楚，以上的要求有些過分，實現這樣的願望實際上是一件很難的事。難度與實現巴金先生建立文革紀念館的願望差不多。

根據我的記憶，當年臨清一中遭受遊街、批鬥、毆打、關押、嚴重人格侮辱的學校領導和教師有如下的人：

榮樹嶺、孟慶雲、孫誠、馬子俊、張士仁、王清元、欒含光、裴默春、朱躍華、王秀卿、洪平生、劉志、周士顯、楊敬亭、王力平；

韓冰、魏固軒、劉鐵錚、吳蘭東、唐雲忠、向臻、陳煥民、蔡凱、查華（女）、高春仙（女）、朱一人、繩欽忠、趙蘭石。

以上二十八人被狠狠地「觸及靈魂」，是我親眼目睹的，占了學校在職領導的全部；教師管理人員的近乎一半。如果加上從我記憶中流逝和我沒有看到的，人數肯定遠遠超過上面的名單。

名單的順序是按照我所看到的本人受批鬥、毆打的次數與強度排列的，肯定不會完全準確。

和當年一中其他年級班級的同學一起回憶，他們對個案的認定與我上面的排序基本相同。

排在前面的十二個教師，我親眼看到過或驗證過他們被學生毆打，後面的十八個，我只看到過他們被批鬥，戴高帽子遊街遊校，「坐噴氣式飛機」（批鬥的時候，兩人站在身後，用手強按被批鬥者的頭，或揪住頭髮，使其彎腰仰頭，兩隻胳膊後伸，做飛機狀），胸前掛牌子。後面的十八個人肯定也有遭受毆打的，因為我

臨清一中初中二十四級畢業照詳解（一），中間部分：
第二排：左一，副校長呂丁一；左二，縣委宣傳部副部長宋桂琴；左四，校長王力平；左五，黨支部書記陳煥民；左六，總務處長吳嵐東；左七，數學教師朱躍華。
第三排：左二，教導處副主任楊德龍；左五，外語教師繩欽忠；左六，數學教師王道南。
第四排：右二，李長站；右三劉明生；右四，尚金岩；右五，王臨生。
前　排：右四，沙玉梅；右一，二班副班長王鳳英。
後　排：左一，夏廣泰；左三，張善欣；左五，劉玉慶；左七，唐世祿。

沒有親眼目睹，只好排列在後面。

四十多年以後，這些曾經啟蒙我們告別混沌，給我們以諄諄教誨，傳授我們基本的人文知識科學知識的老師們慘遭學生們毒打侮辱的景象依然歷歷在目。

戴高帽子遊鄉是毛主席在《湖南農民運動考察報告》中充分肯定了的革命行動。文革來了，可以給哪些人戴高帽子，戴什麼樣的高帽子，並沒有規定。

給被批鬥者掛牌子，是過去犯人遊街示眾的一種方式，文革期間成為批鬥過程的必備之物。

戴高帽子掛牌子是如何被引進到臨清一中的校園裏的呢？是誰最先開其先河的呢？這是一個無法考證的問題。革命小將們基本上是無師自通，通過閱讀《毛澤東選集》，通過看革命的圖書電影而自學成才。到一九六六年八月，臨清一中的學生們已經把戴高帽子掛牌子發展到了極致。

在高二四班的一場批鬥會上，原本戴在語文教

臨清一中初中二十四級畢業照詳解（二），左邊部分：

前　排：左一，音樂教師查華；左三，一班學生宋閨秀。

第二排：左一，物理教師欒含光；左二，語文教師徐雲階；左三，數學教師魏固軒；左六，校醫王秀清；左八，教導主任榮樹嶺。

第三排：左一，體育教師趙蘭石；左五，數學教師孟慶雲；左六，總務處管理員王清元；左七，教導員朱連增；左八，政治課教師許慶蘭；左九，音樂教師謝永倫。

第四排：左三，一班學生張淑珍；左四，二班學習委員宋長蘭；左五，鮑爽田；左七，作者本人；左八，郭振忠。

後　排：左三，一班學生趙蘭傑；左五，馬登洋。

臨清一中初中二十四級畢業照詳解（三），右邊部分：

前　排：右二，王新華。

第二排：左一，人事祕書李艾民；左二，會計韓冰；左四，語文教師周世顯；左五，數學教師裴林春；左六，物理教師洪平生；左七，外語教師孫慧琴；左八，生物教師陸望和。

第三排：左五，語文教師孫誠；右一，物理教師楊曉君。

第四排：左一，花俊起；左二，王慶林；右二，薛振東；右一，姜長山。

後　排：右四，二班班長劉玉林；右二，徐恆和。

師孫誠頭上白紙糊成的高帽子，當場被某學生換成一個糊了一層紙的小號鑄鐵煤球爐子。小號鑄鐵爐子也有數十斤重，去掉了爐底的鐵篦子，底座緊緊地卡在孫誠老師的頭上。鑄鐵爐子的頂部是一正方形的平面，形狀恰似一頂龐大的博士帽。某同學的創意引起批鬥會現場的同學們一聲聲驚歎歡呼。如果不是被文革耽誤，某同學假設能夠繼續進大學深造，攻讀建築設計專業，一定會成為創意大師貝聿銘的接班人。批鬥會結束，鑄鐵爐子從孫誠老師的頭上取下來。鐵爐子上沾滿了肉皮頭髮和鮮血。

僅讓孫誠老師一個人享受這樣的待遇，好像是不太公平。隨後，就另有一位學生給站在孫誠老師旁邊的體育教師裴默春脖子上掛上了一個厚鐵板製作的大牌子，重量和孫老師頭頂的鑄鐵爐子相差無幾。鐵板外面也糊了紙，紙上寫著裴老師的名字。鐵板牌子上端鑽了兩個孔，用細細的鐵絲掛在裴老師的脖子上。細鐵絲深深地勒進裴老師頸後的皮肉裏。

孫誠老師講課聲情並茂，是全校公認最棒的語文教師。他被批鬥的原因除了家庭出身不好（好像是地主）以外，是學生們抄家時繳獲了他的日記。孫誠老師日記裏那些文筆生花的內容，被說成是「落後的思想」、「低級趣味」，成為他遭受變相酷刑的起因。

裴默春老師被批鬥的時候，年齡將近五十歲，在臨清一中的老師裏面，屬於年紀比較大的。裴老師身材挺拔修長，廣播體操動作標準姿勢優美，簡直就是人體模特的藝術表演。學校正常上課的日子，清晨的鐘聲響起，全校師生集合在校門前的小操場上，如果是裴老師帶領大家做廣播體操，隊列自然就整齊，學生們會自覺地認真起來，請病假的女生也會少了許多。

裴老師的籃球打得好，由他擔綱的一中教職員工的籃球隊敢和全縣任何球隊較量。臨清不是一個普通的縣城，工廠企業多，是一個籃球水平比較高的小城市。裴默春老師打中鋒，裴林春老師打前鋒，配合默契，所向披靡。二人都姓裘，名字也僅差一個字，都為學生所尊崇，學校內外都稱裘默春老師為大裘；裘林春老師為二裘。

教職工籃球隊的主力還有周士顯、馬子俊、王清元、趙蘭石、張士仁、王道南等人。說來也巧，除二裘和王道南兩人外，其他幾位在文革之初全都被狠狠地觸及了靈魂。

據說裘默春老師家庭出身並不很壞，可能也不是很好，如果很好，年輕的時候，他大概就沒有條件在北平讀書。大裘老師之所以被學生們批鬥毆打，掛鐵板牌子，說是因為當年他在北平讀書的時候，曾經和美國兵的籃球隊打過籃球。美國人幫助國民黨和共產黨作戰，他卻和美國人一起玩耍，陪他們鍛煉身體，這樣的行為實在是罪大惡極。

裘默春老師身體高大，性情剛烈，雖然年近半百，若單兵教練，年輕的學生哪個也不是他的對手。面對昔日弟子們的毆打欺辱，裘老師只能怒目以對。有一次我看到他幾乎要掄起胳膊進行反擊，最終還是忍了下來，雙目直盯著行虐者，好像就要噴出火來，一副虎落平川被犬欺負的神情。

物理教師欒含光、洪平生都曾被同學們反手吊在房樑上毆打。二人被打的原因相同：一九六四年，中國第一顆原子彈爆炸成功以後，兩位上物理課時對學生們說，美國人和日本人收集到雲層中的灰塵，就能計算出中國原子彈的當量。這本是一個常識性的物理科普知識，學生們非說他們是崇洋媚外，污蔑社會主義祖國。

臨清一中很多同學對兩位老師課堂講授的這一內容，並且為此而在文革中挨打記憶尤深。三年後，一中有學生參軍入伍，恰巧就在大西北原子彈試驗基地服役。用欒、洪兩位老師講課的內容問基地的專家，問部隊的首長。專家和首長都證實：兩位老師所講的確如此。

外語教師劉志，四川人，身體瘦削單薄，據說他精通英、俄、日、西多種語言，連走路的時候都背誦外語罩詞和文章。批鬥他時有同學追問：你嘴裏經常嘟嘟囔囔的，是否在與敵人聯絡？劉志老師也遭受過毒打，只是我沒有親眼目睹。

馬子俊原來也是體育教師，後來做學生食堂的管理員。在糧食緊缺生活困難的歲月，這是一個容易引起學生不滿的角色。毆打馬子俊老師的地點，發生在高一三班的教室。一個姓李的大個子同學左手按住馬老師的腦袋，右手狠狠地抽打馬老師的耳光，直到精疲力盡而止。李同學和馬老師有什麼深仇大恨？是想刻意表現自己？還是歇斯底裏發作？特殊的年代，很多事情按常理都無法解釋。

馬老師被李同學搧耳光時，我一直站在高一三班教室的門口觀看。還有幾個同學回憶說馬老師那天還被學生用繩子捆起來吊到了房樑上毒打。這一過程，我沒有親眼目睹，但我相信同學們的記憶與回憶，高一三班的教室沒有天花板，房樑具備懸掛繩子的條件。

馬子俊老師家住縣城福德街的南首，他有兩個兒子，一個叫馬強，一個叫馬傑，都在工廠工作，又都長得高大英俊，是臨清縣籃球隊的主力。弟兄倆知道了父親的遭遇，揚言要找高一三班的李同學報仇。李同學也知道自己惹下的禍端，很清楚自己如果被馬氏兄弟遇上會是什麼下場。李同學家在靠近臨清的茌平縣鄉下，自從一九六八年離開學校回家後，李同學就沒有再敢踏進臨清城裏一步。需要進城辦理的事情，他只能去茌平和高唐縣城活動。

李同學後來還有參與毒打機關幹部和企業職工的劣行。四十多年後的一天，我和一位八十多歲的老人聊天。老人告訴我，他在一九六七年夏天的一個晚上曾經被臨清的幾個工人學生刑訊毆打，其中一中的一個學生下手最兇狠。他只知道這個學生姓李，大個子，紅臉膛，家在茌平。老人回憶說：

「……，當時的光線雖然很暗。因為離得近，我看清了那個學生是少白頭，黑髮中參雜著一些白頭髮。……。後來我在茌平工作時在縣城的街上看到過這個人。……。」

如果李同學真的是那個「少白頭」，看來這個世界上對他印象深刻難以忘懷的人還不少。

王清元是學校總務處的管理員，一個和學生很少接觸的崗位。學生們熟悉他也是在籃球場上，王管理員個子不高卻強壯，擔任衝鋒陷陣的角色，中距離跳投有相當的命中率。王管理員被學生們修理的原因，我當時就不清楚。批鬥刑訊的地點是在學校圖書館東側的一棟空房裏。

摧殘王管理員的手段很有創意：把一隻結實的方凳翻過來放到地上，四隻腿朝天，連接四條腿的是兩根細細的木棖。學生們硬是逼迫老王跪到凳子的兩根木棖上去。倒放在地上的方凳，下邊小上邊大，王管理員跪上去，稍一晃動，連人帶方凳立時就會歪倒在地。

王管理員身強力壯，打籃球練就了較強的身體平衡能力，爬上去摔下來，實習了幾次，終於能夠比較穩定地跪到兩根木棖上了。王管理員跪在木棖上，為了保持身體的平衡，屁股只能放到雙腿上面，彎著腰，將身體向前傾斜。對於這樣的姿勢，還有學生不滿意，喝令他把腰挺直起來。王管理員努力按學生的要求，顫顫巍巍地把身體挺直，全身的重量幾乎全都壓在膝蓋下面的一根木棖上，汗水濕透了王管理員的衣服，滴到地面上，滴到了方凳上。

因為疼痛難忍，王管理員開始向學生們求饒：

「紅衛兵小將們，饒了我吧！」

一遍一遍地哀求，最後求饒的話竟然是：

「紅衛兵叔叔們，我實在受不了了，紅衛兵爺爺們饒了我吧！」

有學生一腳把方凳踹倒，王管理員重重地摔到了地上。

榮樹嶺、孟慶雲、張士仁、王力平、魏固軒、王秀卿、韓冰等人的遭遇後面我準備另篇敘述。

老師們遍遭批鬥毆打以後，一些問題嚴重者被關押進了牛棚，其中有：

榮樹嶺、孟慶雲、孫誠、欒含光、裴默春、楊敬亭，張士仁、魏固軒、劉鐵錚、陳煥民、劉志、向臻、繩欽忠、趙蘭石等人。

這只是我記憶中的名字，實際人數遠遠超過這十二人。關押在牛棚裏的老師們完全被限制了人身自由，除了隨時被從牛棚押解出來到各個教室裏批鬥，平時還要被手持體操棒的學生押解著強迫勞動。勞動的內容無非是打掃衛生，清理廁所和種菜。按體力勞動者的標準衡量，勞動的強度並不算大。可對那些身體孱弱的老師說來，卻是很繁重的。

學校北校區靠西牆有兩個男女學生廁所，是一半露天，一半有遮蓋，大便池是一個個長方形深坑的那種。以前清理打掃廁所都是學生們上勞動課的時候完成，現在改由牛鬼蛇神們來做了。有一次我看到劉鐵錚老師和另一個老師抬著一個鐵桶，鐵桶裏是滿滿的糞便，最上面還有一些帶血的粉紅衛生紙，看來他們清掃的是女生廁所。糞便要抬到校園最南端的菜地裏去，劉老師身體瘦弱，抬那個大號鐵桶十分吃力，沒有行走多遠，就要停下來休息。沒有看管他們的人在場，我伸手想幫劉老師一把，劉老師沒有說話，冷冷地拒絕了。

那年夏天，臨清一中全校師生曾集體去治理衛運河的工地上去出河工，關在牛棚裏的學校領導和教職員工全部都被用棍棒看押著去河工現場勞動。被撤職的學校黨支部書記陳煥民用地排車運土。身材矮小的他用盡氣力拉車子的姿勢給一中每一個學生都留下了深刻的印象。

學生們毆打體罰學校領導和教師的方式，除了上面提到的頭戴鑄鐵高帽，脖子上掛鋼板牌子，跪方凳站板凳，懸吊於樑頭毆打以外，還經常用棍棒直接擊打他們的身體。

幾乎每個教室每個批鬥審訊過老師的地方，都備有從板凳上拆卸下來的板凳腿。胳膊粗細的板凳腿騰空掄起，擊打在身體的任何部位，都會是青紫的傷痕。

用做打人兇器的還有一種叫做體操棒的圓棍：一米多長，四釐米粗細。用體操棒打人比板凳腿更讓承受者恐懼，圓柱體的體操棒擊打在人的身體上，接觸面積比扁平的板凳腿小，根據物理學的原理，對人體造成的傷害會更重，不僅能毀壞皮肉，還能傷及骨頭。體操棒表面還塗有一層油漆，手持紅藍白顏色的體操棒，押解著牛鬼蛇神在校園裏走來走去，煞是有些威風。

一九六六年夏天，臨清一中的學生對牛鬼蛇神的橫掃，從張貼大字報到批鬥，從一般的體罰侮辱到毆打刑訊摧殘關押，先後得到三屆領導的默許縱容鼓勵引導加指導。這三屆領導分別是：

最初是以陳煥民為首的黨支部；

中間是以范春明為首，以王懷詩為輔的工作組；

後來是工作組扶植起來以賈連城為主任的「籌委會」。

學生們在這一個夏天所犯下的罪惡，這幾個人有著不可推卸的責任。

其中始作俑者陳煥民書記，僅為罪惡行動開啟了一條小縫隙，自己也便成了暴力的受害者。

工作組應該承擔最大的責任。他們固然可以把責任全部推卸給上級，推卸給後來恢復了名譽的中央副主席劉少奇或英明領袖毛澤東，但他們仍然需要懺悔自己的靈魂。

九、語文教師孫誠

前面說過，語文教師孫誠是第一批被學校黨支部陳書記拋出來的牛鬼蛇神，也是全校最早被批鬥的教師。我曾經看到過他在高二四班被批鬥時，有學生給他戴上了一頂鑄鐵爐子做成的高帽子。孫老師還多次被學生毒打，我沒有親眼目睹，所以無法詳細記述。

下面是一中黨支部書記陳煥民和曹仁、曹丕兩名教師一起署名揭發孫誠的大字報。大字報的題目就是《孫誠的言論》，篇幅比較長，大約三千多字（根據當年的摘錄筆記整理）：

《孫誠的言論》

一九六五年七月二十三日上午，孫誠在學習《培養革命接班人》小組討論會上，氣勢洶洶地發了兩個半小時的言，向黨進行了惡毒攻擊，現將其主要言論摘要如下：

他說：

「我很欣賞的一句話是：不做個英雄，就做蔣介石。」

「大學畢業後，想當助教、講師，再當教授，出名，有利。」

「積極分子走的不過是另一條路，他們從政治上提高自己，我不想從政治上發展，只求的在業務上發展，混碗飯吃就行了。」

「進步是不容易的，乾脆吧，提拔是沒有我的份了，老老實實當個中學教師吧，一輩子不犯錯誤，不挨批，安安生生過一個小康生活。」

「我的生活之路（是）：政治上自由自在，不去管人，也不被人管，絕對自由。少開會，多玩玩，誰也不要批評誰，不要開展什麼鬥爭。」

「誰的業務好，書教得好，誰就應該受到尊敬，多拿錢。」

「對於一個人的要求應該是：只要他幹工作就行，至於思想進步或落後，不必強求，五個指頭伸出來還不一般長呢？」

「（你）進步就進步你的，我落後就落後我的，你進步你被提拔，我落後我就原樣不動，咱們井水不犯河水。」

「在經濟上不要太富有，也不要有困難，能吃上穿上，與一般人比起來屬於上中等就行。有手錶，自行車、收音機，用東西自己有，不投親不靠友，不做（作）難，但也不要特殊。」

「生活上可以自由，除了教書以外，自己要幹點什麼就幹什麼，吃穿有人管著，自己不必被（為）此操心，除了工作之外，看點書，聽聽收音機，假日裏領著老婆孩子逛逛大街，看看電影。」

「我希望黨的領導嗎？不。如果說需要，這不是我的心裏話，我希望一個絕對自由的世界。」

「當團員是負擔，多開會，又要起帶頭作用，不如叫我退了好。」

「就是開會表揚我，我也不願意開（會），教導處不開會沒事幹，不幹又不行，就得開會，這一來老師們就受不了。老師們是賣嘴的，就少開點會吧！」

「我一不貪污，二不浪費，三不反社會主義，有什麼整頭，叫他們整去吧！」

「四清一回，清不著頭頭們，結果把這些窮教員整一個拉倒，當教員的算倒霉了。」

「聽黨的話，做黨的馴服工具，大家都這樣講。一提這話，我心裏就覺得彆扭，自己講課時，講到為黨怎樣怎樣，就改成為人民的字樣。」

「黨員就是整人的，因為整人，所以就專門找事，鬧得大家都不得安生。沒有這些孬人打旗去得罪人，書記就成了光桿司令。」

「黨員都是資產階級個人主義者，為了個人利益，互相排擠，勾心鬥角，爭權奪利。」

「現在的教員，五十來塊錢，養不住一個五口之家，解放前的教員也比現在的錢多。」

「現在辦事真難，去一個機關，人家帶搭不理，咱得遞煙點火，點頭哈腰，把我的腰都彎疼了。」

「當教員既沒地位，生活又苦，吃不開，當教員算是倒霉了。」

「誰要是與誰有仇，就勸他的孩子考師範。」

「那些說讀了毛主席著作受了主席思想教導而做好工作的人，不過是說說而已，其實未必就是這樣。」

「直到今天，我覺得主席的書必須讀，也必須按主席說的去做，就是彆扭也得做，不然就會犯錯誤。」

「毛主席的權利是至高無上的，五八年搞錯了，但誰也不敢提。六一年開人代會，我特別注意報紙，看看對五八年到底如何評價。劉主席在報告中肯定了五八年，我心裏不服。歷史會給五八年一個正確評價的。」

「毛主席著作充滿兩個字，就是『殺人』。」

「五七年反右鬥爭太過火了，右派打的太多了，是胡鬧。」

「五八年搞糟了，破壞了生產力，連續幾年的災荒，人民公社的調整，下放幹部都是五八年造成的。」

「中央實際上承認五八年的錯誤，採取的這些措施，就是為了糾正錯誤的，只是表面上不承認罷了。」

「支援農業，以農業為基礎，為什麼不早提呢？現在沒吃的了，才提以農業為基礎。既知今日，何必當初。五三年大搞工業化，現在又大搞農業化，反正怎麼說怎麼有理。」

「關於學生升學問題，中央也是沒有計劃，五六年那麼寬，動員幹部升大學，現在又這麼嚴，高中畢業得大部分回家。六二年不貫徹階級路線，六三年、六四年又貫徹這麼嚴，沒真事。」

「我最煩進行思想鬥爭，一提階級，階級鬥爭，思想改造，自己就覺得這是又來整知識分子了，當知識分子算是倒霉了。」

「思想鬥爭就是念書少的整念書多的。」

「思想鬥爭比什麼都厲害，甚至比打一頓，罵一頓都厲害。打罵過去算完，這思想鬥爭叫人長期不得安生。」

「思想鬥爭就是壓服知識分子罷了，其實未必這樣，知識分子哪個敢造反？『秀才造反，十年不成。』何必對知識分子這麼刻苦。」

「敢於反抗領導是勇敢正直的表現。」

「積極分子是巴結，我能反抗，我才是公正（剛直）不阿的人。」

「我多正直，我就是不巴結領導。」

「積極分子全都是假的，都是為了個人，哪一個真正為了黨？壓別人抬自己，蹬著別人的肩膀往上爬。」

「雷鋒、董家耕他們也是假的。」

「為共產主義而奮鬥，為人民利益而奮鬥，才能有真正的動力，為什麼為人類大多數奮鬥就有動力？我不理解，沒有一點兒體會。」

「別人做好事，這是正義衝動，我拾到了錢，未嘗不能交出，但我沒有共產主義思想，別人也是這樣。」

「當積極分子容易，會議上說說，會後多幹點表面上的事，經常向領導彙報別人的缺點就行了。像我這樣的人，不會當積極分子，不會巴結，不會砸別人。」

「人不犯我，我不犯人，人若犯我，我也不是好惹的。至多把我趕出一中，有什麼了不起？」

「怪不得我大哥是黨員，吃香哩！他也會假的那一套。」

「學生要埋頭讀書，少過問政治，學一套真本事，將來靠知識吃飯。」

「千萬不要靠政治吃飯，搞政治去整人，不是正直人，被人看不起。但也別太落後，那會吃不開，走不通。嘴裏也要說說進步話，表面上做一些進步事，隨一下大流，將來就行了。」

「我是對你真好，才對你說這些心裏話。你現在認為搞創作不錯，到以後你就知道了。搞創作搞不好會挨批的。不如搞一點現成（實）的東西好。」

「沒有生活是沒法創作的，但體驗生活可不容易，農村一片黑，咱這腦袋，憑什麼能看清主流？弄不好挨一頓批，一輩子甭想再抬頭。」

陳煥民、曹仁（化名）、曹丕（化名）

一九六六年六月二十四日

孫誠老師講這些話的時候，是一個年僅二十七、八歲的青年。他對一些社會問題的認識可以說是相當有水平的，有一些思想是否超前了時代很多年？

孫誠老師的發言是哪一位給記錄下來，並保存到一年以後的重要時刻，由學校的黨支部書記親自拿出來公布於眾呢？這件事很能說明當時人與人，同事與同事，領導與被領導之間是怎樣一種被扭曲了的關係。

另一份是教導員曹洪等人揭發孫誠的大字報，大字報的標題遺缺，內容根據當年的摘錄筆記整理：

孫誠自大學讀書開始，一直堅持寫反動日記，他在日記中寫道：

（一）、「我要衝破鐵牢籠，殺出重圍，將筆變成手槍，打死自己。不，我不想其他，我希望社會仍為共產黨統治。不，這不是我的真心話，我更希望沒有人統治，社會到處是絕對自由。我明知道前面是火坑，我要仍然大踏步前進。」

還寫道：

「媽的，我恨透了趙淑貞（時任某校團委副書記），特務，狗腿子，壞蛋，這些人就是指望吃人肉喝人血上爬的。」

（二）、攻擊黨中央、毛主席，攻擊三面紅旗。他說：

「五八年大躍進是毛主席提出來的，就是真錯了，也不能說錯，毛主席的權利是至高無上的，誰敢反對毛主席？」

還說：「大躍進的結果是什麼都沒有了，搞糟了，搞錯了。這是黨中央的責任。」

「毛主席的文章，文詞語言優美，應該好好學習毛主席駕馭語言的能力。」

在講毛主席詩詞《如夢令・元旦》時，把右派分子艾青的詩拿出來，洋洋得意地讀給學生們聽，並說：

「艾青的詩只是形式上有毛病，內容上沒問題。」把主席詩詞與右派分子的詩相提並論。

（三）、歪曲偉大的反右派鬥爭。他罵師範學院的副院長、歷史系黨總支書記說：「那傢伙真壞，我們一個班叫他打了三十多個右派。」

（四）、拉攏反革命小集團，惡毒攻擊領導、黨員積極分子。與沈子宜搞得火熱，找校（領導）評級時趁機搗亂，贊成給落後壞分子提，反對給貧下中農先進教職員提。大罵前教導處副主任顏某為「顏娘們」，罵共產黨員工會主席張某某「閻王爺怎麼給他披上一張人皮」。

（五）、歪曲黨的階級路線，在一次考試中，故意多給一位貧下中農同學十分，並公開宣揚：「我這就是貫徹黨的階級路線。」

（六）、進行思想放毒，激烈爭奪後一代，在課堂上公開講：「民國三十二年人人都吃不飽，地主也是一樣不好過，地主也有要飯的。」

還說：「這二年的歌曲越聽越沒有滋味。」宣揚資產階級的（歌曲）《小拜年》。

曹洪（化名，其他人的姓名遺缺）

一九六六年六月二十四日

一九九二年編撰的《臨清一中校史》中《特級教師簡介》欄目中有一段關於孫誠老師的文字：

孫誠，男，山東臨清人，一九三八年出生，一九六〇年畢業於山東師範大學歷史系，同年分配工作來我校任語文教師。孫誠同志在我校三十餘年的工作中，堅韌不拔，刻苦自勵，教書育人，嘔心瀝血，長期任語文教研組長，一九八四年在《讀寫知識報》發表《談中學作文教學的改革》一文。他的作文教學成績卓越，在一九八八年的高考中，他班（有一）學生作文為滿分五十分，該生作文發表在《山東招生通訊》上。

孫誠同志一九八五年被評為省勞動模範，一九九〇年評為特級教師，一九九一年被選為市級拔尖人才，同時是我市三屆政協委員，在全市有很高的知名度。

從上面摘錄的三段文字，可以看出，文革中遭遇不幸的都是一些什麼樣的人。也可以看到那些整人、害人的人都採用了何種手段。

十、也是語文教師的高百祥

一九六四年設置臨西縣之前，臨西二中的名稱是臨清二中，教學質量及名氣不亞於臨清一中。一九六四年之後，它改名為臨西二中。臨西設縣以後，縣城設在地理位置居中的童村，縣民們到縣裏辦事，依舊說是去一趟童村，縣城裏的臨西一中被習慣性地稱為童村中學。臨西二中是臨西縣最好的中學。

臨西二中位於衛運河的西岸，校園林蔭密佈，環境優於臨清一中。臨西二中的初中每個年級是四個班，而臨清一中的初中每年級只有兩個班，所以臨西中學的教師學生都比臨清一中多。

臨西二中與臨清縣城隔河相望，即便繞行橫跨衛運河的先鋒大橋，路程也並不比位於縣城東郊的臨清一中遠多少，每年家在臨清縣城的少年，報考臨西二中的人數不少。我有許多熟悉的朋友就是臨西中學畢業的。

高百祥是臨西二中的語文教師。我不認識他，也沒有見過面。之所以知道了他的名字並且永遠難以忘懷，是因為一九六六年夏天聽到他死訊時所受到的震驚。

文革開始後，臨西二中批鬥教師的風潮絲毫不亞於臨清一中，其後兩三年間，臨西二中非正常死亡的學生老師有五六個之多，遠遠勝於臨清一中。

高百祥老師是臨西二中文革中第一個非正常死亡的人。他死亡的方式不僅震驚了臨西二中的教師學生，也震驚了臨西臨清附近所有的縣城鄉村。按照一九六六年夏天當時的說法，高百祥老師是自己跳進了學生食堂燒開了水的大鍋裏自殺身亡的。

臨西二中的學生比我們臨清一中的多，學生食堂的鍋只能比我們學校的大，不會比它小，那麼大的鍋裏燒開了水，人跳進去或掉進去，是怎樣的一幅慘象，一點兒也不難想像。

高百祥老師跳進或掉進燒開了水的大鍋後，正在大鍋旁工作的炊事員薛師傅，不顧自己被燙傷的危險，伸手抓住高老師的一隻胳膊把他從開水鍋裏拉出來的時候，高老師被燙熟了的胳膊上皮肉被擼下來一層，血淋淋的慘象震驚了在場的每一個人。高百祥老師除去臉部的一小塊皮膚，全身都被燙熟了，毛髮也都掉了下來。薛師傅的手也被燙傷了。

人們七手八腳把高老師抬到了醫院，簡易擔架上沾滿了一片片血肉模糊的肉皮。醫生們從來沒有遇到過燙傷這麼嚴重的人，治療起來都覺得無從下手。隨之聽學校裏的人說自殺者是牛鬼蛇神，便更加不給認真治療，草草地塗抹些藥物，就不再予以理睬。

高百祥的生命又延續了三天，他皮肉和心靈的痛苦，只有上帝與他自己知道。束手無策的家人親屬唯一能做的是悄悄地哭啼，失聲痛哭的權利也被學生，被當時的情勢所剝奪。

據當年臨西二中的學生們回憶：高百祥老師那時才三十幾歲，身材修長，戴眼鏡，留背頭，形體風度頗似七十年代中國的外交部長喬冠華，課講得也好，還擔任初一二班的班主任，文革開始，即被歸入牛鬼蛇神之類，是因為他一九五七年曾經被打成過右派。

對於高百祥老師是自殺還是失手掉進開水鍋裏，當時在臨西二中的學生中就有不同的說法。如果是因為政治的壓力，人身的摧殘侮辱失去了生存的信念，而選擇結束自己的生命，高老師可是選擇了最慘烈最震撼的方式，對自己卻是最痛苦最殘忍的。四十多年後再來分析當年這個事件的具體細節過程，並且據此來判斷高老師是失手還是自殺，也許沒有多少實際意義。毫無疑問，是文化大革命造成了語文教師高百祥老師慘烈死亡。

另有一些細節我們不應該忘記：像高百祥老師這樣嚴重燙傷的人，除了皮肉的萬般痛苦外，還會感到異常地口渴，因為身體已經失去正常生理功能，飲水後會加快病人的死亡。奄奄一息的高老師神志尚存的時候，向看管他的學生要水喝。昔日弟子卻無情地呵斥說：

「不能喝水！想快死啊？沒門。」

還有更冷酷無情，更不是人類的學生，在他已經腐爛了的身軀上撒了一些雞毛。這絕對不僅僅是惡作劇的惡作劇，創意來自毛主席的「老三篇」之一的《為人民服務》，寓意是高老師死如鴻毛。毛主席文章的典故出自太史公司馬遷的筆下。太史公能想到兩千多年之後會有如此歹毒的人濫用他的文字嗎？

高百祥老師的生命之火熄滅以後，亙古少見的慘烈仍然沒有感化那些魔鬼附身的少年學子。裝棺入殮的時候，有學生硬是強迫家屬把高老師已經腐爛的屍體頭朝下腳朝上安置，說是「自絕於人民的反革命分子」應有的下場。

四十多年以後，高百祥老師之死依然是臨西二中當年那些教師學生，乃至所有知道這件事的人，無法忘卻而又不願想起的事，我也是這樣的心情。

十一、體育教師張士仁

臨清一中也開始發生教師自殺的事情了。

縣委派駐臨清一中領導文化大革命的工作組一九六六年八月上旬撤離以後，臨清一中校園裏橫掃牛鬼蛇神的血雨腥風不僅沒有停息，沒有減弱，而且愈演愈烈。工作組扶植起來以政治課教師賈連城為首的「籌委會」完全繼承了工作組的衣缽，對學校領導教師的批鬥逐漸升級，既有整個文化大革命形勢的因素，也不排除臨時掌權者的個人恩怨作祟。

體育教師張士仁開始被批鬥的時間，比其他的牛鬼蛇神要晚一些，工作組在學校的時候，批判教導主任榮樹嶺時竟然還讓他發過言，大概是文體組的教師幾乎都有問題，實在是無人可擔此任。

對張老師的激烈批鬥時間大約在一九六六年的八月下旬，原因是因為他四十年代在安徽阜陽讀書的時候，集體參加過三青團一類的組織。

張士仁老師初中時曾經擔任過我們班的班主任。他是山東單縣人，他有三個女兒一個兒子。張老師帶著二女兒張淑珍在臨清工作讀書，其他子女隨妻子在原籍務農。

張淑珍小學時就和我是一個班的同學，她的性情很溫和，學習認真，成績不錯。我們班只有三名女同學升入了中學，張淑珍是其中的一個。初中我們不在一個班；高中時我們又都分在了高一二。在我的記憶中，這樣悠久的同學關係，無論在小學還是到高中，我們倆好像都沒有說過一句話，只是在高中開學時互相對視笑了笑，算是故舊同學又到一班的會意。

因為張老師是我往日的班主任，加上與張淑珍長久的同學關係，對張老師的批鬥我格外地關注。張老師性情耿直，面對批鬥常常是橫眉冷對，多次批駁學生的發言，怒斥對老師的動武行為。結果是遭致學生們一次次毒打。掄起的體操棒和板凳腿，結結實實地擊打張老師的身體，砰砰有聲，被擊打的部位出現一條條一塊塊紫斑血痕。張老師一聲不吭怒目以對，他憤怒的目光和身體同樣強壯的體育教師裴默春十分相像。有一次他鼓足氣力，將身體朝板凳腿落下的方向迎了過去，竟然把學生手中的板凳腿震落在地，真是一條漢子。

性情耿直的人遭受屈辱毆打，疼痛的不僅是皮肉，一天夜裏，忍無可忍的張士仁老師決定逃跑，他趁夜深人靜的時候，偷偷地從牛棚裏溜了出來，縱身翻越了校園的西牆。校園西面當年是一片沼澤，荒地上一叢叢蘆草和水泡子。

我初中三年級時的班主任張士仁老師。（照片拍攝時間大約是上世紀五十年代）

到了學校的外面，沒有了手持體操棒學生們的羈押，張老師才發現自己實際上是無處可去，回單縣老家只會連累家人親屬，給他們帶來痛苦災難。輾轉到天色將明，也沒有想好能夠容身的去處，隨決定了卻自己的生命。沼澤地旁邊有一眼水井，張老師心一橫便跳了進去。

天亮以後，發現牛棚裏被關押的黑幫有人逃跑，負責保衛的學生便分頭去找。一番奔波，有人發現了投井自殺的張老師。那眼水井直徑一米許，深不過丈，井底的水也很淺，人坐在裏面，水面沒不過腰部。張老師自殺的願望沒有實現，學生們把他從井裏拉了上來，除去身上被井口劃了幾道傷痕，身體沒有大礙。

自殺未遂的張士仁老師被押回學校以後，對他的批鬥毆打進一步升級，其中一場批鬥會安排在我們高一二班。我是全程參加了那場批鬥會，現在我已經無從記得是哪位同學主持了會議，哪幾個同學書寫了批判稿並發言帶高呼口號。即便有誰還記得十分清晰，我這裏也沒有必要如實地記載，這些記憶逐漸模糊了也好。

需要指出的是在那場批鬥會上，我們班至少有四個同學動手打了張老師。張老師既是黑幫，還是我們同班同學的父親。我相信幾個動手打人者，那時也不會完全忘記這一點。

拳打腳踢，板凳腿擊打之後，班裏保衛小組的人硬要張士仁老師跪到反放在地上的方凳上去，如同以前審訊總務處管理員王清元時一樣。最後踹倒方凳，讓張老師一頭栽到地上的人，自然也是我們高一二班的同學。

張淑珍同學沒有參加那場批鬥會。主持人和我們班主事的學習毛主席著作中心小組成員們，還沒有殘酷無情到這樣的地步。

一九六八年底，學生們都離開了學校，張淑珍同學回了單縣農村老家。因為父親的問題，她們姊妹兄弟四個都沒有能夠繼續讀書，在生產隊裏幹活也受盡了歧視，連稍好一些的農活都輪不上他們幹。一九七四年，張士仁老師從臨清一中調回家鄉單縣郭林中學，改任英語教師，只至退休。

張淑珍同學一九七五年被當做回鄉知識青年安排了工作，她算是我們班唯一的上山下鄉知識青年。

一九七九年，臨清一中的朱連增、靳祖嶺兩位老師專程到單縣去宣布給張士仁老師恢復名譽並落實政策。

十二、榮主任

教導主任榮樹嶺是文革中臨清一中教職員工中被批鬥最多，被毆打最重的人。

榮主任的家庭出身是富農，文革一來，自然屬於階級異己分子；做為教導主任領導全校的教學，直接和教師學生打交道，他工作又認真，不可能讓所有的人滿意。但這都不是他多次慘遭毒打的主要原因，主要原因我認為有兩個：

一是文化大革命的目標既然是整走資本主義道路的當權派，中學文革的內容主要是批判資產階級的教育路線，校長和副校長都不在其位，教導主任自然會首當其衝，成為貫徹資產階級教育路線走資派的代表人物；

二是他經常在批鬥會與批判發言人據理力爭，侃侃而談並反駁批判者的觀點。與體育教師張士仁相比，榮主任的反駁辯解語氣更平穩，論點論據更有條理。

例如一次批判會上，一個姓王的女職員離開了批判稿無理地追問榮主任：

「……，我做錯了，你為什麼批評我？」

她的本意大概是她的家庭出身是貧農；榮主任出身是富農。榮主任在工作中批評她是階級報復。

榮樹嶺主任接過這位女職員的話茬，對整個批判會場的人說：

「讓同學們說說，我是教導主任，是她的領導，她工作中出了差錯，我如果不批評她，那不是失職嗎？」

榮主任的反駁換來的只能是震耳欲聾的口號與一陣拳打腳踢。這樣的場面我看到過多次。連我這樣一個幼稚的少年當時都認為：何必那樣較真？

我親眼目睹的對榮主任的最嚴重的一次毒打是在高二二的教室裏，因為是晚上，與白天以念批判稿喊口號為主，以彎腰掐脖子揪頭髮擰胳膊為輔的內容不同，晚上的批鬥幾乎全是刑訊毒打。

高二二班教室裏的課桌都被移到了房間的四周，中間的空地圍滿了興奮瘋狂的學生。榮主任被學生用繩子捆住了雙手，兩隻胳膊反背著被吊在了房樑上。這裏需要說明的是高二二班的教室也沒有天花板，房樑暴露著，這為學生們吊打老師提供了方便。

榮主任被吊到空中，不一會兒就大汗淋漓。三五個手持板凳腿和棍棒的學生，輪番擊打榮主任的身體。因為懸在半空，身不由己的榮主任無法躲避，只能任由施暴者們發洩。左邊的板凳腿掄過來，榮主任的身體便悠往右邊；右邊的棍棒擊打一下，榮主任就晃去左邊，整個身體猶如一只用來練習拳擊的布袋在空中旋轉晃動。按照物理學的原理，晃動被限制在一個半徑將近兩米的圓圈中。從榮主任身上流淌出來的汗水，可能還伴有血水，滴濕了地面，在地面上畫出了一個直徑兩米很標準的圓，圓的輪廓非常清晰。

即便是面對這樣的場面，榮主任的嘴除了用於呻吟喊叫，還是不住地反駁學生們的訊問，指責施暴行為不符合毛主席的指示，違背了共產黨的政策。

不知什麼原因，那個汗水血水滴出特殊的圓形在我腦海裏的記憶特別深刻。其深刻程度遠遠超過當時行兇者的嘴臉。

榮主任後來被關進了牛棚，學校成立籌委會、革委會一類的政權組織時，也一直沒有解放他。據看管他的學生們說，他在牛棚裏去學校最南邊的菜地裏勞動時，也是最認真的一個。

文革結束前後，榮主任才被解放出來，安排到縣城的另外一個中學擔任副校長。幾年後調回臨清一中任校長，直至退休。

時間大約在一九七八年或七九年的秋天，我在臨清汽車站遇到過榮主任一次，很熱情地拉住我的雙手。我一直惦念他受過那麼多的虐待摧殘的身體，便急切地詢問。他說身體其他地方沒有留下什麼後遺症，只是耳鳴很厲害，並且隨口說出了當年拼命打他耳光的是高二二班的典韋（化名）。榮主任說得很實事求是，典韋同學瘋狂發洩的時候，我曾經親眼目睹。

前幾年，我又去臨清一中看望過榮主任兩次，並和他拍照了一張合影。榮主任的身體尚可，只是心臟不大好。考慮到他的身體情況，我們沒有談及多少文革。

閒聊的時候，榮主任談及一樁往事：大約是一九六四年的夏天，榮主任帶領學生去幫助生產隊挖臺田（當時華北平原普遍採用的一種改造低窪鹽鹹地的耕作方法），勞動之餘，我在臺田溝裏摸到了許多手掌長短的鯽魚。或許是因為我先天就具備劉口村民捉魚的祖傳本領，一起下水摸魚的同學都沒有我捉到的多。沒有容器，我便隨手掠了幾根柳樹的枝條，穿過魚腮，把戰利品串成數串。這樣簡便易行的方法也是從劉口村學來的。大概是因為榮主任當時就對我的意外收穫之多以及用柳樹條串魚的方法之奇特印象頗深，以至於四十多年後還能回憶起當時的細節。

關於榮主任，《臨清一中校史》中是這樣介紹的：

榮樹齡，男，一九三一年十月出生，原籍河北省棗強縣劉莊。一九四〇年入本村小學學習，一九四五年入棗南縣抗高學習，一九四八年入運河中學師範班學習，一九四九年加入新民主主義青年團，一九五〇年六月加入中國共產黨，一九五一年七月師範畢業，師範畢業後即留武城中學人職員兼任中學班物理課教學，一九五四年一月入山東省中學教師進修學校學習物理、化學。一九五四年九月任德州二中高

二〇〇五年，作者與榮樹嶺主任。

中物理課教師，一九五六年九月任德州二中高中物理課教師，教導副主任。一九五九年三月調入臨清一中任教導副主任，教導主任兼任物理課教學，一九七七年三月任臨清二中革委副主任，副校長，副書記兼物理課教學，一九八一年四月任臨清一中校長、副書記；一九九一年退休。

榮樹齡同志，辦學教書育人四十年來，一貫忠誠黨的教育事業。工作認真負責。勤奮肯幹。既努力做好行政工作，又兼課搞好教學，是全區有名的雙肩挑校長。作風正派，為政清廉。嚴於律己，任勞任怨，認真全面貫徹黨的教育方針、嚴謹治學、治教、治校。一九八二年親自起草制訂了學校各項規章制度和各類人員崗位職責要求以及學生守則。為學校回復健全良好的教學秩序改觀校容校貌做了大量工作，取得顯著效果。為提高教育質量和培養德、智、體、美、勞全面發展的社會主義建設人才作出了顯著貢獻。在幾十年的工作中，先後被評為模範幹部和先進工作者十五次，獲得教學優秀一等獎三次，獲得教育系統和市優秀黨員稱號五次。一九六〇年撰寫的《發動群眾、開展勤工儉學》一文發表在《山東教育》雜誌上，一九七九年輔導物理課外小組設計研製的「晶體管地震報警器」榮獲國家少年科技三等獎。

總之，榮樹齡同志是位德才兼備、又紅又專的好幹部。

十三、憨老孟（下）

文革期間，像原數學教師，勞動教養回來後擔任勞動課領班的孟慶雲一樣的人，肯定是在劫難逃的。

榮樹嶺主任在高二二班教室裏被學生吊在房樑上毒打的時候，隔壁高二一班的房樑上也同樣吊著一個人。他就是孟慶雲。

雖然一個是教導主任，一個是剛被解除勞動教養連正式任課資格都沒有的人；一個是學校四清運動的領導者，一個是四清運動中的犧牲品，如今的待遇卻完全是一樣了。

同樣鴨子鳧水般被反手捆綁吊在同樣的房樑上，享受著同樣的板凳腿與棍棒，同樣的汗水血水濕透了衣裳，同樣用汗水血水在地面上畫出一個直徑差不多的圓形。不同的是榮主任用語言與行兇者的溝通一直沒有間斷；而孟慶雲卻始終如啞巴一樣，連呻吟喊叫都沒有一聲。

多數時間孟慶雲老師的姿勢都是垂著頭看著地面，面部呆滯甚至有些平靜。也許他那時還在計算地面上汗水血水滴出的圓的面積。

憨老孟遭受的批判與毒打的次數很多，其遭遇與多數身份相似的人雷同，我在這裏也不準備用過多的文字記述了。下面說一說憨老孟後來人生發出的光亮。

孟老師在勞教隊服刑的時候，勞役的內容是生產蜂窩煤球。老百姓傳統的做法是把煤粉製作成煤餅或煤磚。用蜂窩煤替代煤餅煤磚，既方便又節省。那時蜂窩煤在全國還是新產品，生產蜂窩煤球完全是手工操作，效率低，費體力，質量也差。

孟老師結束勞教回到學校後，學校沒有恢復他數學教師的資格，而是讓他帶領學生們上勞動課。孟老師開始在勞動課上推廣製作蜂窩煤的技術手藝，如果手工生產蜂窩煤也算得上是技術手藝的話。我們班上勞動課時，孟老師就多次帶領我們幹過這樣的活計。全班幾十號人兩節勞動課也做不出幾塊煤球，手上臉上卻都搞得烏黑。

孟老師這時已經沒條件研究數學，攻克「四色問題」那樣的數學難題了。和煤球打了兩年交道後，他決心發明一種能夠自動生產蜂窩煤球的機器。文革開始後，他被關在牛棚裏沒有人身自由的時候，他就開始描畫圖紙。

文革進入兩派爭鬥階段，牛棚無人看管。他先是利用空閒時間依照圖紙做了一個木製模型。木製模型演示成功後，製作鋼鐵的零件更為困難。這時一中的學生有很多已經參加工作，成了工廠的工人。幾乎所有的零件都是孟老師在這些弟子們幫助下偷偷地使用工廠的原料設備搞出來的。我就多次在縣城的大街上遇到過孟老師身扛沉重的鋼鐵鑄件去縣城南邊的工廠找同學們幫忙。他的身上還是給我們上平面幾何課時穿的衣服，只是更破舊，沾有更多的污漬。頭髮亂蓬蓬的，鬍子也好久沒有打理了。這樣的日子差不多度過了三、四年，孟老師在學校一間陰暗潮濕的南屋裏，一心一意地研究他夢想中的機器。

大約是一九七一年或一九七二年，孟老師的哥哥到臨清一中看望落難又落魄的弟弟來了。孟老師的哥哥是一個有身份的人，職務差不多相當於現在的山東臨沂市公安局長。據當年經常與孟老師來往的同學們回憶，孟局長對一中當時的掌權者一點也不客氣，厲聲責問：我弟弟這些年到底是什麼問題？掌權者唯唯諾諾地找出來孟老師的檔案，仔細翻閱，裏面根本沒有所謂右派的材料。與右派問題沾了一點邊的文字是孟老師在浙江大學讀書時一份《思想鑒定》裏的話：

「在反右鬥爭中有同情右派的言論。」

據孟老師自己回憶，反右鬥爭中，有一次他們班的班長問他說：

「老孟，你看某某的發言怎麼樣啊？」

糊糊塗塗的憨老孟回答說：

「我聽著好像也挺有道理。」於是乎，就有了《思想鑒定》裏的那一句話。

一份普通思想鑒定裏的一句話，讓臨清一中的領導以及專業負責人事工作的人把憨老孟當了十年右派，並且充分地享受了右派分子的待遇。

連右派分子是何物都不清楚的憨老孟也就懵懵懂懂地接受了右派的身份，迷迷糊糊地被欺負凌辱了十年。

憤怒的孟局長手拍著桌子厲聲喝道：

「真是瞎胡鬧！」

隨後，憨老孟被孟局長調去了他任職的城市臨沂，被安排在臨沂附近的一個鄉鎮中學當老師。還沒有粉碎「四人幫」，文革還沒有結束，孟老師的右派帽子就被他哥哥這樣給摘掉了。

後來，孟老師結婚了，據說妻子是一個老三屆女生。他們養育了一個女兒。

再後來，孟老師研究的蜂窩煤球機成功了。大約是一九七三年或一九七四年，孟老師的發明在北京農展館展出。不善言吐的孟老師現場解答參觀者提出的問題，著實風光了一番。上級撥給孟老師一筆研究經費，孟老師的機器進一步改進後大量生產，逐漸推廣到全國。

上個世紀八十年代，全國城鎮居民取暖做飯主要使用蜂窩煤球，各地生產蜂窩煤球的機器，基本上都是在孟老師的設計原理上改進的。這樣的機器如今還普遍使用著。城市燃氣、供暖的設施完善後，蜂窩煤球正往農村普及。孟老師的發明造福了千家萬戶，千百萬的窮人因此而方便，因此而溫暖。

又過了幾年，四十歲左右的孟老師因為肝萎縮去世。憨老孟沒有能再延續他的發明與研究。

一九八五年，我中文專業的畢業論文是一篇報告文學，題目是《盜火者之歌》，寫的就是孟老師歷經千難萬苦發明蜂窩煤球機的事蹟。論文受到了學校老師、學校領導的贊賞。當時有一個地方文藝刊物的主編要我修改一下發表，被我拒絕了。我覺得我並沒有把孟老師的精神完全寫出來。

經查閱有關資料，早在孟老師發明生產蜂窩煤的機器之前，日本人就已經研製出了類似的機器。七十年代進口一臺日本生產的蜂窩煤機，大約需要人民幣兩萬多元，而孟老師發明的機器，性能不比日本的差，造價僅人民幣兩千多元，因此能很快地在全國推廣。

從科研的角度來審視，孟老師的發明價值也許有限，但孟老師是在那樣的處境那樣的條件下，做出造福千萬百姓民眾的業績，實在是難能可貴。

後來，我曾打電話和孟老師的哥哥聯繫，想多瞭解一些孟老師生前身後事。電話幾經轉接，也沒有接通。罷了，再多知道一些關於孟老師的細節並也不十分必要。只要我們這些孟老師的學生弟子，我們這些多年使用蜂窩煤球取暖做飯的普通人，不要忘記世間曾經有過憨老孟這樣一個執著、呆傻、命運多舛的普通教師，用他短暫的生命給無數的人提供了方便，提供了溫暖就行了。

頗為遺憾的是臨清一中一九九二年編撰的《校友、教職工名錄》上，登錄了幾乎所有曾經在校任教、在校工作、在校學習者的姓名，卻遺漏了孟慶雲老師。

二〇一二年十月二日，我參觀過臨清一中為慶祝建校七十周年而辦的校史展覽後，向母校負責布置展廳的工作人員介紹了孟老師，介紹了孟老師的遭遇和他了不起的成就。母校的工作人員答應，一定把孟慶雲老師的名字和事蹟補充進校史的展廳裏。我的母校也不應該遺忘憨老孟這個人。

據國外報導：一九七六年，美國科學家哈肯與阿佩爾合作完成了「四色定理」的證明，轟動了世界。

十四、政治課教師賈連城

賈連城是臨清一中政治課教師。「價值連城」，多麼好的名字啊，遺憾的是賈老師卻是一個很沒有價值的人。

賈老師一九六五年畢業於人民大學國際政治系。這樣的名牌大學，他不是憑學業考進去的，他是保送生，是黨中央為了培養所謂的無產階級接班人，特意選拔了一批家庭出身好的青年，保送到名牌大學裏去深造的。我所知道的除了人民大學外，山東大學也有這麼一批保送生。這批人，文化基礎自然很差，政治素質如何也很值得推敲。

賈老師任過我們的政治課，課講得一塌糊塗，不僅沒有條理，連一些基本的政治概念都「囉囉」（臨清方言，敘述的意思）不清楚。

賈老師大概是去人民大學讀書之前就入了黨。畢業後先分配在聊城地區行署機關裏工作，後來又調到臨清一中任政治課教師的。大概是在那個上級機關裏不怎麼適應，不怎麼勝任，這些我都沒有正式地考證過。

賈老師對自己畢業的學校、專業很自豪。他有一件印有「人民大學國際政治系」字樣的無袖汗衫（也被稱為挎籃背心），每到夏天，賈老師就把它穿到身上，即便天氣不是很炎熱。無袖汗衫一般只在運動場上或寢室宿舍裏穿，賈老師當著女學生女教師的面，穿著它在校園裏走來走去，實在有些滑稽。

賈連城老師另一醒目的行為是在全校師生大會上憶苦。他的家庭出身是貧農，根紅苗正，小時候家裏生活很苦。賈老師憶苦的時候聲淚俱下，真的是苦大仇深。但賈老師憶苦時說的一些細節經不起推敲。譬如他說小時候沒有鞋子穿，冬天給地主放牛，就把雙腳踩到牛剛拉出的糞裏取暖。憶苦大會後，有物理教師質疑說：一灘牛糞能有多大熱量？

下一次憶苦，賈老師又說他冬天給地主放豬時把雙腳踏進豬糞裏取暖，有關熱量不足的的質疑就更多了。甚至有語文老師查證出來，這樣的情節與某某某作品中的敘說雷同。

實際上根本不用這麼多知識分子費力地推敲查證，賈老師所講百分之百是虛構。有一點常識的人都知道，華北平原不論多麼有錢，多麼殘酷剝削窮人孩子的地主，也不會雇人在冰天雪地的田野裏放牛或放豬。

陳書記和賈老師都是一九六五年才到臨清一中的。陳書記工作中堅持黨的階級路線，賈老師根正苗紅，陳書記多次召開全校的憶苦思甜大會，讓賈老師在會場上痛哭流涕，但他卻並不賞識重用賈老師。賈老師與自己的妻子關係不好，甚至有學生看到過他們夫妻爭吵，賈老師還有過揮拳動粗。為此，陳書記對他提出過批評。

一九六六年三月邢臺地震期間，賈老師擔任班主任的高二二班搭建防震棚時毀壞了新栽種的小樹，賈老師再次和陳書記發生衝突。二人還有什麼過節，我們作為學生就知道不了那麼多了。

一九六六年臨清一中文革開始最初幾天，賈老師去地區參加招生工作不在家。六月二十三日下午，賈連城回到學校。陳書記就派人對其盯梢並召開祕密會議。陳書記在會上說賈是「變質分子、野心家、陰謀家」。可見陳書記與賈老師二人結下的梁子之深，好像已經曾經過招，甚至都有些不共戴天了。

當夜，賈連城老師書寫了題目是《揭開「教改顧問團」的真面目》的大字報，矛頭直指陳書記。第二天，賈老師的大字報如一顆小型原子彈，改變了臨清一中文化大革命的方向，在工作組的支持下，陳書記被確定為走資本主義道路的當權派。

賈連城老師身材瘦弱，平時辦點小事都不利索。他怎麼敢書寫原子彈一樣的大字報呢？事後有人猜測，一定是北京有他的大學同學，甚至是在某大機關工作的同學與他有直接的書信來往，透露出一些高層的消息。這樣的猜測也沒有得到過證實。

工作組撤離臨清一中前扶植起一個「籌委會」（那時還沒有革命委員會一說），賈連城老師被任命為籌委會的主任委員，臨清一中進入了短暫的賈氏執政時期。一九六六年夏秋之際，臨清一中學校領導、教師職工被學生們批鬥毒打侮辱多數發生在這一時期。家庭出身貧農的賈主任果然階級立場堅定，對剝削階級出身的牛鬼蛇神們毫無憐憫之心。

一九六九年後，原工作組副組長王懷詩被任命為臨清一中的主要負責人，回一中擔任校黨支部書記。賈連城老師又風光了一段時間。

期間，臨清一中的陳煥民、馬家駿、蔡凱、王玉任四人被縣裏作為清查重點，關進了「五一六」的學習班；臨清手管局系統在一中校園裏設立了以打人抄家著稱的「一打三反」學習班，打死打傷多人；多數一中學生的檔案中被補充進一份寫有「在學校參加文化大革命過程中站錯了隊」字樣的調查材料。這三大「政績」，與賈連城老師多多少少都有些關係。

很多年後，一中的教師們同學們提起賈老師，無不搖頭感歎。賈老師是一個志大才疏，智商低下，品行也同樣低下的小人物，他連一個普通教師的資格都不具備，怎麼能管理好一個學校？

賈老師唯一的資本是出身貧苦，這樣的資本只有在文化大革命這樣特定的環境下才有市場，結果是他害了許多人，也害了他自己。

十五、上中農（中）——紅紙做一個「紅衛兵」

毛澤東的《中國社會各階級的分析》，我們初中的時候就被列為了政治課的教材。毛澤東的這篇文章裏把「有餘錢剩米」的上中農歸列為「對革命取懷疑態度的小資產階級右翼」。

毛澤東的這段文字像一塊巨石，壓得我直不起腰，抬不起頭。我們家土改時被定為了上中農。父親遠離家鄉劉口村到臨清工作。臨清由隸屬於河北的小城變成了山東的一個縣，上中農三個字如影隨形，記錄在父親的檔案袋裏。我是父親的兒子，如同繼承姓氏血緣ＤＮＡ一樣，上中農的成分也要由我毫無保留地繼承下來。

四清運動以後，家庭出身成為衡量一個人是否革命，是否和共產黨一致，是否對毛主席忠誠的主要標準。前一章的文字裏我已經說過，我們升高中時，班裏就有幾個學習成績優秀的同學，因為家庭成分高而沒有被錄取。老師們不止一次惋惜地說及到我們班的副班長李長站；男同學鮑爽田和女同學沙玉梅。

鮑爽田曾經和我同桌，年齡長我一歲，學習刻苦認真，成績名列前茅，為人謹慎老成，可以說是品學兼優。他沒有升入高中完全是因為家庭出身，他家的成分是地主。

沙玉梅是班裏的文娛委員，學習也不錯，落榜的原因和鮑爽田一樣。

副班長李長站的家庭成分是富農。

我們家上中農的家庭成分在我參加升高中的考試中，還沒有嚴重到影響我被錄取的程度。

家庭出身再次被擺到重要的位置，是文化大革命運動進入高潮，紅衛兵開始興起，北京高幹子弟們高呼「老子革命兒好漢；老子反動兒混蛋」的口號以後。

一九六六年七月初，按照工作組的指示，各班級成立了「學習毛主席著作中心小組」，實際上就是班級的「文化大革命領導小組」。入圍者的主要條件是家庭出身要絕對地好。

隨後，按照工作組的旨意，各個班級成立了所謂的保衛組與材料組，成員人數不等，入圍的同學家庭成分幾乎都是貧農和下中農。

全班每個學生的家庭出身全部被搜集整理出來，並在一定範圍內公布。按照家庭出身，所有的學生被分成三大類：

1、貧農、下中農、工人家庭、革命軍人、革命幹部家庭出身者（紅五類）；

2、中農、上中農、小業主、舊職員、自由職業者家庭出身者（麻五類）；

3、地主、富農、反革命、右派、資本家家庭出身者（黑五類）。

第二類位於「紅五類」和「黑五類」中間，毛澤東把這些出身五花八門的人歸類為小資產階級；南方有稱這些人為「麻五類」的。臨清當時不知道「麻五類」這樣傳神的稱呼，但每個人被歸類的標準和全國其他地方幾乎完全一樣。因為標準都是來自毛主席的名著《中國社會各階級的分析》。

我家上中農的家庭成分，屬於「麻五類」中的一種。

本書的《首部曲》，介紹了我們家「麻色身份」的由來；本書的《二部曲》，講述了一名「麻色中學生」文革初期的感受；本書的《最終曲》，將展示一個「麻色士兵」的從軍經歷。

《麻色文革》三部曲也就成了本套書的書名。

紅衛兵最初醞釀於北京的一些中學，真正興起並蔓延到全國是一九六六年八月以後。毛主席先給北京清華大學附中的紅衛兵寫信，明確表示支持紅衛兵的革命行動；隨後又在天安門城樓上讓北京師範大學附屬女中宋彬彬給他佩戴了紅衛兵的袖章。這一讓世人瞠目結舌的舉動，實際上是毛主席默然接受紅衛兵總司令的稱號，舉手之勞就把數千萬個無法無天的青年人招至於麾下，然後一眨眼間就把他們中的很多人變換成了瘋狂的凶煞惡魔。

臨清一中紅衛兵組織的雛形大約出現在一九六六年的七月間，最初不僅沒有紅衛兵一類的名稱，也沒有發放、佩戴袖標臂章一類的標識。帶有類似意向的活動是在工作組的授意下，各個班級首先召開了一個「紅五類」會議。因為沒有或很少工人、革命軍人和革命幹部家庭出身的人，實際參加會議的清一色是貧農、下中農家庭的後代們。

開會的資訊沒有在公開的場合宣布，單個通知到每一個被准許參加會議的同學，有半祕密的色彩。接到開會通知的同學臉色都有些嚴肅神聖，我是察覺到周圍突然出現的嚴肅神聖，才知道這個議程及進度的。與那些嚴肅神聖相對應的是沒有資格參加會議的同學臉上心裏產生的灰暗、失落與沉重。

貧農下中農出身的同學開過會不久，有資格參加會議者每人領到一塊方形的紅布。紅布很小，長約十二公分，寬不過十公分，每塊紅布上寫的是一段毛主席的話，內容都是來自林彪主持編寫的小紅書《毛主席語錄》。紅布上的字是黃色油漆噴寫的，仿宋體，很規範，看來是在工作組的授意下統一製作的。領到紅布條的人都把它用別針掛在衣服的左胸上。紅布條成了一種政治身份的標識。

我對周圍的事物一般情況下反應是遲鈍的，扎眼的紅布條還是讓我感覺到了形勢的嚴重性。權衡再三，我決定找班裏管事的人理論一下。原先的班幹部已經發生了變化：班長吳連波因為家庭出身是中農，基本被邊緣化了；團支部書記梁躍生（新名：梁躍進）家庭出身雖是貧農，卻因為長期患神經衰弱，沒有精力和能力參與班政，臨時班領導們是「學習毛主席著作中心小組」的人，到底誰真正管事，同學們都也說不很清楚。我先後找了三個我認為是能夠管點事，胸前已經飄揚著紅色布條者。我反覆向他們闡明：我的家庭出身雖然是上中農，但我的父親是共產黨員，在縣委工作，應當屬於出身革命幹部家庭，如果按照這樣的身份，也應該發一個紅布條給我。

三個人誰也沒有否定我應該領取紅布條的資格，但也都沒有答應補發一個給我，基本上是支支吾吾推三托四，甚至連我是否應該找他們談這樣的問題也都含混不清。口頭的申訴央求持續了一個下午，結果如同碰在了一堵橡皮牆上。

第二天，我找來一塊和他們的紅布條一樣大小的紅紙，決定自己做一幅相似的毛主席語錄。我原本是想搞到一片紅布來著，結果沒能如願，黃色的油漆一時也無法尋到，只好將就著用鋼筆書寫。毛主席語錄的內容，我精心選中的是《毛主席語錄》本上沒有，那時剛流傳到學校，最時髦最有震撼力的一段：

> 馬克思主義的道理千條萬緒，歸根結底就是一句話造反有理。根據這個道理，於是就反抗、就鬥爭、就幹社會主義。

我使用的材料不如統一製作的好，語錄的內容卻勝上一籌。我在用紅紙製作語錄標識的時候，引來一些同學圍觀。同學們因為自己的處境不同，流露的表情也大相徑庭：有的理解表示同情與贊賞；有的則是不屑一顧的神態。我把自己的傑作用一隻別針固定在上衣左胸的位置，如同那些領到官方標識者一樣。

胸前掛著一片紅紙，行動便不能十分自如，時時要小心翼翼，以免碰壞了它，完全不如佩掛紅布條自由。對於我不經任何批准，魚目混珠擅自佩戴革命的標誌，班裏班外都沒人予以制止。也許大家根本沒有把我的行為當做一回事，或許把我視同一個小丑，一個傻子。

後來我再閱讀魯迅先生的《阿Q正傳》，便覺得自己當年的行為近似於阿Q，沒有資格沒有辦法搞到一顆「銀色的桃子」掛在大襟上，卻也妄想加入趙秀才假洋鬼子們的革命黨。

沒過幾天，此事不了了之。到後來正式成立紅衛兵的時候，紅袖章肯定輪不到我這樣家庭出身的人。按家庭出身劃分等級的做法從心理上已經被大家所接受，沒有佩戴紅袖章的學生為數也不算少。失落感反而比最初那片印製的毛主席語錄紅布條要小得多。

幾個月後，最初的紅衛兵，因為文化大革命的形勢變化，被新興起的造反隊伍諷譏為「官辦紅衛兵」。真是時事難料啊。

十六、橫掃一切牛鬼蛇神（下）

文革步步深入，臨清一中校園裏被橫掃的也不全是教師和學校的領導了。學生裏也有了小牛鬼蛇神。

七月中旬，在工作組的領導下，開始了對部分學生的批判和揪鬥。

七月二十？日，全校大會批判高二三班的學生鄧長岳（原班裏的勞動委員），賈連城老師主持大會，工作組辛同志負責公布鄧的罪行：

1、破壞文化大革命，拉攏班裏的十九個同學，拆班裏五人小組的臺，監視五人小組的活動，妄圖取而代之。

2、對文化大革命不滿。修河堤時，陳煥民拉車子，他說：「陳煥民太熊包了，要是我，槍斃了也不幹。」揚言要招兵買馬，堅決與他們對著幹。

堅持反動立場。高中一年級時說：

「我父親是國民黨員，人是好人。」

其父受管制被村幹部鬥爭時，他說：

「我真想和他們拼了！」

還說過：

「我哥哥勞動好，但是『四類分子』。年紀這麼大也娶不上媳婦，我真同情他。」

3、文化大革命開始前幾天，銷毀了自己的反動日記。他在日記裏曾經寫道：

「涼風襲身冷冰冰，憤怒啊憤怒，熱血沸騰不得逞，地痞渣滓，革命意志被攪亂，國家興亡要擔承，何能？」

「我寧願站著吃草，不願躺著喝牛奶。」

「人在意志在，野草吹又生。」

另有同學揭發批判發言。最後工作組副組長王懷詩做會議總結。

被工作組在全校點名批判的學生還有：

冀國強（高三三班，家庭出身地主，係臨清縣曾經的首富大地主冀曉帆的孫子）；

郭玉峰（高三四班）；

彭傳憲（高一一班）；

罪名都是：隱瞞家庭成份，反對毛主席，攻擊文化大革命運動一類。

高一一班的教室和我們相鄰，彭傳憲除了被多次批判，出出進進都有手持體操棒的同學看押，隨時會遭來拳打腳踢，身上臉上都有被毆打過的傷痕，與關進了牛棚的教師們一樣。

七月二十一日上午，工作組在南校園大飯召開第一次左派學生大會的同時，在高三一班的教室，召開了右派學生會議，到會的學生約五十人，工作組組長范春明親自主持並講話。

可見對在學生中間找出一批右派，找出一批小牛鬼蛇神來，從北京的劉少奇到山東臨清這樣一個小縣城，文革最初的領導者們是多麼地重視。

九百多學生，抓出來五十幾個右派，基本符合毛主席對當時全國階級力量對比，階級敵人占百分之五的判斷。我被通知去參加的是右派會。高一二班和我一起去參加右派會的還有邱衍平與俞學東兩位。俞學東同學的家庭成分和我一樣，也是上中農；邱衍平同學的家庭成分則是小業主。

小業主與上中農一起都被毛主席歸類為「對革命取懷疑態度的小資產階級右翼」。四十六個中取三，百分之六還多。班裏的「學習毛主席著作中心小組」超額完成了工作組交給的任務。

通知我去高三一教室參加會議的人並沒有告訴我去參加什麼會。我到了會場，閱盡參加會議的人員，感受到壓抑森嚴的氣氛，才明白是怎麼一回事。雖然是炎熱的夏天，我的脊樑骨一陣陣冰涼。

既然進入會場，也就無法離開。教室外面有幾個手持體操棒的同學在巡邏，大概是承擔保衛的職責。我極力壓制住自己的憤怒恐懼，還是無法進入當時的角色。

主持會議的工作組組長縣委副書記范春明，四十多歲，平頭，高顴骨，鑲有金牙，因為是夏天，穿一身淺黃原色絲綢衣褲，手持一把圓形蒲扇。

范副書記在講到「橫掃一切牛鬼蛇神」這句話時，用齊河腔拉長了後音，把「掃」字說成了「絲兒奧」，把切字說成了「側一也」，同時手中的蒲扇朝面前伸出，緩慢地做了一個掃的動作。他講話的其他內容，不僅現在無從想起，當時也沒有聽進耳朵裏去。我的腦子一片空白，空白的腦海裏只有范副書記用蒲扇「橫掃」的動作。這個動作的印象太深刻了，深刻得終生難忘。

范副書記晃動的蒲扇讓我的靈魂墜入了無底深淵。我才只有十六歲呀！一個還沒有涉世的中學生怎麼就這樣輕而易舉地成了小右派，成了小階級敵人了呢？

散會後，我再次找班裏那幾個決定讓我去參加右派會議的同學理論，誰也沒有給我一個解釋一個答覆。我又一次撞到了無形的橡皮牆上。

十七、成者為王，敗者為寇

雖然讓我去參加了右派會，班裏卻沒有人像高一一班對待彭傳憲一樣限制我的自由，隨意對我拳打腳踢，甚至沒有人對我說一句批評斥責的話。幾天以後，這件事在我的心裏漸漸淡化。我依舊參加各式各樣的批鬥會，有同學寫大字報的時候，我也可以湊數署上自己的名字。

一天，有人告訴我說我們高一二班也發現了反革命言論，內容是「成者為王，敗者為寇。」我聽說以後，頓時五雷轟頂。這不是我日記裏寫過的內容嗎？

這時，我想起接連發生過的一個奇怪事情：我課桌位洞裏的書籍物品，一貫是擺放得十分整齊，那段時間多次發現有被人私下翻動的痕跡。清點再三，也沒有發現丟失了什麼。

自從一九六三年《雷鋒日記》公開發表以後，我也開始模仿著書寫日記。最初堅持得還好，後來日漸稀少，但一直沒有間斷，隔三岔五地寫幾句感想聯想，多是讀書筆記一類的內容。大概是讀過《前漢演義》或《隋唐傳》一類古典小說之後，我在讀後感中寫道：

不過成者為王敗者為寇而已！

這樣一句話，如果用來評價共產黨與國民黨的戰爭，便可以上升為污蔑中國革命鬥爭的反革命文字。一定是有人偷偷翻過我的日記，從我的日記裏摘錄了一些內容，並整理歸納上綱上線。遭人如此暗算，我心裏無比憤怒的同時還非常恐懼。

是誰不止一次地偷偷翻閱我的日記呢？我懷疑是我們班的同學蔣幹（化名）。有一天晚上熄燈後，我因為有事，從住宿的南院返回北院，正好在教室前面的小路上遇到過蔣幹，他的腋下夾著一個手電筒。因為全校教室和學生宿舍的電源由校工統一控制，定時開燈熄燈。若晚上教室熄燈後再去查看什麼，必須使用手電筒才行。根據蔣幹的家庭出身和為人，他既完全符合成為所謂保衛組或材料組成員的條件，又能夠幹出卑鄙下作的勾當。

我斷定，偷著翻閱我日記的人就是蔣幹。第二天，我在我的日記本裏夾了一張紙條，上面寫道：「蔣幹啊，蔣幹，你真是個小人！」

多少年後，我回憶這個發生在一九六六年夏天讓我憤怒無比的小故事，心裏禁不住發笑。具體分析其間的細節，可以肯定確實是有人多次偷看過我的日記，斷章取義地整理成材料，並企圖依此把我打成所謂的右派或反革命。但實際操作者是否就是蔣幹，我並不能百分之百地肯定。至於蔣幹是否看到了我寫給他的紙條，看到了那張紙條後的表情與心理活動如何，那只能是一種戲劇性的想像。

隨著年齡的增長，對世事理解的加深，我決定原諒所有傷害過我欺負過我的人。蔣幹是最後被我原諒的幾個人中的一個。

北京宮廷政變似的八屆十一中全會和毛主席那二百三十多個字的著名大字報，改變了整個中國的進程。隨著毛主席親自指揮調節的文化大革命節奏，像我這樣的中學生，即便家庭出身不是很好，也已經不是運動所要捕獲的目標。

相反，毛主席還要把我們這些對工作組嫉惡如仇的受害者招募為自己手下的敢死隊，反手殺向工作組，矛頭直指工作組的總後臺劉少奇。這樣的戰略實施在北京的高等院校，尤其是清華大學曾經被工作組整治過的蒯大富等人身上表現得尤為突出。

工作組撤出臨清一中不久，工作組部署的一些戰略戰術就沒有人，也沒有動力再繼續下去了。瞄準我的獵槍啞火了，

按當時的理解，我被敬愛的偉大領袖解救了。對毛主席，我真是感激萬分，聽到那時流行的歌曲《抬頭望見北斗星》：「抬頭望見北斗星，心中想念毛澤東，想念毛澤東。迷路時想您有方向，黑夜裏想您照路

程……」的時候，我多次熱淚盈眶。這樣的感情是發自內心的，絕對真摯的，沒有那樣經歷的人是無法理解難以體會的。

我之所以在文革初期就差一點成為了運動的犧牲品，既因為我的家庭出身是上中農，還因為我們高一二班同學之間的傾軋。

前一章我談到過，我們高一二班學生中有三分之一來自康莊中學（那時叫臨清二中）。他們的人數多，大都家庭出身好，同鄉故舊互相幫助相互提攜的意識濃，運動來了表現得也老到成熟，占據了主動。文化大革命運動本身就是一場有你沒我，有我沒你的廝殺，運動的領導者非要從一個群體中找出百分之五的階級敵人來，同學之間出現整人的現象純屬正常。讓我驚訝不已的是這些人整人的手段之卑鄙低劣。

縱觀臨清一中毆打摧殘學校領導教師員工們的學生，後來社會上武鬥期間，刑訊縣裏幹部工人的打手，也多數是這些來自農村的同學，這種現象徹底改變了我對農村同學的印象，改變了我從初中一年級開始建立，並一直執行著的向農村同學學習的信念。

是什麼讓原本學習刻苦善良溫順的綿羊突然間變成了狠毒的蛇蠍殘暴的豺狼了呢？當時我實在難以理解。若干年後。這個問題我想通了：這些都是農村生活的貧困、文化的匱乏、思想的封閉所造成的。

從小生活的環境影響決定了一個人的價值觀，決定了其為人處事的規則。其實我與家在農村的同學並沒有多大的區別，我們家只是從我父親十幾年前離開劉口村以後，我生活的環境，接受的啟蒙教育才稍有改變。城市同學與農村同學之間的差別猶如蠶與蛹與蝶，風和日麗的日子大家都是同類，風雨雪霜、嚴寒酷暑來了，求生的手段也就不同了。這是一個比較深奧的社會學問題。

十八、《狐狸、綿羊和狼》

冀國強是臨清一中高三三班的學生。我不認識他，對他甚至連一點兒印象也沒有，據他們班的同學說，冀國強的學習成績不錯。他之所以成為工作組確立的批判對象，只因為他是冀曉帆的孫子。

前面介紹過，冀曉帆是臨清最大的地主，一九四五年被共產黨槍決。我們班破四舊去掘墓燒屍，受害人就是冀國強的高祖，是我們刨了自己同學家的祖墳。

從下面偶然保存下來的兩段文字看，在文革剛剛開始的時候，強大的政治壓力已經讓冀國強同學的精神面臨崩潰，而這時候沒有任何的人可以向他伸出幫助之手，甚至沒有人能向他表示一絲一毫的同情。

一九六六年六月，冀國強自己寫的一份大字報：

敬愛的黨，親愛的毛主席：

我是一個剝削階級出身的戰士，我要做一個堅強的共產主義接班人，誓死保衛黨中央，誓死保衛毛主席，誓死做一個偉大的共產主義接班人，做一個堅強的共產主義戰士，在驚心動魄的階級鬥爭中，我要誓死保衛您，假如我死了，那麼我是為革命而犧牲。我請求黨把我埋在臨清一中，並申請（追認）我為共產黨員！！！

共產黨萬歲！毛主席萬歲！

說真心的話，我是解放後生人的，是他（大概指其父）用勞動換來的，在解放後他才十八歲。我家有一父一母，僅我自己，假若我死了，那麼我申請黨能使他老人家安老（原文如此），父親四十歲；母親四十六歲，從生活來說，他基本上是他勞動撫育自己長大的，能以給他生活費，這是我的請求。

致以革命的敬禮

冀國強六月二十四日

關於冀國強上面這篇大字報的注釋：

一九四五年日本人投降不久的九月二日是臨清的解放日。冀國強大概是一九四七年出生的，所以他自己說是出生在解放後。

冀國強的父親文革開始的一九六六年時是四十歲，臨清人習慣說虛歲，也就是說冀父很可能是一九二七年生人，所以冀國強說他父親一九四五年臨清解放（也許就是冀國強的祖父冀曉帆被槍斃的年份）時的年齡是十八歲。

冀國強故意拿他父親十八歲的年齡說事，不排除他是在向人們強調其父還算不上是地主分子，只是一名地主分子的子女，所以他不是靠剝削他人，而是靠自己勞動長大的。進而向人們表白自己還算不上是地主子女，充其量只能算是地主階級的一名孫輩後代。我們從這一細節可以看出冀國強同學被壓抑扭曲的心靈裏那最可憐的部分。

下面是冀國強寫的一篇寓言式的散文。大概是當時被當作反動言論受到批判才得以公布於眾的。

《狐狸、綿羊和狼》

正當那北風呼呼刺骨寒，大雪紛飛在高山山。一群狼垂頭喪氣一籌莫展，日不安生，夜不能眠。正在這時，一隻綿羊出現在它們的身邊，剪下身上的羊毛為他（它）暖，為它出謀把策獻，羊從來不怕冷，鞠躬盡瘁為狼存。綿羊不恨狼，因狼吃妖精。可唯有一隻狼總是自作聰明，面對妖精束手無策，卻把羊來碰，置羊於死地，圖謀自己生。羊啊！羊，糾竟（終究）是羊，它吃的是青草，喝的是泉水，肥的是那條狼。羊不會變成狼，時而縱橫淚水心裏流；時而默言無話講。但他（它）仍然吃著青草，喝著泉水，肥著狼。

一隻狐狸當風吹時，雪飛時，朋友遇到困難時，他（它）趾高氣揚，傲氣沖天，不可一世，真謂上來青天上。他（它）大唱特唱，歡喜若狂。為討主子的歡心，曙光中喝著狼血，吃著狼肉，挖著狼心，割著狼的心臟，卻圖得主子歡心。叫那妖精來說，雖不是最「孬」，然而它又得到狼的讚揚，還是那隻自作聰明的狼，對狐狸它是溫良恭儉讓，恭恭敬敬。這樣的兩面三刀可算得上「菜」吧！

目前，狼以勇敢善戰的精神打退了妖精，那妖精又披上了羊的服裝，可謂和善，可謂敬狼。羊，要永遠做羊，他（它）不怕「狼」，因為狼吃了妖精，是假裝的狼，而羊卻恨那人面獸心的狐狸，因為他（它）保護吃人的妖精，暗中害著「狼」。羊不會罵反會哼那吃人的妖精，恨那狡猾的狐狸。「狼」兄「狼」弟們，你們能怎樣做？羊永遠忠於「狼」。

據高三三班的同學告訴我，四十多年後的今天，冀國強還活著。他一直沒有成家，是一個沒有工作，沒有家庭，沒有親人的精神病患者。

十九、一張兩個字的大字報

中共中央八屆十一中全會以後，北京已是另一番天地。中共中央政治局常委的人選已經從毛澤東、劉少奇、周恩來、朱德、陳雲、林彪、鄧小平，換成了毛澤東、林彪、周恩來、陶鑄、陳伯達、康生、李富春。劉少奇從共產黨中央的二把手接班人的位置跌出了常委序列。

一天晚上，高三的一個教室裏擠滿了學生，門外窗戶外也都有許多人旁聽。一個男同學在大聲朗讀一封北京高校的來信，信的內容是介紹北京文化大革命如火如荼的形勢。其中有一句話，說是劉少奇也要被打倒了。頓時一陣騷亂，有人制止朗讀北京來信的人，說不要宣傳反革命言論。讀信的人絲毫沒有懼怕，繼續高聲朗讀。我站在人群的外面，心裏私襯道：看來國家的形勢真的變了。

因為全國文革大形勢的改變，縣委派到臨清一中的工作組一九六六年八月上旬低調撤離一中以後，有關他們的事情並沒有結束。

高中三年級的丁玉泉、徐德龍、宋來泉、凌統、郝海文五位同學帶頭寫出來針對工作組的大字報，列舉了工作組在臨清一中鎮壓文化大革命的錯誤，提出應該把縣委副書記兼工作組組長范春明的問題，拿到全縣範圍裏去批判。

五個同學的大字報張貼在學校北院第二排房屋的牆上。一石激起千層浪，頓時便圍來無數圍觀的學生教師。各年級的學生紛紛在旁邊張貼出支持的大字報。

我們班的邱衍平同學那段時間和我接觸密切，一是本來就談得來，有一個學期我們倆的座位靠近；二是因為我們一起參加過右派學生會議，因此就由曾經的「座位相鄰」變成了文革中的「同命相憐」。邱同學看了丁玉泉等人的大字報後，回教室在一張紙上寫了兩個字：支持。寫好以後，問我贊成嗎。我說：贊成。隨即在他的名字後邊署上了我的名字。

丁玉泉等人的大字報周圍已經沒有空閒的地方可以張貼了，邱同學把我們倆那只有兩個字的大字報放到了旁邊的地上，怕被風刮跑，上面壓了幾塊磚頭。

丁玉泉及支持者們的大字報不僅轟動了校園，也震動了密切關注臨清一中文革運動的縣委。縣委派了幾個觀察員悄悄地到一中校園裏觀看大字報，搜集動態。被派去做觀察員的有縣委辦公室的常明蘭，他不僅是我父親的同事，與我也很熟悉。他在一中的校園裏觀察半日，一邊看大字報，一邊在小本子上做摘錄。他在抄寫丁玉泉等人的大字報的同時，也看到了擺放在地上我與邱同學那兩個字的大字報，以及紙上我的署名。

出於對我的關懷，回去後，常明蘭把這件事告訴了我的父親。因為參加運動，我一直住宿在學校裏，星期天也不回家。當天下午，教導處某教導員找到我，說是我父親來電話，讓他告訴我，家裏有急事，要我趕緊回去一趟。

我急急忙忙趕回家去，氣憤異常的父親已經在家裏等候。劈頭蓋臉一頓訓斥：

「你個小毛孩子不知道深淺，真是膽大包天。你知道這樣做的後果嗎？」

我和邱衍平的大字報雖然只有兩個字，觀點卻十分明確，我們支持了反對縣委副書記的人。以往的運動中，反對縣委副書記這樣級別領導幹部的人，會落個什麼樣的下場，父親他是很清楚的，所以我的無知無畏讓他大發雷霆。

父親的震怒讓我也認識到自己闖下了大禍。我唯唯諾諾，誠惶誠恐，雖然沒有改嘴認錯，心中難免生出許多怯意。

好在運動的趨勢已經形成，我的無知無畏舉動，猶如萬頃波濤中的一滴水，沒有引起多少人的注意，也沒有造成父親所擔心的後果。

二十、一顆十五年前的地雷

本節的內容以及後面還有些文字與武訓有關，所以把百度百科上介紹武訓的文字摘錄一些：

武訓（一八三八—一八九六）清代平民教育家，今冠縣柳林鎮武莊人。因在兄姐中排行第七，故名武七，名訓則是清廷嘉獎他行乞興學時所賜。武訓七歲喪父，乞討為生，求學不得。十四歲後，多次離家當傭工，屢屢受欺侮，甚至雇主因其文盲以假帳相欺，謊說三年工錢已支完。武訓爭辯，反被誣為「訛賴」，遭到毒打，氣得口吐白沫，不食不語，病倒三日。吃盡文盲苦頭，決心行乞興學。

咸豐九年（一八五九），二十一歲的武訓開始行乞集資。他手使銅勺，肩背褡袋，爛衣遮體，邊走邊唱，四處乞討，其足跡遍及山東、河北、河南、江蘇等地。將討得的較好衣食賣掉換錢，而自己只吃粗劣、發霉的食物和菜根、地瓜蒂等，邊吃邊唱：「吃雜物，能當飯，省錢修個義學院。」在行乞的同時，他還揀收破爛、績麻纏線，邊績麻邊唱道：「拾線頭，纏線蛋，一心修個義學院；纏線蛋，接線頭，修個義學不犯愁。」他還經常給人打短工，並隨時編出歌謠唱給主人聽。當給人家推磨拉碾時，就學著牲口的叫聲唱道：「不用格拉（牲口駕轅用的器具——作者注）不用套，不用乾土墊磨道。」另外，他還為人做媒紅，當郵差，以獲謝禮；表演豎鼎、打車輪、學蠍子爬、給人做馬騎等，甚至吃蛇蠍、吞磚瓦，以取賞錢；將自己的髮辮剪掉，只在額角上留一小辮，以兌換金錢和招來施捨。

同治七年（一八六八），武訓將分家所得的三畝地變賣，加上歷年行乞積蓄，共二百一十餘吊，悉交人代存生息，而後置田收租。他唱道：「我積錢，我買田，修個義學為貧寒。」

光緒十二年（一八八六），武訓已置田二百三十畝，積資三千八百餘吊，決定創建義學。光緒十四年（一八八八），花錢四千餘吊，在柳林鎮東門外建起第一所義學，取名「崇賢義塾」。他親自跪請有學問的進士、舉人任教，跪求貧寒人家送子上學。當年招生五十餘名，分蒙班和經班，不收學費，經費從武訓置辦的學田中支出。每逢開學時，武訓先拜教師，次拜學生。置宴招待教師，請當地紳士相陪，而自己站立門外，專候磕頭進菜，待宴罷吃些殘渣剩羹即去。平時，他常來義塾探視，對勤於教事的塾師，叩跪感謝；對一時懶惰的塾師，跪求警覺；對貪玩、不認真學習的學生，下跪泣勸：「讀書不用功，回家無臉見父兄。」在武訓的感召下，義塾師生無不嚴守學規，努力上進。光緒十六年（一八九〇），武訓資助了證和尚二百三十吊錢，又在今屬臨清市的楊二莊興辦了第二所義學。光緒二十二年（一八九六），武訓又靠行乞積蓄，並求得臨清官紳資助，用資三千吊於臨清禦史巷辦起第三所義學，取名「御史巷義塾」。武訓一心一意興辦義學，為免妻室之累，一生不娶妻、不置家。有人勸他娶妻，他唱道：「不娶妻，不生子，修個義學才無私。」其兄長親友多次求取資助，他毫不理顧，唱道：「不顧親，不顧故，義學我修好幾處。」

山東巡撫張曜聞知武訓義行，特下示召見，並下令免徵義學田錢糧和徭役，另捐銀二百兩，同時奏請光緒帝頒以「樂善好施」匾額。清廷授以「義學正」名號，賞穿黃馬褂。其名聲由此大振。

光緒二十二年（一八九六）四月二十三日，武訓在朗朗讀書聲中含笑病逝於臨清御史巷義塾，終年五十九歲。師生哭聲震天，市民聞訊淚下，自動送殯者達萬人，遵遺囑葬於柳林崇賢義塾旁。十年後，清廷將其業績宣付國史館立傳，並為其修墓、建祠、立碑。武訓的業績受到世人的欽敬，許多名家題詞，全國出現以武訓命名的學校多處，並曾一度將原堂邑縣改稱武訓縣。一九四五年，冀南行署在柳林創辦武訓師範。

一九五一年，電影《武訓傳》錯遭批判。「文化大革命」中，其墓被破壞。一九八六年，國務院辦公廳作出為武訓恢復名譽的決定。在魯西北的冠縣、臨清，有不少以「武訓」命名的學校：冠縣的武訓高中、冠縣柳林鎮的武訓學校、臨清的武訓實驗小學等。

作為清朝末年生活在社會最底層的一個乞丐，冠縣柳林人武訓靠著乞討斂錢，經過三十多年的不懈努力，修建起了三處義學，購置學田三百餘畝，積累辦學資金達萬貫之多，這無論是在中國還是在世界教育史上都是絕無僅有的事情，所以有人稱頌他是「千古奇丐」（馮玉祥語）。

另注：上文中所說的臨清御史巷義塾與臨清的武訓實驗小學是同一所學校，我們讀書的年代叫做臨清第一完全小學，是當時臨清最好的小學。

毛主席之所以發動對電影《武訓傳》，對武訓進行批判，是因為武訓「教育救國」的路線與自己通過武裝鬥爭奪取政權的思想相悖。在這個事上，毛主席太敏感，也太缺乏領袖的氣度了。

其實武訓只是一個做過一些善事的乞丐，根本不知道什麼「教育救國」之類的道理。他更不會想到在他去世五十多年之後，平白無故地被在全國範圍內被批判。位於臨清縣城中心的大眾公園裏曾經豎立著一座武訓的紀念碑和一尊武訓的塑像，批判武訓以後，都被砸毀移除。

武訓與文中題目中的地雷又有什麼關係呢？這要由毛主席的妻子江青說起：

一九五一年五月二十日，《人民日報》發表了《應當重視電影〈武訓傳〉的討論》。五月二十五日，江青率領武訓歷史調查團專程到山東調查有關武訓的底細。據說那是中華人民共和國成立以後，江青第一次出現在政治舞臺上。

江青是以李進的名字參加這次調查的。臨清負責接待的官員，是否知道被接待的女士是第一夫人，現在已經無法考證。估計地方官即便不知來者確切的身份，也會知道她是一個不同凡響的重量級人物。

與江青同行的有袁水拍等人。袁那時是《人民日報》文藝部負責人，調查團的文字由袁水拍負責。調查工作結束後，提供的調查報告篇幅很長。內容分為：《和武訓同時的當地農民革命領袖宋景詩》、《武訓的為人》、《武訓學校的性質》、《武訓的高利貸剝削》、《武訓的土地剝削》五個部分。調查報告的題目《武訓歷史調查記》是毛澤東後來審定時給取的。在《人民日報》連載之前，毛主席親自對調查報告全文進行了改寫或加寫。毛澤東對江青的這次調查工作非常滿意。

江青去武訓家鄉冠縣柳林的頭一天晚上，住宿在臨清縣委。當時的縣委在縣城北部，教會醫院對面，後來成為針織廠的院子裏。第二天早晨，有一個起早拾糞的老漢在江青將要經過的馬路上發現了一顆地雷。那時的馬路都是黃土路面，雨天是泥，晴天是土。地雷是鑄鐵做的，與《地雷戰》中民兵們炸日本鬼子那種最原始的土造地雷近似。地雷用一張舊報紙包裹著，埋在馬路的浮土中。因為報紙的一角暴露出地面，引起了經常在附近拾糞的一個老漢注意，這才發現了地雷。

地雷並沒有阻止江青同志前往柳林進行細緻的調查工作。二十多天後，江青同志不僅查清了武訓的所謂底細，把一個乞丐論證成欺男霸女的地主，而且在武訓的家鄉發現了一個叫宋景詩的農民英雄兼民族英雄。後來《宋景詩》也被拍成了電影。《武訓傳》的主角是當時中國影壇的一號男演員趙丹；《宋景詩》則由幾乎與趙丹齊名的崔嵬擔綱，也曾轟動一時。

這些此文都不贅述，咱還是繼續說地雷的故事。

一九五一年，江青雖然貴為主席夫人，但遠沒有十五年之後的名氣與聲勢。土造的鐵疙瘩地雷也許是暗藏的特務階級敵人埋的，但除了一張舊報紙並沒有發現其他有價值的線索，案子最終沒有破獲。為了安全，那顆沒有爆炸的鐵疙瘩地雷，被當時破案的公安民警隨意找地方掩埋了。

一九六六年文革風起，江青榮任中央文化革命領導小組第一副組長，成了呼風喚雨的人物。發生在臨清十五年前的舊案再次被人提起，當年破案不力的錯誤被當做路線問題受到指責批判。也許是這樣的問題既然有人提出來，就沒有人敢有異議；也不排除有人想通過翻騰這本舊帳來討好權貴，與中央領導江青同志建立直接的聯繫。反正尋找那顆鐵疙瘩地雷成了一九六六年夏天臨清縣最重要的事情。

據當年親自掩埋地雷的民警回憶，鐵疙瘩被埋在了地名被稱做城牆豁的一片荒地。十五年後，時過境遷，縣委搬遷到現在的青年路以後，辦公大院就建在了從前所謂城牆豁的附近。經過回憶與測量，比較準確的位置最後確定在縣委大院南牆的外面，範圍大約五六十米見方，最大深度掌握在兩米左右。這樣一算，整個的工程需要挖掘土方大約六千立方米。這樣光榮的任務落到了我們臨清一中學生的身上，估計師範的學生也會在被徵集之內。

動員令傳達到學校，因為涉及保衛毛主席的夫人，文化大革命的旗手江青同志，所以同學們爭先報名。最後每個班選取了十幾個男生，身體強弱並不是首要的標準，家庭出身必須是貧下中農才行。好像是完成如此光榮的任務，只有出身好的人才有資格，才對得起文革新秀旗手江青同志。再不就是怕家庭出身不好的同學在從事挖掘地雷的勞動中，會進行什麼搗亂破壞活動。

挖土的工程進行了數日，坑挖的面積不小，深度也不差，那顆鐵疙瘩始終沒有找到。此事只好不了了之。與之類似的事情在與臨清相鄰的聊城也發生了兩件。下面一一道來：

聊城地區的轄區內原先有一個壽張縣。查閱中國共產黨全國第八次代表大會的歷史文獻，時任壽張縣委書記的劉傳友曾在中國共產黨第八次代表大會主席臺上發言，而許多身居高位的中央委員甚至政治局委員，也只有書面發言的資格。名聲鵲起的壽張縣一發不可遏制，到一九五八年大躍進的時候，這個縣又以浮誇糧食產量而聞名全國。

時間大約是一九五九年的秋天，主持中央日常工作的劉少奇到壽張考察。考察的結果是戳穿了浮誇的泡沫，縣委書記劉傳友等人受到降職處分。這樣做對制止全國大躍進中刮起的「五風」（共產風、浮誇風、強迫命令風、生產瞎指揮風和幹部特殊風）起到一定的作用。

我要講的兩件事都發生在劉少奇主席聊城之行期間。

劉主席一行驅車往聊城行進，走到茌平縣博平鎮附近的一座木橋上，橋上的一塊木板突然翹起，劉主席乘坐的汽車雖然沒有發生事故，卻也引起一陣顛簸混亂，車上的人和其他隨從的官員都嚇了一跳。接下來追究責任，負責這段公路橋樑養護的人給了一個不大不小的處分。

劉少奇在聊城停留期間，夫婦二人下榻在聊城地委大院裏的一處平房裏。那原本是抗日英雄國民黨聊城專員公署專員範築先辦公的地方，按現在的標準可以說是非常簡陋，那時卻是聊城城裏最好的房屋。地委大院附近市民雜居，許多人家還飼養著家禽；地委大院北邊不到二百米就是聊城汽車站，人車聲音混亂鼎沸。

為了不影響劉主席和夫人王光美女士休息，擔任接待保衛的官員，事先就疏散處理了城裏的雞鴨貓狗。清晨汽車站發車的時候，車不啟動馬達，先讓旅客幫助把汽車推出城外，再讓旅客上車。其實這是一件微不足道的小事，古往今來為官為民的規則與本分。再說劉主席夫婦對這樣的接待細節可能全不知曉。

文革期間，如此接待「中國的赫魯曉夫」成了聊城地委負責人的罪行，大字報漫畫鋪天蓋地，揭發材料還發往北京，為劉少奇的累累罪行增添些砝碼。

因為修橋護橋不力，驚駕劉主席而遭受處分的人，文革間也站了出來，多次聲淚俱下地控訴全國最大的走資派劉少奇對他的種種迫害。

這兩個小插曲和鐵疙瘩地雷的故事，反映了當時地方官員和民眾的心態，都屬於人間的雜劇，權當笑料閱讀吧。

二十一、選代表去北京見毛主席

文化大革命第一年的高潮是毛主席在北京接見紅衛兵。從一九六六年八月到十一月，毛主席先後八次，共接見紅衛兵一千四百多萬（人次），肯定是全人類的歷史上前無古人的壯舉。將來若還有哪個張狂的領袖想效仿，恐怕也很難做得到。

一九六六年秋天，臨清一中全體教師學生曾去距離縣城十多公里的石槽村幫助秋收秋種十幾天。勞動回來後，縣裏通知推選紅衛兵代表去北京接受毛主席的接見。每班推選五個人。

文革進行了四個多月，學生中已經不再提及左派、右派、中間派，但家庭出身仍然是衡量一個人革命不革命，或者說是衡量與毛主席親不親最重要的標準。尤其是去北京見毛主席這樣榮光的事情，即便臨時掌權的學校「籌委會」不再做硬性的規定，學生們頭腦中早已形成了鐵定的概念。我們平庸的高一二班更是絲毫不會脫離「唯成份論」的窠臼。

推選的方法很民主，全班無記名投票，得票者的名單直接書寫在黑板上。我們高一二班最終當選代表的是：劉丕海、吉青龍、靳安堂、馬秀玉、張子俊。五個人的家庭出身全是貧農，連一個下中農都沒有，絕對地純正。

我知道自己沒有當選的可能。出於對「唯成分論」的反感，或者說是出於上中農階級的本性本能，我決定放空炮，專挑了五個家庭出身比較複雜，絕對不可能當選的同學名字寫到了選票上，其中就有與我同命相憐的邱衍平。

事後，邱衍平在教室裏嚷嚷：

「哪個小子還投了我一票呀？」

我笑著對他說：

「老弟我。」

他狠狠地夯了我一拳。

臨清縣各個學校去北京見毛主席的代表集合起來有數百人。縣委派宣傳部副部長宋桂琴、縣政府辦公室副主任陳夢月帶隊前往。我父親與同在縣委辦公室的張佃富負責全程的具體事務。因為父親執行過一次這樣的任務，一中其他年級，原先我不熟悉的同學，認識我的也多了不少。

文化大革命形勢變幻，四清運動已經微不足道，只好不了了之。父親是那年麥收後不久從茌平韓屯撤回臨清的，回來後立即投入到了日新月異的文革中。護衛數百紅衛兵去北京見毛主席，是他在文革中執行的第一個重要任務。

父親他們去北京的時間是一九六六年十月中旬，是毛主席十月十八日的第五次接見。

去北京見毛主席的學生代表們走後，學校裏已經一盤散沙，農村的同學多數回了家。我在房產科找了一份小工幹，工作地點在房產科的大門外靠近京杭運河的河岸，與我們家隔河相望，每天的工錢是一元二角五分。

我那時的身體還是沒有開始發育，還是比多數的同學的個子都要矮小瘦弱，但已經能夠勝任小工的勞動強度了。分配給我的活是淋石灰，具體說是把塊狀的生石灰加工成石灰膏。房產科的負責人比資本家還狠，放著自來水不用，非讓我們用水桶從運河裏挑水。其實如果換成了資本家倒不一定會那樣使喚工人，我曾經做過計算，我每天從運河裏挑到石灰池裏的水，滿打滿算四到五立方，我每天的工錢那時可以買十多立方自來水。

房產科的主任叫光瑞連，是一個很容易讓人記住的人。他是山西昔陽縣人，是一個轉業的解放軍軍官。人們都稱呼他「光官」，他欣然地接受這樣的稱謂，包括男女老少的臨時工們高聲呼喚他「光官」，他都會回應。他的職務不高，管的事卻很多，一天到晚忙個不停。他去每個蓋房子修房子的工地，都是騎自行車。他進出房產科大門的時候，從不會忘記停下自行車到石灰池來檢查我們的工作。檢查完用樹枝在池子壁上劃一道深深的痕跡：

「都看著，今天下班前要滅過這個槓槓！」

領我們幹活兒的師傅笑一笑，其他幾個人一聲都不吭。我們完不成他劃定的進度，他從來也沒追究過。光主任管的人很多，不過大都是臨時工和與我一樣連臨時工都算不上的小工。臨時工也都開展文化大革命了，臨時工們所謂的革命就是簇擁著光主任遊街。其他單位的當權派都遊街了，你光主任管著這麼多人，不遊街哪成？臨時工多數沒有文化。沒有文化的臨時工設計的遊街卻分外有水平。

不知是誰找來了唱古裝戲的戲袍，紙糊的帽子尺寸很高，顏色又鮮豔。鑼鼓敲打得響亮而有節奏。光主任走在隊伍的前頭，他不像其他單位的當權派那樣，遊街的時候很不好意思，低著頭走路。光主任遊街時滿不在乎，昂頭挺胸，甚至有些趾高氣揚，高興了還會踏著鑼鼓的節奏晃動著腰身，如同戲臺上古裝戲中軍士判官一類的角色。

表演得精彩，觀眾就多，但凡房產科遊街的隊伍出動，就有好事者呼喊：

「快看，『光官』來遊街了！」

連小腳老太太也都會擠到大街上一飽眼福。遊街結束，臨時工們各回工地幹活，「光官」該檢查工作還檢查工作。有一次他穿著戲袍，手裏拿著紙糊的高帽，就到石灰池邊給我們劃槓槓來了。槓槓的高度大大地超過了往日。

寫到這裏，「光官」的身影還歷歷在目，如果他還健在，當是一個八十多歲的老人了。

家庭出身好的同學去北京見毛主席了，我這個出身不很好的卻還在拼力氣掙小錢，實在是沒有境界。反差使我的心情鬱悶。別人吸煙喝水的時候，我坐在運河岸邊，想像著京杭運河的最北端，首都北京熱火朝天的景象。心已經飛向了臨清以外的天地。

十多天後，父親一行從北京回來了。私下裏父親對母親說，他們在北京時住在了虎坊橋附近的一機部招待所，臨清去的人多數沒有用過抽水馬桶，為此出了許多洋相；

父親還說，北京的秩序很混亂，他親眼看到一個女紅衛兵被擠到火車下面被軋死了。

父親還還說，毛主席乘坐的汽車在成千上萬的人群中駛過的時候，許多人根本都沒有看清楚哪輛車上的哪個人是毛主席。

很多年以後，父親才對我們說，他們那次去北京見毛主席期間，意外死亡了一個人。毛主席接見的第二天，康莊中學的一個五十多歲的職工突發心臟病，搶救無效死在了醫院裏。臨清一中的那名個子最高的教師說他是因為太愛毛主席了，心情一激動就……（可以肯定，那高個子是數學教師王道南，身高接近兩米）隨後向各級領導彙報的口徑都與王道南老師的創意相仿。經請示，因為見到毛主席後激動不已而死亡的那職工在北京被火化，帶回臨清的是一隻骨灰盒。

父親還帶回來一枚毛主席的像章，直徑一公分稍多的那種。父親把像章別在外衣上，我向他要，他拒絕了。我的記憶中，那是父親第一次拒絕我的要求。

我知道，父親很看重那枚小小的像章。它在文革的那個階段是非常非常珍貴的紀念品，甚至是一種政治地位政治身份的象徵。

我心裏開始籌劃：我將要自己搞到手一枚同樣的。如果再給兩個弟弟每人搞到一枚，那就美極了。

二十二、大串聯（上）——濟南

一九六六年秋天，毛主席還在一次次接見紅衛兵的時候，徒步大串聯就開始了。第一幫步行走到北京見到了毛主席而且被報紙報導並肯定的是大連海運學院的大學生們。與他們相比，臨清一中的學生們行動得比較晚。除了官方組織的那次外，只有少數捷足先登者搶先去了北京，見到了偉大領袖。

到大部分同學開始出發的時候，已是十一月底。官方正式公布，春暖花開之前，毛主席不再接見紅衛兵了。雖然有了這樣的消息，大串聯的風潮已經啟動，同學們紛紛自由組合，少則三五個，多則十幾人，打點行囊，啟程出發。

學校完全支持學生們大串聯的壯舉，不僅給每個團隊開出蓋有紅色公章的介紹信，而且每人每月還補助六元錢。也許學校的掌權者和教師們認為，把這些無法無天的弟子們都送出去，自己就安全了一些，起碼清靜了許多。

我從學校的總務處會計那裏領取了十八元錢，自己手裏從來沒有過這麼多錢，很有一種糧草豐足的感覺。父親母親不贊成我去大串聯，他們為我的安全擔心。勸阻了幾天，見大勢所趨，我行意堅決，也就同意了。母親為我準備了衣服鞋襪，背包是一床小白花藍色棉被。

與我結伴而行的是高二與初三的十幾個同學，是什麼原因讓我們這些不同班級的同學組織到一起的，現在已經不記得了。帶隊的首領是高二三班的劉長山，他母親也在縣委工作，我跟隨劉學長一起出發，或許我的父母就比較放心了？初三二班的林棟月，元倉家屬院時我們家的鄰居，這或許是初三二班的學弟們加盟的一個起因？

我們這支隊伍出發的日期是十一月二十六日的中午，第一個目標是省城濟南，距離是大約三百華里。走在隊伍前面的人，高舉著紅衛兵的旗幟，每個人的胳膊上都佩戴了紅衛兵的袖章。

第一天中午出發，下午到達康莊，四十華里，牛刀初試，並不覺得累。

第二天，參照簡易的地圖，離開主要的公路，取直道奔高唐縣的琉璃寺。鄉村間的小路彎彎曲曲，實際比走公路還要多走不少路程。第三天最辛苦，走到潘店天就黑了下來，距離計劃中的目的地齊河焦廟村，還有二十多華里。

有人帶頭唱起歌曲，眾人高聲隨和。唱的遍數最多的是一首剛開始流行《敬祝毛主席萬壽無疆》，歌詞是：

敬愛的毛主席．敬愛的毛主席．您是我們心中的紅太陽．你是我們心中的紅太陽．我們有多少貼心的話要對你講，我們有多少熱情的歌兒要對您唱．千萬顆紅心向著北京．千萬張笑臉迎著紅太陽．敬祝領袖毛主席萬壽無疆，敬祝領袖毛主席萬壽無疆。

這是歌頌偉大領袖毛澤東歌曲裏最響亮的一首，歌曲鼓舞了大家的鬥志，腳步越走越快。我身矮體弱，跟不上同學們的步伐。劉長山和另一個身體強壯者架著我的雙臂，快步隨著隊伍。趕到焦廟，已經晚上八九點鐘，接待站的人好歹給我們弄了些飯菜。朝住宿的教室移動時，我腫脹的雙腳針扎一樣地疼。脫下鞋襪，右腳板上一個酒瓶蓋大小的血泡。

住宿與在康莊、琉璃寺一樣都是中學的教室鋪墊些柴草。不管髒淨冷熱，胡亂展棉被於地鋪上，倒頭便進入了夢想。那焦廟中學，兩年前曾是山東省委齊河四清工作團團部的駐地，我父親所在的四清工作隊，省一級

一九六七年一月，臨清一中王長富（中右一）；郭振忠（前左二）；傅光明（前右二）；宋義豪（中左一）；王立奎（後右一）五位同學，從臨清出發徒步去湖南韶山朝聖，路過河南蘭考，在焦裕祿墓前與包頭煤礦學校七位素不相識的紅衛兵合影。（照片由王長富同學提供）

領導們曾經的指揮所。

我們畢竟都年輕，頭天晚上腫脹無比的雙腳，第二天一早便又能上路。第四天的行程相對寬鬆，那時濟南黃河上還沒有公路大橋，齊河縣城還在黃河北岸。在齊河縣城邊的輪渡過了黃河，再走不遠就是濟南城了。

這是我第一次到省城，住宿在煤礦學院，依舊是教室裏鋪麥草，麥草上是葦席，只是室內生有火爐，很溫暖。教室很大，除了我們十幾個人之外，還有東平一中的一幫紅衛兵與我們同住。

在省城滯留了七八天，去山東大學、師範學院、工學院、醫學院看大字報要傳單，這是大串聯的主要任務。還去了千佛山，趵突泉，大明湖，動物園和英雄山，算是遊山玩水。印象最深的是濟南整座城市到處都有噴湧的泉水，有幾處馬路的地面竟然有涓涓清水自然流出，真是一座讓人著迷的城市。

在濟南火車站附近的工人文化宮，有濟南市破四舊成果展，展出的多是省城破四舊抄家時繳獲所謂資本家那些封（建主義）、資（本主義）、修（正主義）的物品。有金銀首飾、文物字畫、裘皮大衣、佛像、傢俱，甚至小孩子的玩具。其中一戶周姓資本家的東西最多，最奢靡昂貴。看完這樣的展覽，我的感受是：濟南不愧是大城市，藏龍臥虎，都什麼年代了？還有這麼多人享受著資產階級的生活方式，真應該革他們的命。

我獨自一人去了山東省委的紅衛兵接待站，一個四十多歲和藹的男人熱情地接待了我，他耐心地傾聽我提的問題，並一一給予解答。其實都是一些微不足道甚至驢唇不對馬嘴的小事，一個十六歲的中學生不要說對時事政局，即便學校裏發生的事，又能有什麼見解呢？省委接待站同志的耐心，只能說明那時各級政府官員對文化大革命的重視，對涉及文革的工作，無論大小都十分認真。

在濟南串聯了幾天，視野與欲望都大大開闊，我和初三二班盧澤文、周維漢、林棟月、董宜新幾個商量，決定一起步行去北京。

這時發生了一件意外的事：那天天氣暖和，我外出時沒穿棉襖，棉襖壓在了自己的棉被下面。下午回到住宿的地方，東平一中那夥兒人已經離開，我的棉襖被他們中的一個人換走了。我那棉襖很乾淨，是出發前母親新為我拆洗過的。一件髒兮兮的的棉襖壓在了我的棉被下面，我認了出來，是那位與我對著頭頂睡覺，頭髮烏黑紅臉膛小眼睛東平老哥的。穿這樣滿是油膩污漬的衣服怎麼能去北京啊？我決定單獨乘車回臨清一趟，第五天在德州與其他同學會合。

回到家裏，向母親訴說不幸。母親仔細看了看那件髒棉襖，有些驚喜地說：別看你的那件乾淨整潔，其實衣面襯裏都是你爸爸舊衣服改的，棉花也陳舊。這件棉襖表面上髒，裏外卻都是新布，棉花也是新的。母親連夜拆洗，放到火爐上烘乾，第二天棉襖就煥然一新，果然比我原來的那件新鮮鬆軟。東平一中的那位同學原本想用狸貓換太子，沒想到卻是用太子換了隻狸貓。

二十三、大串聯（下）——北京

一九六六年十二月七日，我乘汽車趕到德州，在拔絲廠找到正在等候我的同學們。這是一家生產鐵絲的小工廠。

德州位於南北交通要道，南來北往徒步串聯的紅衛兵很多，幾十個人的小工廠也承擔了接待任務。住宿在一座五間相通的房屋，大概本是車間或倉庫。取暖的爐火通紅，地面上鋪著麥草，中間擋著一塊一尺寬的木板。同學們七嘴八舌地告訴我，昨天晚上，在木板的另一側住宿的是幾個女生。我對此將信將疑。有人開玩笑說：「這麼好的事，你沒有趕上，遺憾吧？」

晚飯吃的是包子，肉很多，管飽。不知道是那天工廠食堂改善伙食，還是專門為了招待紅衛兵小將，只管敞開肚皮吃是了。

第二天步行上路，走在前面的依舊手持著那面紅衛兵的旗，十二個同學中，除了我與高一一班的盧學悅，都是初三二班的，初三二班的原班長盧澤文便成了我們這支紅衛兵隊伍當然的領隊。

沒成想走出二十多華里，才發現到了吳橋的地界，很明顯是走錯了路。從德州去北京最直的路是走景縣直接往北，我們趕忙調整方向，拐彎沿鄉間小路向西北行走。

運河大堤附近種植了很多向日葵，空曠的地裏沒有一個人，卻堆著一大堆剛剛收穫的葵花籽。隊伍中有人悄悄地抓了一把，便有同學背誦了一段毛主席語錄。那位投機取巧者趕忙把葵花籽丟回大堆。橫渡南運河（天津以南的那段京杭大運河的稱謂）的時候，執掌擺渡的老翁聽說我們是徒步串聯去北京見毛主席的紅衛兵，說什麼也不收取擺渡的資費。

因為走了彎路，當天沒有按計劃趕到阜城，中途住宿在一個叫漫河的村莊。村莊裏已經難以找到房屋，十幾個人在一戶人家放白菜的倉房裏擠了一宿。

冀東南一代土地鹽鹹，不僅農村，縣城的生活也都困難。主食是蒸熟的玉米麵餅子，當地人叫「齋楞」

（肯定不是這兩個字，諧音）。雖然原料都是玉米麵，口感比玉米窩頭還差。佐餐主要是鹹蘿蔔條。

第三天住富莊驛，雖不是縣城，因為地處交通要道，住宿的紅衛兵很多。半夜睡夢中，我覺得有人在搬弄自己的腳，醒來一看，是一年輕的女衛生員，手持電筒，挨個給紅衛兵們檢查治療腳掌。她見我醒來，示意我儘管睡覺。我的腳掌，因為經過從臨清去濟南的鍛煉，走往北京的途中沒有再磨出水泡。那女子輕輕在我的腳掌上塗抹了一些藥水，頓時感覺輕鬆了許多。

無數雙行走數日分泌出臭汗而不得洗浴的腳；女衛生員美麗善良的眼睛與纖細溫柔的雙手，讓我感動得熱淚盈眶。

在富莊驛我們遇到了一夥兒來自江西景德鎮陶瓷技術學校的紅衛兵，他們從江西一路走來，風塵僕僕飽經風霜。其中一個叫夏曦，善言談，用普通話與之交流沒有絲毫障礙。隨後數日，我們與江西這些老表一路同行，路途中與夏曦說說笑笑，腳步也就輕鬆了許多。夏曦面皮白淨，走路八字腳十分明顯。

離開富莊驛，接下來一天一個縣城：獻縣、河間、任丘、雄縣、固安、大興（那時叫黃村）。河北平原上的縣城間隔都比較小，一般都是七八十華里，正好一天的路程。紅旗舉了幾天，竹竿便被丟棄，旗幟塞進了背包裏。在河北地界行走的七天，接待站的食物多是玉米麵「齋楞」、窩頭、小米稀飯、鹹蘿蔔，與濟南的白饅頭，德州的肉包子，北京黃村（大興）的豬肉燉白菜，形成很大的反差。

路過白洋淀東岸的趙北口，水面上已經結冰，村民們鑿開冰面捉魚，數十隻魚鷹在漁民的驅趕下潛入冰冷的水中，回到冰上的時候，把嘴裏捉到的魚吐在冰面上。魚都很小，可能是天寒水冷的原因。

從趙北口朝西望去，一片白茫茫的冰原。冬季裏，蘆葦全都收割，沒有一絲兒遮擋。我的家鄉劉家口村就在白洋淀的西側。聽我們村裏的人講，冬天淀水封凍，人們乘坐冰床子可在淀裏的冰面上快速滑行，清晨從劉口村出發當天去鄭州趙北口一帶趕集，往返一百五十華里，可以傍晚回家吃飯。我在趙北口留戀再三，品味了一番思鄉情結，便急忙追趕隊伍去了。

北京的紅衛兵接待站設在虎坊橋的勞動博物館。從全國各地來到首都，來到毛主席身邊的紅衛兵實在是太多了。北京的每一個學校、機關、工廠、街道以及所有大大小小的單位，所有能騰出來的房舍都用來安排紅衛兵們的食宿也不夠用。當時北京市的人口三百萬左右，高峰時住在北京的外地紅衛兵達到四百多萬。

我們被安排在位於火車東站附近的房管局技術學校，位置很偏僻，交通也不方便。宿舍依舊是教室，麥草地鋪。爐火溫暖，雞蛋大小的煤球供應充足。學校專門有十多個員工學生負責接待我們，都盡職盡責。我們每人每天交一斤二兩糧票，吃飯免費。查閱當今的北京市地圖，當年的房管局技術學校，很可能已經改名為北京市電子工業技工學校，從那裏可以遙望東四環的四惠立交橋。

北京的政治局面繼續著毛主席接見紅衛兵以來的狂熱與混亂，大街上除了沒有毛主席與林彪的大字報大標語傳單，打倒其他高級官員的標語口號隨時隨地可以看到，包括周恩來、江青、陳伯達等人的。散發傳單的紅衛兵把傳單高高撒揚起來，沒等落到地上，便被行人搶走。傳單上常常有一些驚人的消息。我們剛到北京的時候，陶鑄還是最高的四號人物，多次代表中央出來接見革命群眾。沒幾天，陶鑄便被打倒，成了「劉鄧陶」中的老三。所以有人說陶鑄從「紅桃四」變成「黑桃三」的速度實在是太快了。

局勢混亂到紅衛兵小將可以圍攻一切機關、一切會場，包括中南海、新華門、總參謀部、公安部、大使館、領事館。天安門廣場、長安街隨時有押著高級幹部與著名人物遊街示眾的紅衛兵隊伍。我就近距離地圍觀過地質部長孫大光，勞動模範時傳祥被批鬥羞辱的場面。

到北京既然是革命串聯，就要到最具革命精神的大學裏取經。每個大學都有無數的紅衛兵組織，辦公樓

最最幸福最激动人心的

好消息

北京消息：最近经北京医学界检查了毛主席的身体，从毛主席的健康身体可以断言，我們最最敬爱的领袖毛主席能長寿到一百四十岁到一百五十岁以上！这是全中国人民和全世界人民的最大幸福！这是我們革命事业必定胜利的根本保証！我們敬祝毛主席万寿无疆！

伟大的导师
伟大的领袖
伟大的统帅
伟大的舵手

毛主席万岁！万岁！！万万岁！！！

一九六六年廣為傳播的一份紅衛兵小報上登載了毛主席能夠長壽到一百四十至一百五十歲的好消息。

的每個房間幾乎都有正在刻鋼板印傳單的人。進到裏面，不用說話，就有人遞過來幾張傳單。有時候一天能去好幾個大學，當天在不同大學收集到的傳單，內容大同小異，猶如當今從互聯網上下載的東西一樣。

印象最深的傳單是一份紅衛兵小報，上面登載了林彪的妻子葉群在一次接見紅衛兵時宣告的大好消息。葉群說：經組織著名的專家教授醫生們診斷研究，我們偉大領袖毛主席的身體非常非常健康，最少能夠活一百五十歲。我為這樣的好消息激動不已。我暗自計算了一下，毛主席一百五十歲的時候，我的年齡是九十三歲。自己的一生基本上就都生活在毛主席的時代了，真是幸福極了，安心極了。

我的聯想以及幸福感安全感絕非虛構或揶揄或幽默。與我同一時代的中學生們，恐怕當時絕大多數都是這樣的思想境界。能讓千千萬萬自打童年開始幾乎就從來沒有吃過飽飯的青年少年如此崇拜仰慕歸順自己，這是毛澤東主席最大的成功。他的這一業績，大概能讓人類歷史上所有的部落首領、皇帝、國王、首相、政黨領袖都相形見絀加羡慕不已。

跑了幾天大學，沒有了新鮮感，我就不再與他人一起出去，一個人開始做不屬於「串聯」的內容。北海、景山、頤和園、天壇，北京的公園真值得遊覽玩耍。

在頤和園的萬壽山上，全是用黃銅鑄造的亭閣裏面有一張同樣材料的長條桌子，估計約一兩噸重。我們十幾個遊者，幾乎都是到北京串聯的外地學生，嘗試著把它抬起。使盡九牛二虎之力，只把銅桌子抬起了一頭。

巧得很，這時我看到了一起徒步走到北京的江西老表夏曦，他是參加抬銅桌子者之一。

公園名勝盡情地去玩，反正坐乘公交車不花錢（去十三陵方向的四十五路公交車除外。每個外地到北京串聯的紅衛兵都領到一張淺藍色的免費乘車證）。盧溝橋我曾經去過兩次，第二次去的原因是因為自己認為第一次去沒有把橋上究竟有多少個石獅子數清楚。

八寶山我也去遊覽了一次，文革的波瀾也衝擊到了那個死人安息的地方。最早進入聖地的先烈們實行的還是土葬，墳墓大小依據官職的高低。最大墳墓是任弼時的，他去世前是中共中央政治局常委。任弼時墓葬的近處還有幾座稍小一些的，其中瞿秋白的墓碑已經被人砸毀；張瀾墓碑上的照片被人摳掉了，墓碑被劃上一個大大的叉，看樣子是用鋼筆水甩上去的。大叉的旁邊，還寫了幾個字：「換上柯慶施！」作者看來是紅衛兵，並且基本可以確定是串聯到北京的外地紅衛兵。年輕的文革近衛軍們管得實在是太寬，對已經去世的人物還要再來一次政治排座次。

我積極地進行我的遊覽，盡情地欣賞北京的歷史古蹟，文物展館。可惜的是故宮、歷史博物館和自然博物館都關閉謝客了，只有軍事博物館裏展出的物品讓我眼界大開。印象頗深的是毛主席用過的馬燈，邱少雲燒得只剩下巴掌大小的棉衣碎片，王海駕駛過的飛機，美國U－2型飛機的殘骸。賀龍鬧革命用的菜刀，據說在我參觀之後不久就被撤除了，顯然是因為賀龍的失勢。

每天吃過早飯就出去，中午在外邊不吃飯，晚飯回來領取兩份飯菜，午飯晚飯併到一起吃。一天中午，在王府井東安市場（那時改為了東風市場）的一個小飯館裏，紅燒牛肉的香味實在誘人。我破例花了三角錢買了一份牛肉米飯。享受美味的時候，看到鄰桌有一個人在飲用淺黃色帶泡沫的酒。待那人走後，我看了看空瓶上的文字，才知道那就是啤酒。也想買一瓶嘗試一下，掂量再三，最終還是放棄了。

臨清一中高中一年級九名參加步行大串聯的同學一九六六年十二月合影於北京天安門前。

紅袖章紅寶書紅旗和毛主席畫像是那個年代的必備品。

前排，從左至右：孫廷科；孫東河；王長富；孫玉奎

後排：叢高傑；許蘊之；王立奎；傅光明；李慶龍。

（照片由王長富同學提供）

那時北京的物價很便宜，著名的燕山凍柿子才兩角錢一斤。商店裏的面積有限，小山似的凍柿子就堆在馬路邊上，也沒有梁上君子行之非分。有一次我買了一個，凍得梆梆硬的凍柿子無從下嘴，我便把它放到商店的火爐上烤。這時一個白髮蒼蒼的老漢和藹地對我說：

「你是南邊來的紅衛兵小將吧？這凍柿子是不能烤著吃的，把它放到涼水裏等冰慢慢化開才行。」

老者的話引得四周的顧客包括售貨員一陣哄笑。這尷尬的經歷也算是我在北京開眼界見世面的內容。

我們到北京不久，臨清一中高三年級的幾名同學也找到了我們，住進了北京房管局技術學校，其中就有當年夏天造反精神勇冠校園，被全體師生稱為「五條龍」的郝海文、徐德龍、宋來泉等。

房管局技術學校是一所普通得不能再普通的中等專業學校，就學的盡是普通市民的子弟。大概就因為是這樣的學校，這樣的成員，對我們這些外地來的紅衛兵的接待才能做到無微不至。一九六七年元旦那天，學校的食堂竟然為我們包了水餃，豬肉韭黃餡的，非常好吃。

隨同徐德龍、郝海文、宋來泉幾個一起到北京的顏良同學沒有穿棉衣。十二月的北京，比山東寒冷許多，顏良同學每天只能躲在宿舍裏烤火。房管局技校負責接待我們的一個學生心生惻隱之心，把身上的一件藍色棉猴脫下來，讓給了顏良同學，而自己卻換穿了一件破舊的大棉襖，每天到學校裏忙活。

所謂棉猴，即帶帽子的棉大衣，那時在北京很流行很時髦，尤其是藍顏色的。在棉布棉花都憑票證供應的年代，一件棉猴大衣十分貴重。在寒冷的冬季，把自己唯一的棉大衣讓給別人，是多麼高的境界，多麼重的恩情啊！

顏良同學臨離開北京的時候，答應藍棉猴的主人，回到山東以後，立即把棉衣郵寄回北京。結果顏良同學食言，之後的兩個冬季，藍色的棉猴一直穿在顏同學的身上。而且顏良的身材太高，藍色棉猴穿在他身上並不合身。一中的許多同學都知道顏同學身上藍色棉猴的來歷，顏良同學竟可以如此坦然地穿在身上。對自己的恩人不講信用至如此，良心何在呀？這件事竟然發生在我熟悉的同學身上，它讓我認識到：世間真是什麼人都有啊。

房管局技術學校南面不遠，隔著鐵路有一家小工廠，鐵路沿線沒有阻隔，可以徑直走過去，有時我們圖近便，常常經過那裏去乘坐開往市區的公交車。一天，那家小工廠失火了。看到濃煙，我們立即飛奔過去參加救火。燃燒的是一座油氈木板搭建的簡易工棚，好像裏面並沒有什麼有價值的東西，廠裏的幹部和工人們有人用水桶面盆揚些水到上面，有的乾脆就站在一旁，好似在等待它自己燃燒完畢。來了一輛救火車，象徵性地噴了一些水，消防隊員們也就沒再採取其他措施。

比較奇怪的是一個上身只穿了一件毛衣的高瘦青年，非要鑽進火堆裏去搶救，有兩個身體比他魁梧很多，年紀也大很多的男子架住他的胳膊，一個看似領導的中年女人用力拽住那要入火海者的衣服。三個人越用力，那青年越要表示往火堆裏衝。燒掉的那堆東西，大概都沒有青年身上的毛衣皮鞋值錢，快要燃盡的火堆裏早已沒有了值得搶救的物品，你非要鑽進大火裏去為哪般？整個場面看了都有些滑稽，外圍稍遠處有人發出起哄的聲音。青年與勸阻者相持了幾個回合，又有幾個人加入到勸阻的隊伍裏，好歹把那勇敢的青年架走了。

我一邊圍觀，一邊思忖那青年的身份：他或許是這小小的火災的肇事者？或許是廠裏正冉冉升起政治明星級的人物？再不就是他因為家庭問題而被廠裏歧視審查，期望通過特殊的表現挽回頹勢？如果那幾個勸阻的人不真用力拉住他，他真會鑽進熊熊大火中去嗎？因為那個青年做出較為奇特的表現，我對那場並不嚴重的火災印象很深。

在北京住了快一個月，首都的大街小巷我幾乎都去走動過，幾十路公交汽車電車都乘坐過，甚至連每一個乘坐站點的位置都十分地熟悉了。我已經不滿足於遊覽街道與公園，我把目標轉移到大的群眾集會。毛主席已經決定短期內不再接見紅衛兵了，能見一見其他的中央首長，其他的次重量級人物，也是一件榮耀的事。

那時，北京工人體育場是經常舉行大型政治集會的地點，因為搞不到進場的票，只能和遊兵散勇的紅衛兵混在一起往裏面衝。衝擊工人體育場的「革命行動」，我一共參加過兩次：一次是批鬥彭真、陸定一、羅瑞卿、楊尚昆的大會，據說羅瑞卿跳樓自殺摔斷了腿，是被用大筐抬進會場的。可惜因為會場負責警衛的解放軍太多，衝擊工人體育場鐵門的紅衛兵們沒有得逞，我沒有能進入批鬥的會場，沒有能夠見到「彭、陸、羅、楊」，也沒有見到主持會議參加會議的中央文革首長。

第二次也不知道是什麼集會，衝擊是成功了，進入工人體育場的裏面裏，一萬多紅衛兵小將，口號連天歡聲震地，高音喇叭一次次告訴會場裏的人：中央首長的工作很忙，大家耐心等待，等一會兒就來接見我們。灰暗寒冷中等候了又等候，一直到天色漸晚，也沒有什麼重要的人物出現，我和會場裏所有的人都失望而退。

一九六六年正是中國與阿爾巴尼亞蜜月開始的年代，那年年底，阿國的部長會議主席謝胡率團訪華。周恩來總理、江青等人為接待謝胡，在西單音樂劇場陪同客人觀看革命樣板戲演出。我搞到了兩張入場票。正在我為此興高采烈的時候，宋來泉與另一個高三的同學連騙帶哄，硬是把票從我的手縫裏搶了去。致使我想見中央首長的願望最終落空。

元旦過後，春節就相去不遠。整個京城雖然處於狂熱之中，遠處的上海「一月風暴」剛剛吹起了奪權的號角，我和同學們決定回臨清過年。我們的計劃是明年開春以後，如果毛主席再次接見紅衛兵，就立馬返回北京，參加毛主席的接見。否則就直接揮軍南下，走遍大江南北。為此我買了一隻塑膠提包，去南方行走，防雨防潮最重要。沒成想春節之後，文革的形勢驟變，毛主席的接見與大串聯就都成了記憶中的歷史。

和全國的形勢一樣，臨清的文化大革命自然也是日新月異，徐德龍、宋來泉幾個高三的同學，因為屬於革命中堅的系列，關心惦記著家裏的局勢變化，元旦過後就回臨清去了。

雖然在北京吃住行都不用自己掏錢，在大都市裏活動行走總要有一些花費，同學們開始囊中羞澀。盧澤文、周維漢我們三個商量以後，決定給學校發一封電報，勒令總務主任吳嵐東給我們郵寄一些革命經費到北京來。起草電報的時候，我們覺得成功的可能性也不是很大，用臨清的話說，有沒有棗兒，打它幾竹竿再說。

過了幾天，回程的火車票已經搞到了手，細心者給父母兄妹的小禮物也買了一些。離開北京的那天上午，在我們收拾背包行囊的時候，臨清一中總務處的匯款單到了，大家好像都忘記了這件事情。盧澤文讓我與周維漢一起去王府井的一家銀行取款，我們倆的背包由其他弟兄帶著，事畢直接到北京火車站匯合。

我們倆把五十元匯款從銀行取出，急急忙忙趕到北京火車站。車站內外都擠滿了人，幾乎全是帶袖章背行囊的紅衛兵。我們擁進車站找到要乘坐的火車，車廂裏面已經擠滿了人。一看這樣的陣勢，大家趕緊分頭上車，約定到邢臺火車站的站臺上集合。

我借助其他乘車人擁擠的力量總算爬進了車廂。火車開動，我被擠壓在過道裏。不要說找到放背包的地方，連兩隻腳都無法同時著地。再看車廂裏面，行李架上，座位的靠背上，座位間的小桌上，以及座椅的下邊都是坐著站著躺著的人。我旁邊的一個廁所，門敞開著，裏邊如魚罐頭一般七八個人擠在一起，其中兩個人把背包頂在頭上，因為實在沒有空間安放。

我的衣服只是棉襖上有兩個口袋，為了安全，五十元錢我一直攥在手裏。火車飛快地沿京廣鐵路南下，因為人都擠在一起，反倒不會前後左右地晃動。這時乘務員從人縫裏鑽了過來，大概她是剛剛完成了關閉車門的任務。我站立的位置正是她值班室的門口。那乘務員打開值班室的門，她大概是瞧著我瘦小的身體快要被擠扁了的樣子，心生惻隱之心，把我讓進了她的小屋。頓時全身鬆快，放下背包，錢也裝進了衣服口袋。那乘務員約三十歲，兩條短辮子，小眼睛，白皮膚。狹小的空間裏只有我們兩個人，卻沒有什麼交談。默默地坐了一個多小時，大概是火車到保定了，她出去開車廂的門，就再也沒有回值班室。

火車到達邢臺，天色已近黃昏，尋到紅衛兵接待站裏隨便住下。我掏出錢來分給大家，每個人五元。眾人卻都說馬上就要到家了，還要錢幹什麼？結果只分發出去三十五元。第二天上午，因為沒有足夠的客車，回臨清只能乘坐接待站提供的卡車。車路過邢臺東郊，田野裏還能看到十個月前地震時從裂縫裏湧出來的黑灰色泥土。

連同串聯去濟南之前在學校領取的十八元錢，我一共借款三十三元。離開臨清一中之前，這個數字曾經在張榜公布的欠款名單上出現過。我當時還正式給學校寫了一個還款計劃，說是待我工作有了收入之後償還。這個承諾，至今沒有兌現。我欠我母校三十三元借款。

從北京回到臨清後，我感覺自己好像長大了許多，有一次我還聽到父親悄悄地問母親：

「你看咱寶興有什麼變化沒有？」

大概是父親母親也都看出來我大串聯去過省城去過北京之後，說話做事有些突兀的改變。

人行千里路，勝讀十年書，的確如此。

二十四、買像章

一九六七年元旦前後能夠得到一枚毛主席像章仍是人們夢寐以求的奢望。我心裏一直沒有忘記搞到一枚毛主席像章的設想。

在北京剛過了元旦不久，我在前門大街聽說大柵欄附近正在出售毛主席像章，隨即聞訊尋覓到廊坊三條。廊坊三條是與大柵欄基本平行的一條狹窄街道。北京市工藝美術廠的一個銷售門市部設在該條街道路北的一座三層小樓上。出售毛主席像章確有其事，只是排隊購買者已是人山人海，連四周其他的街道胡同裏都擠滿了人。

費盡九牛二虎之力，我才找到隊伍的末尾，趕緊排列於其中。從上午到中午，又從中午排到黃昏，隊列只是稍微往前走了一小段，前面還是一眼望不到邊的長蛇。我身上的棉衣鞋子如果不停地走動，尚可抵禦北京的嚴寒，露天站立幾個小時，渾身上下冰涼僵硬，不停地跺腳，還是凍得生疼。我讓挨著我排隊一位來自陝西的人為我看護著位置，去飯館買了兩個燒餅，為被凍透了的身體增加一點兒熱量。

天快黑了，前面傳來不好的消息：賣像章的門市部下班了。隊列一陣騷動，消息進一步證實，多數人漸漸散去。

我心有不甘地走到那座三層小樓前看個究竟，還有二三百個與我一樣心情的人，團團把那小樓的大門圍住。門口擺放著兩張桌子，白天營業的時候，售貨員在桌子上開票，隔著桌子收錢交貨。現在桌子裏面只剩下三四個值班的人員，不時向外面的人群解釋：下班了，不營業了，各位請回吧！外面的人不理會那些人的解釋，繼續在門外相持。兩張桌子被人群擠到了一邊，大家湧進了小樓裏面。值班人員躲到樓上，一二百人便都跟隨著上了二樓的房間，解釋勸說質問爭吵繼續對應著。

那座小樓原本是木質地板的舊式建築，難以承受這麼多人踐踏，只聽著樓板吱吱作響，有人高喊了一聲：不好！大家便爭先恐後地往樓下逃命。有人順樓梯滾到樓下，好在厚厚的棉衣，並沒有人受傷。

幾個值班人員害怕發生意外事故，他們經過商量，與我們這些頗具造反精神的人打成了協議：每人發給一張蓋有印章的紙條，明天按紙條上的編號優先購買，不用再排長隊了。

大家接受了這個折衷的方案。我拿到的紙條是八十五號。總算是有所結果，挨了一天的饑餓寒冷，沒有白白等候。

天色很晚了，乘坐晝夜運行的二十路公交車到北京火車站長安街路口，其餘的路途只能步行。回到住宿的地方，已是半夜。聽說我明天能買到毛主席的像章，已經鑽入被窩的同學都坐了起來。大家看了看我手裏的紙條，幾乎沒有一個人相信我能成功。我吃了一個烤在火爐上的乾饅頭，便倒頭睡覺。

我心裏有事，一覺醒來，天還很黑，也無從知道具體的時辰。我穿好衣服，沒有驚動任何人，便悄悄上路。街上寂靜，從火車東站到紅廟，沒有遇到一個行人。再步行到東長安街北京火車站路口，乘二十路公交車到達前門附近，天還沒亮，只有賣早點的飯館有人開門生火準備營業。廊坊三條工藝美術廠門市部門前已經有人等候。

早餐之後，人群越聚越多，數量超過了昨日。我擠到人群裏面，門市部的人果然說話算數，持有紙條的人按紙條上的號碼秩序井然地排在前面，我心內陣陣竊喜。待售貨人員正式上班，開始開票領貨的時候，我才發現光憑紙條還不能購買毛主席的像章，沒有單位購買像章的介紹信，一個也買不到。這可怎麼辦啊？

這時有一個人悄悄地湊近我商量，說他是石家莊某單位的，受全體職工的委託，專門到北京來買毛主席像章的，看來去後面排隊猴年馬月也排不上，問我能否幫他一下，把帶號碼的紙條給他使用，他買到後可以讓給我一些。我與這位河北老鄉一拍即合地組成了搭檔。

河北老鄉擠在前邊開票買貨的時候，我在他身後一步不落地盯住了他。那人三十多歲，辦事老到幹練，這大概是單位讓他承擔重任的原因。幾個紙盒子拿到手後，他也不說話，一手抱著盒子，一手拉著我，用力掙扎著擠出了人群。到了一個偏僻的地方，那人小聲對我說：

「就在這裏吧，注意點兒，不要讓人看到，說我們私下買賣像章，那可不得了啊。」

看那幾個盒子，他大概買了數百上千枚。一番商討，他給了我五十枚毛主席像章——直徑約一釐米最小的那種，與父親從北京帶回去的那枚一樣，每一枚三分錢，另加十二個塑膠板製成的毛主席語錄牌，正好兩元錢。

我如獲至寶，一路只想呼喊蹦高。回到住處，我從衣服口袋裏拿出來毛主席像章，大家才相信好事成真。住在一起的二十幾個一中校友，我每人給了一枚。眾人與我一樣興高采烈。

成功買到毛主席像章，我當時認為是自己在大串聯甚至那幾年裏辦得最成功的一件事，讓我自豪了好一陣子。

二十五、我的懺悔之一：揭發馬登洋同學

做為一個參與過文革中學生，我既是一個受害者，我也傷害過別人；有人摧殘過我的精神，我的心靈，我也毀壞過一些有價值的東西。我應該懺悔自責自己的思想歷程和行為過失。我也期盼所有參加過文革的人都能夠反思，都進行幾番深刻的懺悔。

我在文革中所做的幾樁惡事都發生在一九六六年的夏天。幾乎所有的中學生都瘋狂了，我自然也難免。

《第六章》裏我介紹過，馬登洋是我初中時的同學。他初中畢業以後考入了臨清師範。

時間大約是一九六六年的七月底，臨清師範有一個學生來到我們學校。那人的名字當時就沒有記住，只記得他中等身材，瘦瘦的，留分頭，面黑皮膚卻細膩，牙齒白而整齊，口才很好。他亮明了自己的身份：與馬登洋是一個班的同學。馬登洋在文革運動中表現不好，班裏的「左派」要他來一中收集馬登洋初中時的落後表現。

這個人既沒有什麼證件，也沒有公函文書，就憑他空口一番介紹，我們原初三二班的十幾個同學就召集到一起，七言八語地開始回憶揭發馬登洋的錯誤罪行。那來人根據我們的發言整理成十幾條，內容多是什麼成名成家的思想嚴重，想當華羅庚；跟右派分子孟慶雲關係密切，等等。最後，我們挨個在那人整理出的材料上簽下了自己的名字。那人滿意地回師範學校而去。

這樣一份揭發材料，肯定對處境不妙的馬同學起到了火上澆油的作用。多年以後回想起來，我們這樣做實在是對不起馬登洋同學。馬同學與我們無怨無仇，我們在他困難的時候不僅不去幫助他保護他，而是再往他的

身上潑一盆髒水，我們的出發點是什麼呢？不外乎想借此表現一下自己的革命態度革命行動，以免被他人說自己不積極參加運動。

二十六、我的懺悔之二：砸碎武訓的雕像

臨清大眾公園裏武訓的紀念碑在批判電影《武訓傳》以後就砸碎了。破四舊的時候，位於冠縣柳林鎮武訓的墳墓被當地的紅衛兵毀壞並揚屍了。

前面的資料介紹過，臨清御史巷義塾既是武訓的貢獻，也是武老先生去世的地方，我們讀書的年代叫它做臨清第一完全小學，簡稱一完小。不知道是通過什麼渠道，我們班有人得知在一完小的校園裏還有一尊武訓的雕像，便決定也要將其毀掉，隨意召集了十幾個男女同學，帶著兩柄鐵錘就出發了。

一完小的教室，基本還是當年武訓建設御史巷義塾時代格局，由數個四合院組成。其中兩座教室之間，有一個套間。套間很小，朝東的門，沒有窗戶，做倉庫使用，胡亂堆放著一些雜物。清理掉破桌子壞板凳，便找到了武訓的雕像。

武訓的雕像用漢白玉石雕刻而成，與真人大小相同，成坐姿，形態端莊，面容慈祥，頭戴瓜皮小帽，衣衫是清朝普遍的馬褂形狀。

去一完小的路上，鐵錘本是由大家輪流扛著。到達一完小，大號鐵錘正在我的肩上。該到使用鐵錘的時候，我往自己的手上吐了一口唾液，搓了搓雙手，率先掄起了大鐵錘，第一下子就砸在了武訓雕像的腦門上。三下五除二，一座完好的漢白玉雕像便成了一堆碎石。

如果不是我砸第一錘子，武訓的雕像也不會保存下來，但我對自己的這次行為還是一直抱有負罪感。

二十七、我的懺悔之三：皮鞋與罐頭盒

第六章中我說過，初中時謝永倫老師擔任我們美術課老師，他的妻子查華則教我們音樂。他們兩個對我都非常好，我經常到他們的宿舍裏去。

一九六六年夏天，給老師們寫大字報的時候，我搜腸刮肚地回憶尋找老師們各種各樣的問題。突然我想起在謝老師查老師宿舍裏有許多空罐頭盒子，查老師有好多雙皮鞋，於是，我把這些講給了同學們。隨後便有同學把這些都寫到了大字報上，張貼到牆上，說是揭發兩位老師的資產階級生活方式。

謝老師查老師喜歡我信任我，才經常讓我去他們的宿舍玩。我一直把我上面的行為看做是對他們信任的背叛。

三十多年後的一九九七年秋，我回臨清去一中的校園，正好遇到了謝老師。謝老師拉著我的手悲傷地告訴我：你查老師走了。說著，謝老師眼裏流出了淚水。

我心裏也為查老師的去世痛心。我想到了查老師多次從她的抽屜裏找出我渴望看到的圖書；我也想起了文革初期對兩位老師的背叛。

二十八、我的懺悔之四：對聯與漫畫

我初中二年級時的班主任，外語老師繩欽忠家庭出身好，積極要求進步，很受學校黨支部書記陳煥民賞識重用。文革初始，響應陳書記的號召，帶頭貼出了當時學校有代表性的大字報《看準，站穩，頂住》，大字報裏有「誓死保衛黨支部」的口號，繩老師成為所謂保皇派首當其衝的人物，因此成為被批判攻擊的對象。繩老師沒有其他問題，大字報沒有內容可寫，學生們只能對他進行人身攻擊。

繩老師的妻子孫慧琴，也在我們學校教外語。孫老師溫和賢惠，平時很受學生們喜愛尊重。他們剛上小學的女兒很漂亮，一頭捲曲烏黑的頭髮，繼承的是繩老師的基因。

繩老師受攻擊時，孫老師也難免被牽連其中。最荒唐無理的攻擊是在他們宿舍外面張貼了許多漫畫。宿舍門口兩側張貼了一幅對聯。對聯的內容是拿繩老師的絡腮鬍和孫老師的雀斑侮辱取笑二人。提供創意與書寫的人，我現在不記得是誰了，但我也參與了創作，並興高采烈地在旁邊助興，完全沒有意識到自己與同夥卑鄙低劣的行為。會對溫良的孫老師以及他們的美麗女兒造成什麼樣的傷害。

過後不久，我心裏就產生了愧意。有一次遇到孫慧琴老師，想對她表達一下自己的想法，卻怎麼也沒有說出口。若干年後到學校去，問起繩孫兩位老師，說是調往兗州鐵路中學了。

二〇〇五年去兗州，我尋到鐵路中學，校工說繩老師與孫老師都退休了，現不在兗州，大部分時間居住在濟南的女兒家。想當面道歉的願望沒有實現，謹把四十多年的歉意寫入這段文字，無論繩孫二位老師能否看到，都原諒我這個當年的學生吧。

二十九、我的懺悔之五：「你把軍裝脫下來！」

趙蘭石老師是一九六五年從濟南軍區體工大隊轉業到臨清一中任體育教師的，擅長中長跑。這樣的身份，文革之初自然也會積極響應黨支部書記陳煥民的號召，站在保皇派一邊。為此，他曾被短時間關進牛棚，暫時失去人身自由。

一天中午，他被學生押著去學校南院食堂打飯。我那天做值日生，也往食堂方向行走，途中遇到了趙老師。我看到趙老師還穿著他一貫穿著的軍衣，不禁頭腦發熱，攔截住趙老師，並大聲對他喝道：

「你把軍裝脫下來！」

趙老師一愣，頓時無話可說。因為正是要開飯的時候，頃刻周圍就圍觀了不少同學。有同學為我助威，七言八語重複我的勒令。趙老師回過神，反問我說：

「這是林副主席發給我的軍裝，我怎麼能隨便脫下來呢？」

我一時語塞，胡亂爭執了幾句，此事不了了之。實際上下不來臺的不僅是趙老師，我也得到了一個不大不小的尷尬。

二十多年後，與同學好友趙蘭傑談及此事。我知道他與趙老師聯繫密切，便要他轉告我對趙老師的道歉。後來趙蘭傑告訴我：趙老師說他不記得這件事了。我不相信趙老師會忘記我們那番爭執尷尬，但我理解趙老師這樣反饋的善意。

就在我敲出這些文字的前一天，臨清一中的周青老師在電話中告訴我，不久前趙蘭石老師因病去世了。

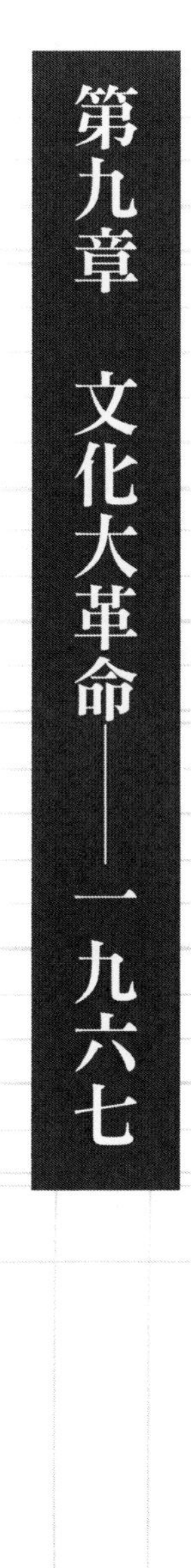

第九章　文化大革命——一九六七

三十、燒掉黑材料

這裏說的黑材料指的是一九六六年夏天文革初期左派學生搜集整理的落後學生或右派學生的材料。這些材料如何處理，黨中央下發了專門的文件。

一九九六年彙編的《中共臨清黨史大事記》中記載：

一九六七年一月三十日，臨清縣委發出平反通知。《通知》要求：各單位對於在文化大革命運動中，因為給領導或工作組提意見，而被打成「反革命」、「反黨分子」、「右派分子」和「假左派」的革命群眾，都必須立即宣布一律無效，予以平反，恢復名義並按中央批轉軍委、總政的緊急指示和處理無產階級文化大革命中檔案材料問題的補充規定，徹底處理材料問題。否則，以違抗中央指示論處，將受到黨的嚴厲處分。並望各單位的革命組織，革命群眾監督執行。

臨清一中燒黑材料是以班級為單位進行的，大概是因為這些材料一直保存在班「學習毛主席著作中心小組」或隸屬於他們的保衛小組，材料小組成員的手裏。是否所有的班級在夏天那段時間裏都整理並保存了學生的黑材料，我不是很清楚，但多數的班級有。

我們高一二班的真不少，放在桌子上，厚厚的一摞，有十幾公分厚。看層層疊疊的分佈，大概涉及到十幾個同學。我們班學習毛主席著作中心小組以及保衛小組，材料小組成員們成績卓著碩果累累。三分勤奮，七分卑鄙與狠毒。

因為上級明確規定黑材料銷毀之前，內容不得公開，所以只有當初的作者保管者知道其內容，其他同學無從得知底細，包括當事人自己。無論怎樣保密，還是透露出些許內情，從文革開始後的表現甚至面部表情，全班同學基本上能夠分清哪個是被整了黑材料的，哪個是參與整材料的人。高一二班被整了黑材料的除我以外，起碼還有徐恆和、陳玉蓮、邱衍平、張淑珍、邊雙成、俞學東、孫寶忠、董學程、彭春榮等人。

燒毀黑材料的儀式在我們班的教室裏舉行。儀式很簡單，參加的人只有十多個。那摞材料放在桌子上，有人想動手翻閱，立即被喝聲制止。「學習毛主席著作中心小組」裏的劉璋（化名）同學講了幾句開場白，大意是因為革命形勢變化，我們無條件執行中央的指示，連道歉的話都沒有說一個字。分明是說當時整你們是革命的成果，現在燒毀你們的材料也是革命的需要。

因為「成者為王，敗者為寇」的言論被許多同學知道，我成為挨整者裏最被公眾認知的一個。在那樣的場面，便有人提出要我也說幾句話，好像我是挨整者當之無愧的代表。說實在的，我當時內心的確很激動，我說的原話現已無法記起，大意無非是：今天燒毀這些材料，應該感謝毛主席，是他老人家又給了我第二次政治生命。對於過去整過我材料的同學，絕不記恨，搞好革命的團結……

我發言之後，又有幾個被整的同學隨聲附和了幾句。還有一兩個流出了眼淚。其實我的眼淚也沒有完全忍住，只是直接流出來的很少，多數流進了心裏。

隨後，所有的黑材料被當眾付之一炬。

我現在想，那些紙張文字如果還能保存到現在，一定會很有意思，也很有意義。

早在銷毀黑材料之前，我就把我那惹禍的日記本連同夾在其中的十幾枚郵票一同燒掉了，並且決心從此再也不寫什麼日記感想一類的文字了。可惜了我那得之不易的郵票了。

早在北京大串聯的時候，我和盧澤文等人就約定回臨清以後，我們一起成立一個革命組織。

一九六七年春節剛過，我們的組織誕生了，起名為「延安戰鬥隊」。這時學校裏早已山頭林立，革命組織的數量多到新成立組織選擇名稱時都要頗費一番功夫，以免與其他隊伍的名稱重複。許多組織以革命聖地來命名如：「韶山」、「井岡山」，「瑞金」，「遵義」、「婁山關」，包括我們的「延安」。更多的是毛主席詩詞裏的字句「爭朝夕」、「雲水怒」、「全無敵」、「風雷激」、「橘子洲頭」、「縛蒼龍」，還有「紅旗」，「魯迅」、「挺進」等等。有人統計說是有六十多個。

學校裏幾乎能夠辦公的地方，都被一個個組織占領。我們「延安」搶占的辦公地點是物理實驗室。成員基本是一起步行去北京串聯的原班人馬又加入的幾個也都是初中三年級的男女同學，他們全是奔著盧澤文來的，盧作為原來的班長，凝聚力依然有一些。

「延安戰鬥隊」存在的時間僅一個月左右。從學校總務處要來鋼板油印機，主要的工作是刻蠟紙，印傳單。傳單的內容多是流傳的毛主席的最高指示，轉載在北京收集的紅衛兵辦的小報。

「延安」活動期間，沒有政績也沒有罪惡，只是浪費了學校的一些經費。

以後我在自己的人事檔案裏「曾經參加過何種組織」一欄，從來也沒有填寫過「延安」。如今，臨清一中的同學們恐怕沒有幾個人還記得一九六七年初校園裏曾經出現過一個叫「延安」的紅衛兵組織。

作者本人一九六七年春節前的單人照。

一個多月後，「延安」的成員除了我之外，大部分隨同盧澤文一起與「魯迅」、「挺進」等合併到「東方紅」，部分同學成為了革命造反的中堅。

三十一、批鬥縣委書記

臨清縣直接對縣委書記、縣長們的批判，開始於一九六六年末。縣城的大街上，縣委、縣政府大院裏，開始有人張貼大字報、大標語。內容主要是說縣委書記縣長們在工作中執行的是資產階級路線，或者直接說執行的是劉少奇的路線。若涉及工作中的具體問題，多數是說縣委書記們對階級敵人包庇仁慈，被重用的某某幹部有嚴重歷史問題或現行問題等等。

最先給縣委書記們張貼大字報的是一個名叫「紅色聯絡站」的群眾組織。它的全稱大概是「臨清縣紅衛兵革命造反聯絡站」，成立的時間是一九六六年十二月，發起人是臨清一中高三四班的學生丁玉泉等人，參加的有臨清師範，臨清五中（民辦初中）的學生。後來也有一些工廠的工人加入。

一九六七年一月中旬，我從北京串聯回到臨清的時候，丁玉泉同學就已經有了相當的知名度。丁玉泉被稱為司令，大概是起始於這一時期。

紅色聯絡站最初的宗旨是揪夏天在學校鎮壓文化大革命運動的工作組回學校檢查交代錯誤，矛頭主要指向一中的工作組組長，縣委副書記范春明。隨著北京毛主席和中央文革領導小組的令旗擺動，號角的變換，聯絡站的口號逐漸演變成「揭開舊縣委階級鬥爭路線鬥爭蓋子」。

紅色聯絡站的人占據了縣委機關的幾間房子，張貼大字報大標語，直接點名批判縣委縣政府的主要負責人。劉少奇、鄧小平以及省委書記譚啟龍的名字也都出現在大字報大標語上。北京創作印刷的那幅著名的漫畫《百丑圖》就張貼在縣委對面師範學校的磚牆上。這些都是臨清從來沒有過的，甚至是連想都不敢想像的。

紅色聯絡站進駐到縣委大院裏，直接叫陣臨清縣委，自然成了主政臨清官員的眼中釘，肉中刺。一九六七年二月，幾百名自稱貧下中農造反組織的人，突然把紅色聯絡站圍了起來，他們砸毀了紅色聯絡站的牌子，撕毀紅色聯絡站張貼的大字報、大標語，把紅色聯絡站的人驅趕出縣委大院。

關於這些人的來路，隨後有人說是縣委領導調動農民進城鎮壓革命小將。因為發生在二月，有人就把它和北京的「二月逆流」聯繫到一起，說是「二月逆流」在臨清的具體表現。

實際上，這些推斷都是毫無根據的，貧下中農造反組織的行為，很大可能是某個或某幾個區委書記公社書記自發的勤王之舉。

紅色聯絡站雖然被砸，沒有馬上消失，它又存在了一個多月，一直堅持到三月份臨清縣革命委員會成立以後，更洶湧的造反浪潮掀起之日。

臨清的有關檔案資料記載：

> 一九六六年十二月九日，臨清縣召開大會傳達貫徹《中共中央關於抓革命促生產的十條規定（草案）》；十二月十五日，傳達《中共中央關於農村無產階級文化大革命的指示（草案）》。臨清縣各機關、工廠、企業事業單位、街道、農村的群眾都自行組織起來，建立了各種各樣的群眾組織六百多個。在全國性「踢開黨委鬧革命」的浪潮衝擊下，各級領導幹部普遍遭受批鬥。黨員停止了組織生活。全縣形勢混亂，工農業生產受到嚴重影響。

檔案資料中沒有關於紅色聯絡站的記載。在六百多個群眾組織中，紅色聯絡站的旗幟最鮮豔，它的一些做法，開啟了臨清文革中群眾運動的先河，紛紛為其他群眾組織所效仿，可以說它是臨清各行各業群眾組織開展文化大革命的啟蒙先生。

客觀地講，文革開始前全國各地的縣委書記、縣長們，幾乎都是廉潔勤政並聯繫群眾的。工作能力也都是那個時代、那個階層的佼佼者，而且年齡大都在四十歲或五十歲，正是年富力強的年紀。甚至可以毫不誇張地說，他們是那個時代國家的精英。至於他們工作中把絕大部分的精力都用在了抓階級鬥爭，抓一個又一個的政治運動，那也只能說是共產黨中央的指導思想所致。

歷史往往是不公正的。正當這些精英們在為共產黨的事業拼命工作的時候，共產黨的最高領導卻在沒有任何通知，沒打任何招呼的情況下，發動了所謂的無產階級文化大革命。縣委書記們突然無一例外地被推到了風口浪尖上。數年以後，直到文化大革命結束，全國有多少縣委書記、縣長死於非命，或致傷致殘，好像沒有詳實的統計數字，但肯定是比例最高的。我這裏說的縣委書記、縣長們，包括副職。

有研究歷史探討文革起源的人說，這些縣官們一九六二年參加「七千人大會」時曾經跟著劉少奇起哄，影射批評了毛澤東在大躍進時的錯誤，讓毛澤東非常失望，非常反感。毛澤東蓄意發動文化大革命，就是要讓這些縣委書記們和劉少奇一起受到懲罰和報復。這樣直接的因果關係是否成立，還需要更多更詳實的資料證實才能定論。

隨著中央文革在北京不停地搖旗吶喊，臨清縣城裏的文革浪潮也就一浪高過一浪。批判大會一個接一個地召開，縣委書記、縣長們開始在大會上做檢討。

每逢召開批判大會，縣委書記、縣長包括縣委、縣政府的部門負責人，便都集體彎腰站在主席臺上。伴隨著批判發言與呼喊口號，他們會不時地受到嚴厲的訓斥、以及摁頭、戴高帽、掛牌子、「坐噴氣式飛機」（注釋見前一章）各式各樣的粗暴。

群眾組織劃分為兩派以後，對縣委書記們的批鬥也升級成全武行。拳打腳踢，刑訊逼供，皮鞭、棍棒，幾乎成為這些往日的父母官們的家常便飯。

彎腰站在主席臺上被批判時，有的縣委書記、縣長為了表示虛心接受批判，便隨身帶了鋼筆和筆記本做記錄，美其名曰把自己的罪行一五一十地記下來，以便改正。因為彎著腰，只好把筆記本放置在膝蓋上書寫。批鬥大會上發言的人很多，批鬥會的時間很長，彎腰的時間久了，身體很是吃不消。縣委書記、縣長們發現，把記錄罪行的筆記本放到膝蓋上的時候，可以順便把雙手也支撐在膝蓋上，身體多了一個支點，減輕了腰部承受的重量。也許都是無師自通，自己慢慢體會逐步總結出來；也許是互相間交流經驗的結果。反正在批鬥大會上，被批的縣委書記、縣長們無一例外的都把雙手支撐在膝蓋上做記錄。

人真是聰明的動物，什麼狀況下都能開動腦子改善自己的處境。納粹集中營裏也會有各樣的發明與創造。臨清縣委書記、縣長們被批鬥沒有留下照片資料，幾乎也沒有文字記載。

三十二、三三奪權

一九六七年上海一月風暴之後，上海市人民公社宣告成立。二月，根據毛主席的指示，上海市人民公社正式定名為上海市革命委員會，張春橋任主任，姚文元、徐景賢、王洪文等任副主任。

一九六七年二月三日，以王效禹為首的山東造反派在省體育場聚集十萬人開奪權大會，聲稱奪了中共山東省委、省人委的黨政財文大權，並宣布成立山東省無產階級革命造反派大聯合革命委員會，接管山東省委、省政府的黨、政、財、文等一切權力，時稱二三奪權。

山東是繼上海、黑龍江之後，全國第三個被造反組織奪權的省。從此，山東文化大革命進入奪權高潮。至三月，全省上下近十萬個單位展開奪權，各級黨政機關、各個單位陷入癱瘓和混亂。

和上海、黑龍江、山東相呼應並搶得先機的還有貴州省和山西省。張春橋榮登上海市最高職務寶座的來龍去脈，世人皆知。

黑龍江位坐首席的是省委書記潘復生；

山東省革命委員會的主任王效禹原本是青島市一名行政十一級的副市長；

貴州省革命委員會的一把手是省軍區的副政委李再含；

山西奪得帥印的是副省長劉格平。

潘、王、李，劉，四個職務出身皆不相同，除潘以外，其他三位都是省內的二、三、四流人物，突然間成為紅得發紫的封疆大吏，當時就有走中央文革後門之說。一九四七年，康生在山東渤海區搞土改殺人的時候，王力、關峰、王效禹、劉格平都曾在其手下效力。二十年後重新聚首，如此重要的人事安排，竟然需要這樣運作，毛主席他老人家的文革事業，頗有失道者寡助的味道。

王效禹一九一四年生，山東省青州市（原益都縣）人。曾用名趙堯卿。一九三八年加入中國共產黨，一九四〇年任渤海區委幹部科科長，當時的渤海區委書記由中共山東局書記康生兼任，王和康生一起搞過土改。王效禹一九五四年任山東省人民檢察院副檢察長、黨組副書記。一九五九年反右補課，被打成右派，降職為山東德州國棉一廠副廠長。一九六五年六月恢復黨籍、職務，任青島市副市長。

文化大革命開始後，王效禹夥同康生（真實姓氏是張）的兒子張子石在青島造反，奪了青島市委的權。山東省革命委員會成立後，王效禹被任命為山東省革命委員會主任、省革委黨的核心小組組長、濟南軍區第一政委、山東省軍區第一政委。四個顯赫的職務，使得王效禹在當時享有「四個第一」之譽。因為有康生的引薦，毛澤東多次召見王效禹。毛主席稱王效禹是武昌首義時的黎元洪。

王效禹顯然是中央文革權貴們在山東的一顆棋子。一九六九年「九大」後王效禹當上了中央委員、中央軍委委員，兩年後被撤銷一切職務。一九七九年二月被開除黨籍，一九九五年病逝於家鄉山東青州。他在文革期間的崛起跌倒的時間節奏與中央文革里的二流權貴王力、關鋒、戚本禹們幾乎完全一致。

臨清縣的革命委員會是一九六七年三月二十三日成立的，所以被稱為三二三奪權。

按照「三結合」的原則，臨清縣革委由三十三人組成，臨發（67）第一號文件公布的名單如下：

張靜軒、王躍先、楚保元、劉之忱、司振東、焦興魯、邱明禮、王景恩、王明順、馬清晨、殷瑞征、胡順之、李福田、王尚相、韓炳坤、于順剛、丁文才、李振學、劉印軒、劉同太、周廣潤、于士安、侯尚儉、周海泉、馬宗超、錢德海、顧洪文、張榮楷、張桂生、杜進交、張東海、陳懷之、郝海文三十三人任委員。其中軍隊代表六人；幹部代表十人；群眾代表十七人。

主任委員：張靜軒；

副主任委員：劉之忱、司振東、王躍先、丁文才；

山东省临清县革命委员会文件

临发（67）第1号

关于公布临清县
革命委員会成員名单的通知

临清县革命委員会共由三十三人組成，为便于工作联系，现将革命委員会名单公布如下：

张靜軒、王耀先、楚保元、刘之忱、司振东、焦兴鲁、邱明祇、王景恩、王明順、马清晨、殷瑞征、胡順之、李福田、王尚相、韓炳坤、于順刚、丁文才、李振学、刘印軒、刘同太、周广潤、于士安、侯尚俭、周海泉、马宗超、錢德海、顧洪文、张荣楷、张桂生、杜进交、张东海、陈怀之、郝海文。

常委：

张靜軒、刘之忱、司振东、王耀先、楚保元、焦兴鲁、马清晨、殷瑞征、丁文才、刘印軒、周广潤、侯尚俭、张荣楷、张桂生、陈怀之。

主任委員：张靜軒

副主任委員：刘之忱、司振东、王耀先、丁文才

山东省临清县革命委員会
一九六七年三月二十四日

臨清縣革命委員會成立後下達的第一號文件。（資料來自臨清市檔案館）

常委十五人：張靜軒、劉之忱、司振東、王耀先、楚保元、焦興魯、馬清晨、殷瑞征、丁文才、劉印軒、周廣潤、侯尚儉、張榮楷、張桂生、陳懷之。

所謂「三結合」，就是解放軍、領導幹部、革命群眾三結合，是毛主席制定的建立革命委員會的基本方針。

臨清縣革命委員會的三十三名成員中，原縣委第一書記劉之忱、縣長司振東、副縣長王明順屬於革命幹部的代表。

臨清縣武裝部長張靜軒與駐軍政委王躍先屬於解放軍代表。

武裝部本來只是負責徵集新兵，安置退役人員，訓練基層民兵的事情。張部長的職務級別雖也是正職縣團級，但基本上是個閒差。文化大革命波濤驟起，軍隊開始介入各級政權，張部長走上了支左的第一線，接過了臨清縣革命委員會主任的重擔。

解放軍代表中還有武裝部楚副部長；武裝部政治處主任焦興魯；武裝部參謀王景恩等人。

縣革委副主任丁文才，入閣前是縣共青團委員會的幹事，屬於革命群眾的代表，是革命群眾代表中職務最高的人。

縣革委三十三名委員中的群眾代表還有：

縣革委常委劉備（化名），原縣委的工作人員；

縣革委常委魏延（化名），某學校的學生。

縣革委常委張翼德（化名），某工廠的職工；

縣革委委員郝海文，臨清一中學生；

其中三人之所以匿《三國》人物之名，蓋因他們在那幾年裏做出了許多惡事壞事，只好暫且讓古人替他們擔當此罪名。

上述諸人，後面的敘說都還要涉及，暫先羅列於此。

三月二十三日這天，一萬五千多革命群眾和解放軍駐臨清的部隊一起在大眾公園舉行了奪權誓師大會。大會以縣革委的名義發出了《給毛主席的致敬電》，《告全縣人民書》和《第一號通告》。《通告》宣稱：自即日起，前中共臨清縣委、縣人民委員會（政府）的黨、政、財、文大權全部歸臨清縣革命委員會所有。

奪權之前，二月二十八日，在工人文化宮劇場召開大會，縣委書記、副書記，縣長、副縣長都站在主席臺上輪流向革命群眾檢查自己的錯誤，是謂亮相會。錯誤小或者說罪惡比較輕的，將做為革命領導幹部結合進革命委員會。這樣的形式很像二十多年後的競爭上崗。

亮相的結果是縣委第一書記劉之忱，縣長司振東，副縣長王明順被選拔為革命幹部。其他三個副書記：車一民、范春明、王英傑，兩個副縣長：許福增、田俊余則繼續擔綱走資本主義道路當權派的角色。選拔的決定權在武裝部手裏，哪個入圍，哪個出局基本都是奉命組閣的張部長說了算。

奪權之前，我父親任縣委辦公室的幹事，為縣委書記們寫發言稿，寫總結，寫彙報材料；奪權後，他的工作沒有變化，繼續加班加點爬格子寫材料，上面所提到奪權大會上宣讀的三個重要文告，都是出自原縣委辦公室幾個筆桿子：邢希梅、閻廷琛和我父親之手。原先的縣委辦公室改名為縣革命委員會辦公室，父親從縣委辦公室的幹事變成了縣革委的辦事員。

臨清縣革委奪權，雖是革命群眾的革命行為，卻也需要上級，也就是新成立的聊城地區革命委員會以及聊城軍分區領導的批准。張部長奉命組閣，遇到的第一個難題是如何把原來的縣委第一書記劉之忱與縣長司振東兩個黨政的正職都結合到革命委員會裏來。當時就有劉、司二人原本在壽張縣（大躍進時以搞浮誇聞名全國，後建制被取消，其地域包括現在山東陽穀縣與河南臺前縣的一部分）工作時曾與張部長一同共過事的議論，據說三人當年相處得很不錯。

縣革命委員會成立前不久，張靜軒部長信步走到原縣政府的一間辦公室，幾個工作人員趕緊起立。張部長便和他們閒聊起來。交談中張部長好像漫不經心地問：

「你們認為司振東這個人怎麼樣啊？」

大家一時不清楚部長大人的意圖，有人隨意地用當時評價當權派的話語說：

「作為縣長，司振東工作中執行的是資產階級路線。」

張部長聽後，稍事沉默，對屋子裏的人說：

「老司這個人我瞭解，是個老實人。」

眾人方才明瞭張部長的心意。

張部長為人厚道，司縣長也的確為人老實，革命運動的關鍵時刻拉老實的昔日朋友一把，也算情理之中的事。

劉之忱是四清之後才到臨清工作的，威望還在上升期，作為革命領導幹部的代表入圍革命委員會也無可厚非。只是既然是奪取舊縣委舊人委的權，再把舊縣委舊人委的兩個代表人物，兩個一把手都結合到新成立的政權機構裏面來，從道理上有些講不通。據說聊城地區其他七個縣。乃至整個山東省，都沒有黨政兩個一把手同時被解放，同時都結合到新權力機構中來的先例。

打給聊城地區革命委員會、及聊城軍分區關於建立臨清縣革命委員會的請示報告，也是縣委辦公室完成的，起草人是我的父親。報告中的一個重要內容，是如何闡述縣委第一書記劉之忱；縣長司振東執行的都是毛主席的革命路線，工作中的錯誤比較小，可以作為革命領導幹部的代表被結合到新建立的紅色政權裏來。

報告寫完，我父親讀給張靜軒部長聽，部長還算滿意。

這裏需要說明的是張部長文化程度不高，讀寫都不是十分流暢。給他撰寫的講話稿，需要盡量使用通俗的語言，字體要大，不能連筆草書，要一筆一畫工工整整才行。比較生僻的詞字，要在後面注明與讀音相似的白字。

張部長去聊城地區革命委員會、軍分區彙報的時候，要我父親陪他一同前往。吉普車行駛在剛剛鋪成了瀝青路面的聊臨公路上，一路上張部長沉默不語，低頭想著心事。待到臨要面見地區領導之前，張部長突然提出要我父親代他彙報，並再三對我父親進行了陣前鼓勵。

我父親一時不理解張部長的用意，只好聽從命令服從指揮，彙報的時候照本宣科，把事先寫好關於成立臨清縣革命委員會的請示報告向在場的領導讀了一遍，彙報的程序就算完成。快事快辦，聊城地區革命委員會和軍分區首腦很快就批覆了下來。臨清縣革命委員會按照張部長的組閣方案，如期成立了。

父親完成了如此重要的一項工作，深受張部長的賞識。從那以後，張靜軒部長對父親信任有加，多次安排

拍攝於一九六六年八月一日的這幅照片，是臨清縣委十個比較要好的同事為歡迎在聊城工作的關保生（前右二，我未來的岳父）回臨清探望時拍攝的。從照片中還絲毫看不出一點兒文化大革命的影響，一年後可就完全是另外的一番天地了。

除我父親（中排左一）外，照片中還有五個人在本書中涉及到：范貴（前排右一；第九章、第十一章）、張銀旭（中排右一；第九章、第十一章）；閻廷琛（後排左一；第九章）；李書堂（後排右二；第四章、第九章、第十一章）；張佃福（後右一；第八章）。

父親承擔重要的任務。我父親也沒有辜負張部長的信任，不僅一如既往地加班加點任勞任怨，而且多次不顧自己的安危，擔當衝鋒隊員和革命中堅的職責。

和全國的文化大革命的跌宕起伏一樣，臨清縣革委成立以後，演出的是一場文唱武打，陰謀陽謀全都齊全的多幕戲劇，有時候並不缺少血雨腥風，場面確實嚇人。這些都是後話，下面我將有選擇地慢慢道來，很多都是讀者們聞所未聞的故事。

到一九八三年清算文革舊帳考核幹部的時候，張靜軒部長為我父親出具了一份證明材料，其中有如下的內容：

> 該同志在文革初期沒有參加奪權，在奪權後建立的革命委員會中沒有任職。但我們對他的信任程度與使用都超過了那些職務比他高的人。

張部長文革結束後的這份證明材料，應該說基本上是實事求是的。

革命領導幹部的人選敲定之後，還要遴選革命群眾代表。家庭出身，政治面貌，運動中的表現，這些條件自然都要符合，工人與貧下中農的代表都是這樣挑選出來的。

一九六七年初，臨清縣委機關的工作人員也成立了幾個群眾組織，多是一個或幾個部門的人自行聯絡到一起，組織形式鬆散，並沒有多少革命活動，大家該幹什麼還幹什麼。縣革委成立的時候，要從縣委的群眾組織裏推選幾名代表進入縣革委的班子，推選的辦法是無記名投票，最終被推選出來的有范貴等四五個人，其中還有我的父親。

到了張部長正式組閣的時候，縣委機關群眾推舉入選縣革命委員會的幾個人，包括范貴全部落空。其中的玄機，完全在武裝部政治處政工幹事張松（化名）的身上。張幹事原本就在縣委工作，後來改變身份成為軍人，調去了縣武裝部。張靜軒部長臨危受命，倉促組閣，因為不熟悉縣委機關的人事，心中全然無數，只好聽從於張松幹事。

至於張幹事所薦之人能否勝任，是否對新建立的紅色政權忠心耿耿，張松是否借機提攜私交故舊，倉促之中，張靜軒部長也就顧不得那許多了。

范貴雖然只是一名普通的機關幹部，群眾推舉後卻被張部長放棄，心中的憤憤不平促使他後來加入了與革命委員會對立的派別。或許范大叔之所以選擇對立派別，根本不是這等原因，只是我以小人之心揣摩了君子之腹。

我父親對張松他們這樣拿不上檯面的私下運作，也有不公的感覺，曾經私下在家裏嘀咕過不滿情緒。但他一是沒有把群眾的推薦當成多大的事；二是組織觀念強，服從領導的意識濃厚。父親的選擇只有一個，那就是繼續為領導們任勞任怨地工作。

被列入新的權力機構，縣革命委員會裏紅衛兵代表的人選，也出乎一中所有紅衛兵的預料，臨清一中高三年級的郝海文成了縣革命委員會的委員。名氣大他許多的丁玉泉、尚艾華、徐德龍、宋來泉等，卻都榜上無名。

丁司令大概是其在紅色聯絡站造反時的做派，讓當權者們難以接受。郝海文給人的印象要沉穩老練一些，家庭出身自然也是無可挑剔。

三十三、炮轟與捍衛

臨清縣革命委員會成立後不到十天，山東省就開始了所謂的「反逆流」。

一九六七年四月二日，山東省革命委員會第三次會議通過了《放手發動群眾，徹底粉碎階級敵人的反革命復辟陰謀——關於我省文化大革命的形勢和任務的決議》。

按說山東省下轄的各級革命委員會，都應該是山東省革命委員會的下屬，省革委為什麼要發動一場推翻自己下屬的運動呢？文化大革命的複雜性就在這裏，一切都不遵照常規，都不會符合常理。

在毛主席的直接指揮下，中央文革的陰謀家們費盡心機地調動挑唆，一九六七年全國各個省市地區的人民群眾，無不分成了勢不兩立的兩派組織，先文鬥後武鬥，然後武鬥逐步升級。其他省市兩派分割的背景我不十分清楚，但像山東省這樣，省革委發動群眾來反對自己下屬的各級革命委員會，從下到上地進行「反逆流」，大概也是為數不多的。

山東各地區各縣的革命委員會都是在軍隊的介入扶植下建立的，濟南軍區，山東省軍區，各軍分區，各級武裝部，整個軍隊系統無不支持每一個級別的革命委員會。軍隊的全面強勢介入，使得省革委，也就是王效禹主任大權旁落，濟南軍區與山東省革命委員會勢必分歧日重，直至分道揚鑣。所以濟南軍區司令員楊得志（介入地方的文革，他擔任山東省革命委員會副主任）與王效禹主任不合的小道消息在齊魯大地廣為流傳。

臨清的兩派，是以對待縣革命委員會的態度來劃分的：支持縣革委的一派叫捍衛派；反對縣革委的一派叫炮轟派。所謂炮轟，是因為其最有代表性的一句口號：「炮轟縣革委，砸爛『三湊合』！」而來。炮轟派把「三結合」貶低為「三湊合」，頗為機智幽默。

參加捍衛派的多是靠近原來的黨組織，靠近原來的當權派，奪權後又依然與進入了革委會的人關係密切的所謂群眾。這些人多數是共產黨員，共青團員，家庭出身比較好，接近官方立場。

與捍衛派相反，炮轟派的在野色彩比較濃，許多是在本單位失勢受排擠或曾經受過某種迫害的人。

當然也不全是這樣，有些人選擇捍衛還是炮轟並不是因為自己的身份或社會背景，投身其中的原因或許有些偶然：張三李四同在一個單位，如果兩人關係親密，張三李四就會選擇同一個觀點；相反，如果二人關係對立，張三捍衛，李四就會炮轟；張三炮轟，李四就會去捍衛。

這樣選擇的結果，會出現一家人的兄弟姐妹，甚至父子母女夫妻所參加的群眾組織分別隸屬在不同陣營之下。家庭內部雖然還在一張桌子上吃飯，一榻床鋪上睡覺，說起話來若涉及到炮轟捍衛，立刻就會掀翻桌子，辯論一場。至於因此而拆毀床鋪另覓它處下榻，直至離婚甚至家庭解體者倒還沒有聽說過。

捍衛派最初人多勢眾，被俗稱為「老大」；那炮轟派則被稱為「老二」。街頭巷尾，親戚朋友交談詢問往往會說：「某某是『老大』呀，還是『老二』呀？」

兩派辯論的時候，炮轟派稱捍衛派為「老保」，保皇的角色在所有的革命鬥爭中都是貶義的；捍衛派則把炮轟派稱為「老二」。「老二」在北方的語言中可以有很多理解，所有的意指幾乎都是貶義甚至低下的。

後來臨清的炮轟派逐漸壯大，從炮轟派裏又拉了出來一個名為「大批判辦公室」的山頭，領頭的是機床附件廠的丁立業；縫紉機零件廠的陳維成，還有部分一中的學生。對這些人，民間給他們的簡稱是「老三」。大哥、二哥、三哥，充滿臨清人的聰明與情趣。

若干年後，有南京的朋友告訴我：江蘇省在文革中，一派說「革命委員會就是好」，因此被簡稱為「好派」；另一派說：「好個屁！」所以被簡稱為「屁派」。與臨清人稱謂兩派的水平對比，江南才子們的頭腦裏更具備藝術與幽默細胞。

因為山東省革命委員會的主任王效禹支持各個地區縣市的炮轟派，所以省裏的捍衛派與地方上的炮轟派沆瀣一氣；省裏的炮轟派卻與地方上的捍衛派是一丘之貉。這繞口令似的關聯，是齊魯大地在文化大革命中演出的一出具有區域特色的地方劇。

山東省革命委員會成立以後，山東就逐漸形成了三套行政指揮系統：

一套系統是：省革委——地區革委——縣革委——各單位的革委。因為「反逆流」，省革委對下面的指揮失靈；一些基層單位的革委癱瘓。這套系統的行政功能部分阻斷或全部阻斷，或僅僅局限在指揮生產上。

二套系統是楊得志為司令員，袁升平為政委的濟南軍區——山東省軍區——各軍分區——縣武裝部——區和公社武裝部——民兵連長。因為軍隊介入地方的文化大革命，軍隊的指揮系統對各級革命委員會，對兩派力量的變化發揮著決定性的作用。

三套系統是：省革命委員會主任王效禹——省革委支持的群眾組織——群眾組織指派的濟南在校的大學生——各地區各縣的炮轟派，省城有些大學生深入到縣城的工廠學校，直接指揮策劃各地炮轟派的活動。

也有濟南大專院校的學生陸續滲透到臨清的工廠學校。這些人效仿當年毛澤東劉少奇去安源傳播革命火種時的做派，帶著省革委王效禹主任及其手下的旨意，為王主任招兵買馬。

他們在一中和小學弟們一起睡大通鋪，在工廠裏和工人同吃同住同勞動，用各種各樣的正式消息或小道消息，鼓舞炮轟派的信心，有時甚至具體參與策劃某一次革命行動的詳細步驟。

他們中間，一個叫徐庶（化名）的山東師範學院的學生貢獻最大。徐庶同學的家就在臨清白布巷，父親是臨清縣糧食局職工，是支援「小三線」時從青島調到臨清工作的。徐同學熟悉臨清的情況，感情上也投入。這些與共產黨鬧革命初期，派一名共產黨員回家鄉發動農民，發動武裝起義，開展武裝鬥爭的模式一樣。和革命先輩們當年的地下活動相似之處是徐同學的保密工作做得也非常好。他在臨清機床附件廠深入生活一年多的時間，捍衛派裏都沒有人知道他的存在，更沒有人知道他在炮轟派崛起中所發揮的作用。

三年之後，徐同學分配工作到聊城梁水鎮中學當教師，那正是捍衛派取得了全面的勝利，到處搜尋抓捕炮轟派骨幹的時候，如果他的真實身份曝了光，臨清的掌權者一定不會放過距離臨清咫尺之遙的他。據說恢復高考後徐庶同學考取了某個大學的研究生，最後工作生活的城市是青島。

因為有省革委和王效禹主任的支持，臨清縣炮轟派的羽翼漸豐。雖然人數上沒有捍衛派多，但炮轟派機動靈活，單兵戰鬥力強。一九六七年夏天臨清兩派激烈交鋒時，炮轟派主動進攻，捍衛派退卻防守，直至被炮轟派驅趕出臨清城。

和全國各省各地一樣，臨清的兩派鬥爭幾乎貫穿了文化大革命的全過程。此上彼下你進我出幾經反覆，文攻武衛陰謀陽謀悉數使出，個人恩怨身家性命摻雜其間，真槍真刀殺殺打打，整個臨清城被攪得天昏地暗血雨腥風。

三十四、「東方紅」

臨清兩派形成以後，臨清一中的學生，絕大多數加入了炮轟的行列。究其原因，或許是因為被選做縣革委委員的郝海文代表性影響力號召力不強；或許是一中的學生造反熱情高漲，容易接受來自省城的資訊與觀念。

炮轟派的一中學生又分成了兩個組織：一個是「東方紅」；另一個是「井岡山」。

臨清一中學生中，「東方紅」的成員最多，差不多占全校學生的五分之三。「東方紅」最初由「魯迅」、「挺進」等十幾個小組織聯合而成，包括我參加組建的「延安」。

「東方紅」最強盛時有五百多人馬，首領是丁玉泉、徐耀宗、田義功、王澤國、王保成，同學們稱之為五大領袖。

丁玉泉是一中最早給學校領導張貼大字報的「五條龍」之首，是「紅色聯絡站」的發起人，加之個人的魅力，成為「東方紅」的司令當之無愧，眾望所歸。「東方紅」在丁司令的領導下，成為臨清炮轟陣營裏最重要的力量。丁司令的名聲響遍臨清縣的城鄉。丁司令是臨清文化大革命中最重要的人物，有關他的命運結局，本書第十一章裏還有比較詳盡的敘說。

徐耀宗，一中高三三班學生，臨清城南賈牌村人，他思維與做事均周密，是「東方紅」的智囊，據說「東方紅」的行動策略，多是出自徐同學的謀劃。以至於四十年後的聚會上，丁玉泉向我介紹徐耀宗的時候說：

「老徐，那個時候是我的參謀長。」

徐耀宗離開學校後回鄉務農，一九七七年恢復高考後考入德州師範專科學校，畢業後做某學校的教員，再後做教導主任，直至退休。

田義功，一中高三一班學生，河南臺前人。文革前任一中學生會幹部，在學生中很有名望。離開學校後參軍入伍去了西南邊陲，後來的軍階為中將，是臨清一中去軍隊發展的老三屆學生中軍階職務最高者。

王澤國，高三一班。他的結局是臨清一中同學中最慘烈的，也放到第十一章裏去敘說。

王保成，高二二班，冠縣人，身材不高，粗壯結實。離開學校後回鄉務農；恢復高考後考入大學，擔任冠縣一中校長期間因車禍離世。

「東方紅」總部下面設立了五個大隊，一個尖刀連，另外還設了一些辦事機構，如材料組、後勤組、聯絡部等部門。

尖刀連，顧名思義是擔任衝鋒陷陣任務的精兵強將，由高三二班的李樹英任連長，高三四班的馮文精任指導員。

擔任一大隊大隊長的是高一四班的方迎水，其他大隊的大隊長記不清名字了。

尖刀連下面還有排、班；大隊下面還有小隊、小組之類的組織。「東方紅」是臨清炮轟派中戰鬥力最強的紅衛兵組織，也是一支最讓捍衛派畏懼的隊伍。

「東方紅」的同學多數家在農村，很難搞到當時最為流行的綠顏色的衣服和綠色黃色的軍帽。列隊去大街上活動，黑色的棉襖、灰色的褂子、藍色的帽子、軍容顯得有些不整。

臨清一中教師中支持炮轟的有語文教師王玉任、物理教師蔡凱、化學教師馬家駿等。

三十五、「井岡山」

「井岡山」也是臨清一中炮轟派的學生組織，它由「紅旗」等幾個小組織聯合而成，人數最多時期，達到一百二十三人。「井岡山」後來加入紅衛兵山東指揮部（簡稱「紅山指」），其領袖王竹泉任山東省革命委員會副主任）。

「井岡山」也有五大領袖，他們是：尚艾華、徐德龍、宋來泉、楊清江、趙榮金。據非官方考證，設置五大領袖的淵源，來自對中國共產黨「七大」後五大常委的模仿。五大常委指揮著千軍萬馬，完成三大戰役，一舉打敗了蔣介石，占領了全國，那是一個波瀾壯闊的年代。

尚艾華，一中高二二班學生，一九六八年進化肥廠當工人，臨清縣革命委員會改組後任縣革委常委。期間，聊城地區革命委員會選中了他，作為全地區紅衛兵的代表，被任命為地區革委會副主任，成為聊城地區八個縣任職最高的群眾代表。不知道什麼原因，這個任命的書面文件形成後，沒有對外發布。若干年後，有臨清一中的同學，去聊城地委檔案室查閱文件，親眼目睹過這份沒有對外公布的任命狀。

一九六九年毛主席親自審閱的「批示十條」下達後，尚同學被隔離審查；「南郊會議」（見後文）後，他曾經擔任臨清縣工會主席；文革結束後，又回到化肥廠當工人。

徐德龍，高三三班學生，河北臨西縣人。一九六六年夏天和丁玉泉一起寫大字報的「五條龍」之一。一九六八年後回鄉務農，做代課教師，後來轉為正式的教師，再後到臨西縣教育局工作。

宋來泉，高三三班學生，「五條龍」之一。一九六九年炮轟派失敗後，曾被關進「全日制學習班」審查，回鄉務農後自學醫術，成為赤腳醫生，後來擔任公社衛生院院長，再後來行走於華東華北各地推銷藥品。

楊清江，高二三班學生，青島人，離開學校後分配工作去東阿縣某小工廠，後辭職回臨清在一街道工廠工作，並成為負責人。很多年以後，街道工廠成了民營企業。

趙榮金，高一一班學生，冠縣人，離開學校後回鄉務農，後在冠縣農業局任職。

「井岡山」誕生前，一中校園裏有一些女生脫穎而出，她們的共同特徵是：

長相不錯，擅長文藝，語言表達能力強且音質優美，面對面辯論，一個人能頂三五個；

家住在城裏，有條件製備綠軍裝、寬皮帶和綠軍帽。軍帽下兩把一寸長的短髮，使自己顯得動作瀟灑身姿威武；

家庭出身或多或少都有問題，「唯成份論」壓抑過後，革命的熱情噴薄而出。

其中最突出的五個女同學被全校同學稱為「五大瘋」。

文化大革命中全國各地，特別是北京的紅衛兵隊伍裏也都湧現出來很多這樣的靚女。「五大瘋」的稱呼並沒有多少貶義，甚至可以說是對她們革命熱情的贊譽。這五個靚女既是文藝演出的骨幹，又是面對面辯論的尖兵。

後來「五大瘋」多數加入了「井岡山」。「井岡山」的隊伍因此而亮麗許多。

一九六八年，臨清一中的「井岡山」與機床附件廠、縫紉機零件廠的工人組織聯合組成「大批判辦公室」，在臨清文化大革命的政治格局中，形成一股第三勢力。以至於民間通俗的稱謂才湊齊了「老大」、「老二」、「老三」之說。這樣的運作，增加了「井岡山」的分量，這大概就是「井岡山」的首領尚艾華被破格選為聊城地區革命委員會副主任的背景原因。

37年之後（二○○四年）作者和丁金華（中）張善欣（右）三個鐵哥們在泰山之巔。

一九六九年捍衛派勝利後，「井岡山」的人馬並沒有受到優待。尚艾華、宋來泉被審查，一些成員被刑訊毆打。待遇與「東方紅」的戰友們相同。

三十六、七一造反兵團

臨清一中的學生並不全都是炮轟派，也有二三十號人加入了捍衛的隊伍。一中捍衛派的紅衛兵組織叫七一造反兵團。名稱的由來是因為兵團正式成立的日期是一九六七年七月一日，中國共產黨的誕生紀念日。之前，它曾有一個名稱：毛澤東思想紅衛兵造反團。

臨清一中是炮轟派的大本營，七一造反兵團根本無法與「東方紅」、「井岡山」抗衡，只能選擇在學校外面紮營。七一造反兵團辦公的地點選擇在中型棉花加工廠。

中型棉花加工廠位於臨清縣城的中部，臨清人都習慣稱之為「中型廠」。它的面積大，院牆高，炮轟捍衛武力較量期間，成為捍衛派盤踞的老巢。

七一造反兵團二三十號人，包括我們高一二班丁金華、張善欣、梁躍進和我四個。從那開始，我和丁金華、張善欣一天到晚都攪在一起。

張善欣我們兩家相距不遠，他有一輛自行車，去一中，去七一兵團總部，去人多的地方看大字報，都是他用自行車帶著我。我和丁金華、張善欣三人自那成為鐵哥們，友情一直持續至老年。

七一造反兵團的負責人，我不記得有過什麼推選程序，幾個相當於頭領的人是郝海文、丁金華、孫長江。這三個同學都有些來歷：郝海文是縣革命委員會委員，文革初期一中學生的「五條龍」之一；丁金華在紅色聯絡站時期號稱「二丁」，幾乎與「東方紅」的丁司令齊名；孫長江是臨清一中官辦「籌委會」的副主任。

七一造反兵團普通成員多是機關幹部的子女、親屬。王建華的父親在公安局工作；梁躍進的哥哥是武裝部的參謀……。因為這個，炮轟派同學們戲稱我們為八旗子弟。我對八旗子弟的稱謂非常反感。

我選擇了臨清一中學生組織的少數派，加入了七一造反兵團的確是因為父親的影響。父親在縣革委工作，並且是捍衛派的骨幹，我不可能再有另外的選擇。也是因為受父親的影響，那一時期，我的確信奉捍衛派的觀點，是堅決反對山東省革命委員會王效禹主任的。

七一造反兵團成立以後，有旗幟，有袖標，有印章，有油印機，有漿糊桶，但沒有開展多少革命活動。我只參加過一次集體出動：五六個人到大街上張貼大字報，半路上遇到了一中「東方紅」的同學，雙方發生了十幾分鐘的口頭衝突。我和張善欣同學三五天去中型廠一次，兵團辦公室裏只有三兩個書寫大字報的人。

中型廠有幾個大號的消防用水池，十幾米長，五米左右寬，兩米深。六七月份，天氣炎熱，跳進水池裏洗澡游泳再好不過。初中一年級的王建華、陳耀華都喜好游泳戲水，我們仨湊到一起，一定要在水池裏玩個不亦樂乎。

炮轟捍衛兩派鬥爭最激烈的時候，七一造反兵團也沒有和「東方紅」、「井岡山」發生武力衝突，甚至有幾個七一造反兵團的成員一直住宿在校園裏。一來雙方力量實在是懸殊，二來同學之間鋼刀歸鋼刀，情誼歸情誼，臨清一中頗有黃埔軍校之風，完全不像一河之隔的臨西中學，兩派武鬥中，他們學校先後有三個學生被打死。

需要留下文字記載的是：「東方紅」和「井岡山」的同學在炮轟、捍衛兩派激烈較量的兩年多的時間裏，沒有對七一造反兵團的同學動手動腳。兩年後，捍衛派勝利了，七一造反兵團中有一位程普（化名）同學卻積極參與對炮轟派的報復，多次對「東方紅」和「井岡山」的同學拳打腳踢，下手兇狠。程同學的做法為臨清一中多數同學所不齒。我做為七一造反兵團的一員，也為此感到齒寒。

一九六七年八月，中型廠的堡壘被炮轟派摧毀，七一造反兵團自消自滅，再也沒有活動，實際存在的時間僅一個月稍多。

臨清一中支持七一造反兵團的教師有政治課教師賈連城、語文教師周世顯等。

三十七、脫坯

一九六七年整個夏天，我都幾乎沒有多少事可做。七一造反兵團駐紮在中型廠的一個多月，我也是三天打魚兩天曬網，如去公園散步一般。

我已經十七周歲了，因為前幾年的饑餓，我的身體還沒有開始青春期的發育，身高才一米五十稍多，身體還很瘦弱。我瘦弱的身體內，青春也已經開始騷動。翻閱《水滸》，看到楊雄的妻子潘巧雲與和尚裴如海苟且那段；看《創業史》（作者柳青），富農姚士傑跳進磨坊寵幸妻子表妹素芬的情節，竟然讓我的下身開始有勃起的衝動。這樣稍事淫亂的情節，是我那時能夠閱讀到的最帶色情的文字。

青春的騷動，沒有驅使瘦弱的我去設法接近某個女同學。我排解熱流的方法是讓身體進行高強度的運動。我相信運動能使我的身體強壯起來。

臨清一中初一年級有個王平同學，他是否也是因為青春騷動的原因我沒有考證，他運動身體的方式是每天玩八個小時的籃球。烈日當空或寒風凜冽，他都奔跑跳躍在籃球場上。沒有玩伴，他一個人照常苦練不誤。一年多的時間，身高一米七的王平同學便成了縣籃球隊的主力成員。

我沒有玩籃球的身體條件，即便有，我那時能支配的人民幣也買不起一顆籃球。我讓身體運動起來的選擇是找一份小工幹，不僅能讓身體高強度地運動，還能有一些經濟收入。精神和物質雙豐收的設想，也許是上中農遺傳基因影響下的產物。

文化大革命如火如荼，臨清炮轟捍衛兩派正在醞釀著你死我活的決鬥。沒有人張羅著蓋房子，甚至房子壞了也沒有人修。我去曾經幹過小工的地方打探，認識的一些老臨時工都找不到活兒幹，不可能有人有單位會雇傭我。

我們家南邊不遠就是二閘口橋。二閘口橋東首有幾戶經營劈柴的市民。正對橋頭的那家姓楊，或者董，或者林。那家的主人臉上有幾粒淺淺的麻子，姑且稱呼他麻子老楊吧。

麻子老楊他們加工劈柴的原料主要是樹根。楊樹柳樹榆樹槐樹，樹幹被砍伐後，埋在土裏的樹根會有人挖掘出來賣給他們。他們把樹根鋸斷劈開，加工成胳膊粗細的劈柴，或作燒柴或作燒製木炭的原料出售。

有的樹根很粗，直徑半米或更多，尤其是榆樹和槐樹的根，很難劈解。那時沒有電鋸，完全靠雙手和幾樣簡單的工具，把樹根加工成劈柴是一項勞動強度非常大的活兒，身體非得強壯不可，麻子老楊就很強壯。

麻子老楊劈樹根使用兩種特製的工具，如果你熟悉舊式木匠的工具箱，瞭解麻子老楊的兩種工具就會容易些。麻子老楊手中揮舞的是一柄長斧，斧頭重五公斤或六公斤，一端是鋒利的斧刃，一端的功能是大錘，木柄很長，用力掄起來，重力加速度，夯擊的力量很大；另一種工具大該是為劈樹根專門設計製作的，它的一端如木匠錛子的刃，一端如木匠鑿子的柄，如果稱這種工具為契，既文雅又貼切。契有胳膊粗細，最韌的槐木做成柄，柄的頂端裹著堅實的鐵箍。

麻子老楊和他的同行劈開樹根的工藝，基本上是先用斧刃在樹根上砍開一道縫隙，把契插進縫隙裏，然後掄起斧頭，用錘頭的那一端狠狠地敲擊契的柄。樹根上的縫隙逐漸擴大，再插進去另一個更粗的契。三五個契插進去，再粗再韌的樹根也會一分為二地裂開。

斧頭擊打在契上的力量很大，即便是用韌性最強的槐木做契的柄，還是經常劈裂。麻子老楊的空閒時間，一是用來打磨斧頭與契的刃，二是用槐木疙瘩製備更多的契柄。

看麻子老楊把樹根劈開，猶如看一場體操或健美比賽。炎炎夏日，短褲的老楊腰間圍一條白布，古銅色的皮膚下一塊塊鼓鼓的肌肉起起伏伏，雙臂掄起斧頭，擊打在契柄的鐵箍上鏗鏘有聲，每敲擊一下，老楊都會自然地胡海一聲。若是冬日，老楊則是短袖布衫，斧頭掄得興起，頭上的熱氣與嘴中呼出的哈氣交織嫋繞，額頭飛濺出汗水。

麻子老楊他們靠渾身的力氣，把本是廢物的樹根加工成有使用價值的燃料原料，賺取微薄的收入來養家糊口，與國與家都功德無量。

從事體力勞動尤其繁重體力勞動的人是社會財富的真正創造者，我從小就打心裏敬佩他們，敲打這些文字的本意是為了讚美他們。我認為，勤勞應當是人類除誠實外的第二美德。

一九六七年的夏天，我找不到小工幹的時候，經過幾天的觀摩考察，我選擇了一個和麻子老楊他們劈開樹根勞動強度相差不多的活兒：脫坯。

距離麻子老楊家不遠，京杭大運河的岸邊，經常有人在脫土坯。

華北平原上的房屋，若主人資金有限或僅僅臨時使用，常用土坯代替磚頭。這樣的土坯不需用高溫燒製，僅用日光曬乾即成。後來有外國記者詼諧地稱之為「日光磚」，很貼切。

如果蓋房子的框架使用磚頭，框架內填充土坯；或者外牆使用磚頭，內牆用土坯為襯，則被稱作「金鑲玉」。我們家在元倉大雜院和車營街（工農街）十四號房子的建築結構，都是「金鑲玉」的。「金鑲玉」的房屋牆壁遭遇地震容易倒塌，砸到人的身體死傷沉重。

在京杭大運河的河堤上脫坯，完全是就地取材，黃土就用河堤上的土，和泥就用大運河裏的水。臨清附近的京杭大運河那時常年引黃河水灌溉，泥沙很多，河道三兩年就要清一次淤，從河中清挖出來的黃土有的是，用運河邊的黃土脫坯合情合理也合法。

我製備了一個脫坯用的模具，在離家最近的河堤裏側清理出一片平地就開始作業。我以前並沒有幹過這樣的活計，只能是邊幹邊學，邊學邊幹。脫坯的整個過程，基本上沒有技術含量，關鍵的一點就是和的泥要乾濕適當。

華北一帶有句諺語說：「脫坯打牆，累死閻王。」幹了半天，我就腰酸腿疼胳膊腫脹，還鬧了滿身的泥水。數數戰果，五六十塊歪歪扭扭勉強算是土坯的成品。下午休息。晚飯後，我乘著月色，從運河裏提了十幾桶水，把明日用來和泥的黃土浸上。

幹活的細節，不再贅述，無非是三兩天後，腰腿臂膀不再酸疼；土坯的質量日漸提高，等等。

泥裏水裏幹了十幾天，天氣又好，一千多土坯整整齊齊地碼在了那裏。再幹下去，產品將無處存放。成摞的土坯既有防雨的問題，還很容易被頑皮的男童或心理變態的人破壞，我只能停工待銷。四處打探了幾日，並沒有找到銷路，連銷售的渠道都沒找到一絲兒。碼在那裏的土坯外形如牆，卻很脆弱，已經被人用腳踹碎了若干，鬧得我每天晚上去那附近蹲守看護。心急火燎了一些時日，銷售出去的願望漸漸趨淡，甚至將那些精心製作出來的產品給忘卻了。越來越混亂的文化大革命，有許多吸引我注意力的內容。

就在我完全失望，我的那堵寶貝土坯牆岌岌可危的時候，買我土坯的人來了。

每年麥收以後，臨清縣政府都要徵集農民挖河清淤。這次需要整治的河道正好是縣城附近的一段京杭運河。我們家附近的河堤上就安營紮寨了很多河工，支撐起幾十個棍棒草蓆搭建的窩棚。河工們做飯的炊鍋灶臺煙道需要使用土坯做建築材料。我的那些行將報廢的寶貝賣了二十多元錢。二分錢一塊，已經大大地超出了我的期望。

一兩千名河工集中到縣城裏，街上多了很多頭上包裹著白毛巾的人。河工們不僅清淤挖河，也順便參加縣城的文化大革命。組織河工進城來的人民公社幹部時常帶領他們參加捍衛派的示威遊行。河工們肩扛明晃晃的鐵鍬從大街上走過，壯觀且威風凜凜，成為那年夏天臨清縣城裏的一道風景。河工們參加遊行可以照常記工分，遠比大汗淋漓地挖河來的清閒，何樂而不為？

炮轟派則提出抗議，說是縣革命委員會主任張靜軒，副主任劉之忱調集了大批農民進城鎮壓革命造反派，犯下了滔天罪行。

十年後批判文化大革命的錯誤時，我則回憶起來農民河工買我土坯的細節。誰說文化大革命一無是處？它曾經幫我賣掉了積壓的產品來著。

三十八、七三事件

捍衛派雖然有武裝部的支持，人數上也占據了優勢。但勝利的天平卻開始向炮轟的一方傾斜。撥弄天平砝碼的人不在臨清，那個人或者說那些人端坐在省城濟南，山東省革命委員會主任王效禹和他的左膀右臂支持扶植炮轟派的意向越來越明顯。因為有了強力的支持，人數少的炮轟派一步一步主動進攻，貌似強大的捍衛派只能防守，被動地退卻。一些原本是捍衛的人開始動搖，還有一些不曾亮明觀點的人開始表態支持炮轟。

縣城青年路附近有一男子叫李東山，沒有正式工作，不管春夏秋冬炎涼冷暖，喝上二兩燒酒，便脫掉上衣，露出肥肥的肚皮在大街上耍酒瘋，一個滾刀肉似的潑皮。因為青年路位於縣城的南部，便有人稱李東山為「南霸天」。

無獨有偶，縣城北部先鋒路一帶有有一吳姓壯漢，打起架來，敢於拼命，便得了個「北霸天」的名號。臨清縣城的南北兩霸也都宣稱炮轟。雖然這樣的人物加入進來，難免會給炮轟的隊伍抹上一些灰土，但「流氓無產者」單兵作戰能力強，經常可以鬧出嘩啦啦響的動靜。

與此同時，縣委縣政府的副書記、副縣長、縣委常委、部長、副部長們也有人發表了支持炮轟的聲明，天平繼續向炮轟派傾斜。

一九六七年六月十三日，炮轟派的重要人物，臨清縣工人造反指揮部首領，機床廠工人徐建壯被縣公安局逮捕，幾天後釋放；

隨後，原中共臨清縣委第一書記，臨清縣革命委員會副主任劉之忱被一中「東方紅」的學生劫持到一中，失去了自由，並被彎腰批鬥；

正式表態支持炮轟的原縣委副書記范春明被拖拉機修理廠以呂布（化名）為首的捍衛派劫持。幾天後，一中「東方紅」的學生把范從拖拉機修理廠搶到一中。范副書記在一中安營紮寨，開始介入炮轟派的活動。

捍衛派工人組織的首領，縣革委常委，某廠工人張翼德（化名）被劫持到一中，「東方紅」的學生把他關押在十字樓樓梯下的儲藏室內，並對其毒打，還多次挾持著他遊街示眾。遊街係我親眼目睹。張飛同志遊街的時候，大義凜然，威武不屈，一副舞臺上英雄人物的神態。

縣革委辦公室工作人員夏侯霸（化名）被一中「東方紅」劫持、毒打，幾日後被遊街挾持至縣革委，途中有學生對其推搡，毆打。也是我親眼所見。

多名持捍衛觀點的縣革委工作人員在街上，在縣革委的大院裏，被炮轟派的學生、工人、市民謾罵，追逐，毆打，其中女幹部程某的衣服被撕破赤腳狂奔的情節被廣為流傳。

捍衛、炮轟兩派群眾多次發生衝突，並發生小型武鬥，局勢到了劍拔弩張的地步。

接下來便發生了所謂的「七三事件」。

一九六七年七月三日上午，臨清一中數十名「東方紅」的紅衛兵高舉著旗幟標語到大眾劇院門前張貼大字報，與京劇團的捍衛派群眾發生了衝突。京劇團的武生大約是自持身手敏捷，人數雖少卻不示弱。雙方相持的時候，有人發現了兩把匕首，說是京劇團的人想殺害紅衛兵小將。人多勢眾的一中學生上前扭住了京劇團的三個人，用繩子捆綁起來，簇擁著朝縣公安局奔去。

公安局在這樣的情況下，不可能逮捕所謂的「殺人兇手」，隊伍就又朝向了武裝部。武裝部的領導都沒有在家，或者是在家也都不願意出來。

一中的學生們就要把「殺人兇手」押送去濟南，去省革委告狀。事態攪亂了整個縣城，捍衛派和看熱鬧的群眾都鬧不清發生了什麼事，炮轟派的人也多數蒙在鼓裏。

那天下午，不記得因為什麼事，我和張善欣沒有去戒備森嚴的中型廠，而是去了一中。校園裏沒有多少人，多數同學都到學校外面去活動去戰鬥了。突然有同學從外面跑回來，又召集了一些人往學校的東面跑去。我和張善欣到了學校的外面，街上還有一些不是學生的人，奔跑的方向也是往東。我那些天早就有要發生什麼大事的預感，所以毫不猶豫地跟著人群跑了起來。張善欣我們倆從一中往東，經過楊橋、黑莊、蔡家胡同，沿著農田間的小路一氣跑到了陳家墳村附近。

陳家墳靠近臨清去省城濟南的公路，村子的北面有一棵長著五樣葉子的松樹，那就是遠近聞名的「五樣松」。陳墳村周圍已經擠滿了人：一中和師範的數百名學生，舉著自己「兵團」或「戰鬥隊」的旗子，都是炮轟的一派，他們站在公路兩側，好像剛送走了朝濟南開去的汽車。包圍著他們的是從縣城趕來屬於捍衛派的工人和各單位的職工，也舉著各自的旗幟，最外面一層是附近村莊湊過來看熱鬧的農民。亂七八糟的人群還源源不斷地從縣城的方向湧過來，各色人等越聚越多。被圍在中間的學生們有些緊張，幾個為首的在竊竊私語，其中有我和張善欣認識的，不認識的大概是師範或其他學校的。

鬧不清是誰喊了一聲：

「打他個舅子的！」

頃刻一陣混亂。炮轟派的幾百個學生和四周捍衛派的群眾比較，終究是少數，一開始還有抵抗，相持了頃刻便被擠到了幾條臺田溝裏，只能招架，沒法還手，旗子也都被捍衛派奪了去，竹竿做的旗桿，就成了打人的工具。帶領學生們來的首領早已經不知去向，學生們抱著頭畏縮在臺田溝裏，任憑竹竿子在自己的身上頭上抽打，因為正值穿衣單薄的夏季，學生們的皮肉上留下了傷痕。

還有人拾起地裏的土塊投向臺田溝裏被打的人。幸虧大平原上沒有石頭之類的固體，否則挨打者就不會僅僅是皮肉之苦。許多原本圍過來看熱鬧的村民，絲毫不清楚前因後果，也加入了打人者的行列，年輕的村童尤其興奮，盡力找些大的土塊，砸向臺田溝裏的人，和朝以色列的坦克投擲石塊的巴勒斯坦少年十分相似。

畏縮在低窪的臺田溝裏挨打終歸不是辦法，群龍無首的學生們開始往四周突圍，眨眼的功夫就順著溝渠，消失在茂密的莊稼地裏。捍衛派的打人者並不甘心，依舊在尋找繼續發洩的目標。

有一個身體強壯相貌醜陋的男子，我不知道他的姓名，只知道他是某個建築隊的臨時工。那天是怎麼跑到現場去的，只有他自己知道。有人指著他喊道：

「這小子是『老二』！」

頓時巴掌拳頭和腳雨點般落到了那壯漢的身上。被打倒在地的壯漢，從地上爬起來，上衣也被扒了下來，神志還很清醒，趕忙對眾人喝道：

「你們打錯了，我不是老二，我是老保！」

又有人喊：

「你還敢冒充捍衛的？」

又一陣巴掌搧到了他的臉上和身上，赤裸的脊背上立刻一片紅紫，其中一隻巨大的五指分明紫黑顏色的手掌形痕跡格外地明顯，那是一個身體魁梧，力大無比的人掄足了氣力時的作品。

又混亂了一陣，挨過打的人都不知了去向，餘意未消的打人者昂著頭四處巡視。村裏的少年爭先恐後地揀拾丟棄在地裏的鞋子和竹竿。幾個生產隊長模樣的人，因為自己隊裏的莊稼遭到了踐踏，痛心地吆喝著。天漸漸黑下來，勝利者們昂首挺胸地返回了縣城。

我和張善欣兩個人，一直在現場觀看，沒有打人，也沒有被打。

整個過程實際上只是一場持續了兩三個小時的群毆，不僅規模和受傷人數無法和當時發生在全國各地的武鬥相比，其後兩三年，臨清陸續發生的兩派真槍實彈的交火也遠遠地超過了它的慘烈和凶險。

據當年被圍在中間的一中同學回憶，他們畏縮在臺田溝裏挨打的時候，女同學在中間，男同學阻擋在四周，大家用胳膊護住頭，阻擋飛來的土塊與竹竿。

還有人說：裝載「殺人兇手」的卡車早就經由縣城北面的松林繞道夏津駛往省城濟南了。陳墳附近集合的學生其實是故意引起武鬥的誘餌。這種說法也似乎有道理，只是還需要當年祥知內情者來驗證。

還有一中的同學記憶猶新：七三事件發生的那天中午，學校食堂炸了油條給學生們吃，不知道是巧合，還是學生領袖們有意這樣安排。

我的那卷「廢紙」中有一份范春明一九七二年二月十日在被隔離審查時的交代材料，其中有如下內容：

一、我親自策劃了七三反革命事件。一九六七年六月二十九日晚上，徐建壯、滕丙寅到一中「東方紅」辦公室。參加人員有徐建壯、滕丙寅、丁玉泉、徐耀宗、王保成和我。

徐建壯說：

「聽說你叫我們來一中研究一下？」

我說：

「是的。下來我們到底怎麼搞，需要商量一下。你們揪住劉之忱，省革委支持，這是個勝利，但還沒有達到目的。我們的目的是轟垮縣革委，砸爛『三湊合』建立以炮轟派為核心的三結合。要達到這個目的，就要進一步採取行動。在我們有理的情況下，挑起事端，製造事故（件）。問題發生以後，叫省革委解決，炮轟派（才能）取得勝利。我估計捍衛派很可能圍攻一中，把劉之忱保走，把我治（劫持）走，一旦發生就是一個事件，你們考慮還（可以）從什麼問題上製造事件，只要我們站住理，就可以搞。」

徐建壯說：

「不進一步採取革命行動達不到目的，你提到這個問題需要（值得）考慮。」

滕丙寅說：

「現在鬥爭很激烈，社會上小型武鬥不斷，也有大型武鬥的危險。」

我說：

「也可以從制止武鬥上去考慮，制止武鬥這個我們站住理了。今天晚上定不下來的話，你們回去先醞釀一下，抽時間再來咱們共同制定（方案）。」

一九六七年七月一日晚上，徐建壯、石金昌到一中「東方紅」辦公室。這天晚上有徐建壯、石金昌、丁玉泉、徐耀宗、王保成參加。

徐建壯說：

「我們臨工指（工人造反指揮部）幾個人開會研究了，認為你提出的問題很需（必）要，不然達不到我們的目的。我和老石再來找你商量。」

我說：

「是不是（可以）從兩個問題去搞，一是要時刻注意捍衛派圍攻一中，一旦發生，你們要組織力量增援，這很可能發生武鬥，我們的人一定不要先動手，這樣我們就能站住理。捍衛派先搞武鬥，就是個大問題。你們要想法馬上報告省革委，要求省革委給解決問題。再一個（就）是從社會上製造武鬥搞起。你們不是說捍衛派有幾個打人兇手在大街上搞武鬥嗎？我們可以制止武鬥，揪打人兇手，這個我們站住理了，這很可能是個導火索，製造一個大事件，我們揪捍衛派的打人兇手，捍衛派一定要干涉，我們的人一定不要動手，揪住他的人要求縣革委、武裝部懲辦。他們肯定不會懲辦，這時我們就在大街上製造輿論，揪著他們的人到省革委上告，要求省革委解決問題。你們可以把汽車準備好，很快可以出去。捍衛派不攔截還好，如果攔截肯定要發生問題，一旦發生問題就是大事件。至於哪一天搞，你們注意抓緊就行。」

徐建壯說：

「行，我們配合小將們抓緊搞。」

丁玉泉說：

「徐耀宗你每天帶領同學們出去活動，要注意揪他們。」

徐耀宗說：

「行，最近京劇團有兩個武把子出來搞武鬥，還帶匕首，不行就揪他們。」

我說：

「你們沒有意見的話，就這樣定下來。」

范春明的交代是在遭受毒打，精神高壓下寫出來的，但還是有相當的可信度。

讀者還可以參考閱讀下面的材料：

「廢紙」中有一份范春明於七三事件發生後的第二天發表的《嚴重聲明》。《嚴重聲明》曾在那年的七月四日以傳單的形式在縣城廣為散發，我和同學張善欣都在當日搶得過這份傳單，並反覆閱讀過范的《聲明》，留下了深刻印象。現把范春明《嚴正聲明》的部分內容摘要如下：

《嚴正聲明》

我對七月三日發生的流血慘案提出最最強烈的抗議，七月三日革命小將和革命工人為了保衛人民的生命安全，當即捉拿持刀殺人的兇手，我縣的武裝部公安局對這一革命行動非但不支持，反而在反革命修正主義分子張靜軒等人的操縱指揮下，組織了大批保守勢力趁夜間把革命小將，工人（攔）截至野外實行了血腥鎮壓，在武裝部一小撮反革命修正主義分子的親臨指揮下對革命小將，工人實行了兇暴武鬥，造成了嚴重的流血事件，受輕傷者不計其數，重傷住院竟達到十六人，頭部血流骨折，筋斷，特別令人憤慨的是對革命小將實行活埋，幸被扒出，但至今性命難保。有的革命小將至今下落不明，這真是何人聽聞的不能容忍的暴行，我對受迫害者表示慰問。這些天來繼續對革命小將實行圍攻武鬥，直至「七・三」流血慘案，這不僅破壞了毛主席親自制定的「十六條」而且是一種殘（慘）無人道、滅絕人性反動透頂的法西斯暴行。這就赤裸裸地暴露了張靜軒、劉之忱一小撮反革命修正主義分子的反革命猙獰面目。

嚴正警告：張靜軒、劉之忱你們的喪鐘敲響了！你們的末日來臨了，你們罪責難逃，血債必須用血來還，你們必定要受到革命小將和革命人民的嚴懲！

革命的紅衛兵小將是我們偉大領袖毛主席扶植起來的，紅衛兵萬歲！

革命工人是我們偉大的社會主義國家的領導階級，張靜軒、劉之忱等人，你們冒天下之大不韙，竟敢對紅衛兵和工人階級進行血腥鎮壓，真是法西斯暴行，反動透頂。我要責問張靜軒、劉之忱等人，你們的黨性哪裏去了？

你們自稱是「革命幹部」，但你們卻幹這些罪惡勾當，這不實則是反革命嗎？

你們自稱是「革命委員會」是「紅色政權」那「革命、紅色」四個字哪裏去了？親自指揮毒打革命小將和工人，這就是你們的革命紅色新政權嗎？

（相似的語言，相似的文字略去約一千八百字）

目前我縣文化大革命已經進入兩個階級兩條路線的決戰階段。階級敵人是不會自行滅亡的，它們陰謀策劃挑起更大的武鬥流血事件。它要進行垂死掙扎，但是一切反動派都是紙老虎，它們註定要失敗，它們的陰謀，就是他們的末日。炮轟派的戰友們，（讓）我們更高地舉起毛澤東思想偉大紅旗，把「七‧三」慘案的憤怒化為力量，緊緊掌握鬥爭大方向，徹底批判和打到黨內最大的一小撮走資派，結合進行本單位的鬥批改，徹底批判資產階級反動路線，打退資本主義復辟反革命逆流，炮轟縣革委，砸爛「三湊合」，打到劉之忱！打到張靜軒！我要堅決站在革命小將一邊，站在炮轟派一邊，和革命造反派的同志們團結在一起，戰鬥在一起，勝利在一起，血戰到底。

誓死捍衛黨中央，誓死捍衛毛主席，誓死捍衛毛主席的革命路線，誓把無產階級文化大革命進行到

严正声明

范春明一九六七年七月四日關於七三事件的《嚴正聲明》傳單原件（部分）。

底，要在臨清堅決樹立毛澤東思想的絕對權威，讓光焰無際地（的）毛澤東思想占領一切陣地。

（口號略）

范春明

六七年七月四日

這份三千多字的《聲明》，如果事先沒有準備，事件發生後第二天的上午是無法現撰寫，現刻蠟紙並油印成大量傳單廣為散發的。

關於臨清一九六七年七三事件的文字就彙編這些吧！對於事件的來龍去脈，閱讀者大概也基本上鬧清楚了。

七三事件以後，來自省城的壓力越來越大。

七月中旬，省城的群眾組織：山東革命工人造反總指揮部（簡稱「山工指」）、紅衛兵山東指揮部（簡稱「紅山指」）、紅衛兵山東文藝革命造反司令部（簡稱「山文司」），聯合下發了一個題目是《關於進一步加強團結共同對敵的決定》的材料。為了向這些叱吒風雲，左右山東局勢的造反組織示好，臨清縣革命委員會專門發出了一份電報，電報的全文如下：

山東革命工人造反總指揮部：

我們學習了您和紅衛兵山東文藝革命造反司令部、紅衛兵山東指揮部聯合發出的「關於進一步加強團結共同對敵的決定」，一致認為是一個高舉毛澤東思想偉大紅旗的好文件，我們表示熱烈擁護，認真學習，改造主觀世界，為革命掌好權。並於十六日下達了通知，號召革命的群眾組織認真組織學習，討論，團結一致，共同對敵。緊緊抓住主要矛盾，牢牢掌握鬥爭大方向，徹底批判黨內頭號走資本主義道路的當權派，搞好本單位的鬥批改，去爭取文化大革命的更大勝利！

臨清縣革命委員會

六七、七、十六、十八時

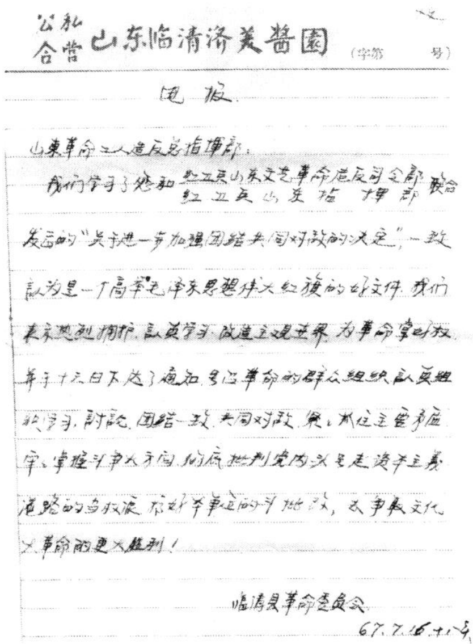
公私合营 山东临清济美酱园 （字第 号）

电报

山東革命工人造反总指揮部：

我们学习了您和紅卫兵山东文艺革命造反司令部、紅卫兵山东指揮部联合发出的"关于进一步加强团结共同对敌的决定"，一致认为是一个高举毛泽东思想伟大紅旗的好文件，我们表示热烈拥护，认真学习，改造主观世界，为革命掌好权。并于十六日下达了通知，号召革命的群众组织认真组织学习，討論，团结一致，共同对敌，紧紧抓住主要矛盾，牢牢掌握斗争大方向，彻底批判党内头号走资本主义道路的当权派，搞好本单位的斗批改，去争取文化大革命的更大胜利！

临清县革命委员会

67.7.16.十八

七三事件後，臨清縣革委員會發給山東省工人造反總指揮部示好的電報底稿，起草於和中型廠相鄰的濟美醬園院內。縣革委已經不能正常辦公了。（資料來自臨清市檔案館）

這份地方縣級政權無比謙恭地向省城群眾組織盡情示好示弱的電報底稿，至今保存在臨清市檔案局的資料櫃裏。底稿使用的紙，竟然是濟美醬園的信箋。那時縣革委已經不能正常辦公，負責機構低調運轉的主要人物，多數龜縮在中型廠及周圍幾個單位形成的堡壘裏，濟美醬園與中型廠相鄰，是捍衛派堡壘工事的一部分。

七三事件之後，臨清的局勢更加混亂，革命委員會的機關大院裏，不僅無法辦公，晚上住宿在裏面，人身也沒有安全。父親把被褥從機關搬回家裏，和他一起住到我們家的還有他辦公室的同事邢希梅。邢希梅比我父親小一歲，我稱呼他為邢叔叔。

邢大叔的妻子趙老師，在朱莊中學教書，他如果回家去住，一旦縣革委機關有什麼事，或者領導分派他去執行什麼任務，就會措手不及。所以父親讓他暫時來我們家住宿，就近關注革命局勢。

沒有多餘的房間，也沒有多餘的床鋪，邢大叔就和我們弟兄三個擠在兩張單人床合攏在一起的通鋪上。吃飯多數是窩頭，少數是饅頭，佐餐以鹹菜為主。

住了幾日，邢大叔有些煩悶。我們家中有一副象棋，棋盤是我胡亂描畫在紙板上的，棋子也缺少三兩個，權且用瓶蓋紐扣木塊替代。我把這一套破爛找出來和邢大叔厮殺，陪他聊解煩悶。我的象棋水平還算可以，高一二班的象棋愛好者中，對我能占優勢的沒有幾個。邢大叔的象棋下得更好，他可以讓我一馬或一炮。交手的盤數多了，我的棋藝大有長進，不用邢大叔讓子，也能和他周旋一陣。

邢大叔本來就和我父親關係不錯，這樣一來，倆人就更加密切。以至於後來他的兒子進城，邢大叔不在就直接找我父親，有時徑直投奔我們家裏。父親與邢大叔在接下來的文革波濤中，風雨同舟出生入死為保衛縣革委並肩忘我地戰鬥了兩年多。

邢大叔來我們家，把他宿舍裏的文件材料筆記本也都悉數帶著，大概是因為縣革委的機關隨時都有被打砸搶抄的可能。離開我們家時，留下了幾本讀書筆記，看似不十分重要，內容多是學習毛主席著作的體會。邢大叔的筆跡十分特殊，字體細長，每個字的長接近寬的二倍。我之所以在這裏說及邢大叔的筆跡，是因為它差一點釀成一樁大的禍事，詳情在本書行將結束的時候再予敘說。

十多天後，邢大叔和我父親先後受到縣革委主任張靜軒部長的派遣，前往省城濟南執行更加重要的任務。

三十九、濟南辯論

一九六七年夏天，山東省革命委員會主任王效禹因為有中央文革的支持，權勢日盛，咄咄逼人。濟南軍區楊得志司令員也只能委屈求全妥協忍讓。妥協忍讓的結果是軍隊系統要從支持捍衛派轉而支援炮轟派，指令通過省軍區貫徹，但受到各級司令員政委和武裝部長們的抵觸。這是那年七八月份局勢變幻的幕後背景。

一九六七年七月二十五日，我父親跟隨武裝部長張靜軒，武裝部政委高正中，參謀王景恩到達濟南。山東省軍區調三人去彙報工作，我父親的任務是隨時提供情況，撰寫材料。四人一起住在大觀園附近的軍區第三招待所。張部長三個去省軍區彙報結束回到招待所後，我父親看到張部長的情緒很不好，看來是局勢不妙。

遵照省軍區的領導指示，張部長通知臨清兩派群眾組織派代表到濟南集合，三天後由群眾代表直接向省革委、省軍區領導彙報，內容是七三事件的真相。所謂彙報，實則是當著省革委和省軍區領導的面進行辯論。事態基本上是按照炮轟派幕後指揮者的路線圖向前發展的。

捍衛派去了三十多人，縣革委常委劉玄德帶隊，成員有縣革委機關的邢希梅、閻廷琛，師範的學生小路，一中的學生孫長江、一中的語文教師周世顯，和幾個工人的代表。住宿在十二馬路附近的魯西旅館，後勤事務由中型廠的陳禮負責。諸多戰友到達後，父親也從軍區三所轉到魯西旅館。天氣很熱，很多人露天睡在院子裏。

兩派到濟南辯論，臨清的炮轟派早就有所準備。七月中旬，炮轟派就開始往濟南調集人馬。一天夜裏，一中「東方紅」的幾十個學生三個一群五個一夥，悄悄步行越過衛運河到達臨西某處的河堤集中，眾人冒著蚊蟲叮咬在河堤上等候至半夜才等來一輛卡車。卡車載著同學們繞道館陶大橋經冠縣聊城朝省城濟南駛去。繞這麼大一個圈子，做得這樣神祕，可能是為了避免暴露往省城集結力量的戰略意圖。

炮轟派集合到濟南的人馬，遠比捍衛派多。辯論團長是電機廠的崔彬。住宿地點選在經二路的鐵路工人招待所，條件遠比魯西旅館優越。原縣委副書記范春明也被請到濟南，關鍵時刻，炮轟派需要他的指點。一年後，有人揭發那期間范春明曾和山東省革命委員會副主任王路賓密談過兩個多小時，此事未得到過證實。

炮轟派辯論團到達濟南前，早有山東師範學院的徐朋旭，省團校的蔡樹榮，省革委辦公室的周茂然等人幫助他們聯絡省革委的頭面人物，聯絡山東省和濟南市群眾組織的首領，廣造聲勢輿論，甚至辯論的內容程序全都按照炮轟派的意圖準備妥當。做好了局，設好了套，專等臨清的捍衛派入甕。

七月三十一日晚上，省革命委員會副主任王路賓，省軍區副政委孫芳圃（山東日照人）接見並主持兩派辯論。捍衛派的十餘人提前到達，地點是省革委南樓二層西側的會議室。省革委辦公室副主任傅勳典等幾個工作人員在場；張靜軒、高正中坐在孫副政委身後。

炮轟派到了四五十個人，一進門就高喊：

「呵呵，黑老保早就來了啊！」

捍衛派分兩排在大辦公桌的一側入座，前排四人：我父親與邢希梅居中，一個工人代表和師範學生小路分列兩邊。

我父親首先發言：從臨清縣革委成立，「三結合」奪權過程說起，強調臨清縣革委是按照省革委和軍區的指示建立起來的。炮轟派一側毫無顧忌地亂喊嚷道：

「胡說八道！」

「不是『三結合』，是『三湊合』！」

辯論到七三事件，我父親從事件的起因說到整個事件的過程。這時，有人抱著一堆血衣扔到王路賓副主任和孫副政委面前，說是七三事件的物證。

捍衛派辯論團的人一下子楞住了，誰也沒有想到會有這樣的場面。邢希梅拿起血衣仔細端詳。我父親嚴肅地對省裏的兩位領導說：

「這是不是人血需要化驗。」

坐在炮轟派辯論團身後的山東師範學院的學生徐朋旭站起身來，大聲質問：

「你還有沒有階級感情？」

徐同學的話音還沒落，只聽著「嗖—」的一聲，省團校的蔡樹榮隨手扔過一個茶杯蓋來。邢希梅一躲，茶杯蓋擦著我父親的耳邊飛過，碰到身後的紗窗上，反彈到地上摔碎了。

我父親大聲喝道：

「孫政委，當著你的面，他們還敢搞武鬥！」

炮轟派的座席一片笑聲，一陣鼓噪。

王副主任，孫副政委都沒有批評喝斥那些人無法無天的行為，天平的傾斜度顯而易見。

關於那堆所謂血衣的真偽，我以七三事件親臨現場的見證者的身份證明，它百分之百是偽造的。文化大革命中，從中央到地方，這類明目張膽地造假造慌屢見不鮮。類似希特勒、戈倍爾的天才，中國大地上實在是太多了。

一陣混亂之後，武裝部長張靜軒大聲追問他的上級：

「孫政委啊，孫政委！他們說我是老缺（臨清乃至魯西的方言，土匪的意思），你也信呀？」

孫政委還是一言不發。

這時，一夥人闖進了會議室，其中一個披頭散髮的女人上前抱住了孫副政委的腿，哭喊道：

「孫政委，你快救救我們吧！，老保們就要開槍了！快救救我們吧！」

這些人是臨沂地區「六大組織」的。臨沂的捍衛派統稱為「八大組織」；炮轟派稱為「六大組織」，雙方的較量也處在真槍真炮熱火朝天的狀態。

孫副政委趕忙去處理臨沂的問題。混亂持續到凌晨一點多，辯論會無果暫停。

邢希梅俯身拾起地上的一片茶杯蓋碎片裝到自己的衣服口袋裏，說：

「這是罪證，保存起來。」

捍衛派辯論團的人少，父親他們不敢離開會議室。省革委辦公室副主任傅勳典說：

「在省革委大院裏，你們還害怕什麼呀？」

兩個工人模樣的人走過來說：

「我們是『工總』的，跟我們來！」

當時省城濟南的工人組織也分為兩大派，「工總」是反王效禹的，支持各地區各縣的捍衛派；「工指」支持王效禹，因此支持各地區各縣的炮轟派。「工指」的司令韓金海，擔任省革委的副主任，是山東省革命委員會裏最知名職務最高的群眾代表。

「工總」的兩位工人，帶領著臨清捍衛派辯論團的一夥人，從西門溜出省委大院。走了幾道街，看沒有人跟蹤，兩位省城的工人自行回家，臨清捍衛派辯論團的繞路回到魯西賓館，

第二天晚上，還是王路賓副主任，孫副政委主持辯論。這次捍衛派去的人多。辯論團團長劉玄德常委依舊

沒有去。地點改在省委北樓地下會議室。

辯論一開始，雙方都高聲背誦毛主席語錄，呼喊口號，夾雜著攻訐與對罵。捍衛派的紅衛兵代表臨清師範的小路發言。他的語速很快，表達能力很強，但無法改變捍衛派的被動。王路賓副主任提問了幾個問題，兩幫人馬爭吵再三。

天色不早，王副主任打起哈欠，辯論會草草收場，最後沒有勝負，也沒有結論。

父親對王路賓的印象是：臉很長，處事沉著，非一般人可比。

因為這次去的人多，離開省革委大院時不再害怕。繞道回到魯西旅館，天已經亮了。我父親感覺口乾舌燥，路邊的小吃店喝了四碗豆漿。濃濃的甜豆漿每碗二分錢。

稍微休息了一會兒，父親和邢希梅、閻廷琛三人去軍區招待三所見張靜軒部長。走進他住宿的房間，只見張部長在床鋪上抱頭坐著。另一張單人床上，高正中政委翹著腿歪靠在被子上。見父親三人進去，張、高二人也不搭話。沉默了良久，張靜軒部長自言自語地一聲長歎：

「我們轉了觀點。同志們可都怎麼辦呀！」

張部長的感言很夠哥們。

當時的情況是：省革委支持臨清炮轟派的七條意見已經起草，捍衛派大勢已去。看部長政委的神態情緒，父親他們三個就知道了辯論的結局。

又沉默了一會兒，父親問道：

「張部長，我們的人是否先都回去？」

張部長想了想，無可奈何地說：

「回去吧！」

三人回到魯西旅館，見辯論團長劉玄德不在。有人告知：劉團長已經悄悄地回臨清去了。衝鋒隊員們還未撤退，衝鋒隊長自己先當了逃兵。

這時旅館的服務臺接到一個電話，有人在電話裏問：你們那裏住的有臨清的嗎？眾人如驚弓之鳥一般，決定立即轉移，隨即騰挪到一個更小的旅館。

據炮轟派前去魯西旅館偵查的人回去說：捍衛派辯論團的人在旅館裏不敢說自己是臨清的，登記簿上的地址寫的是聊城。炮轟派把這當作怯懦廣為宣傳，說捍衛派沒有上陣就「草雞」了。

我就這個問題詢問父親，他的解釋說，臨清隸屬於聊城，登記簿上的地址也許是旅館服務員隨意寫上的。怯懦乎？謹慎乎？服務員隨意乎？三種情況都有可能。

下午，捍衛派辯論團成員一中學生孫長江自報奮勇回魯西旅館取行李帶打探消息，走進旅館，就被三四個等候的人扭住。孫自持身體強壯，奮力與那幾個爭執搏鬥，糾纏了半個多小時方才掙脫。

父親見孫久久不歸，便和印刷廠黃姓工人去魯西旅館探尋孫的下落。父親頭戴一頂草帽，站在魯西旅館的對面等候，黃一個人走進旅館。正好碰上臨清師範炮轟派的學生王化（化名）帶領的人馬。王同學一夥兒強行要帶父親與黃去炮轟派辯論團的大本營鐵路招待所。爭執推搡引得圍觀的人越來越多，臨清縣委機關的范貴也出現在人群當中。王化、范貴等人高聲喊道：

「這兩個人是臨清的『黑老保』！」

濟南市民中支持省革委主任王效禹的人也很多，圍觀的人紛紛起哄，聲援王化、范貴一夥兒，嘲弄謾罵兩個被稱為「老保」的外鄉人。

父親高聲喝道：

「范貴，咱們有什麼事回去說，不要在這裏丟人現眼！」

圍觀起哄的場面越來越亂。父親和黃同志推開眾人沿十二馬路往南逃跑，說好聽一點是撤退。人群跟在後面追趕。正是西瓜上市的季節，有人把西瓜皮砸了過來，父親的背上被西瓜皮砸中，頭上衣服上沾了很多西瓜顏色的污水，煞是狼狽。跑出去數百米，方才擺脫追趕的人群。

父親與黃同志回到小旅館，天色已近黃昏。眾人不敢徑直乘坐濟南通往臨清的客運汽車，商議後決定先繞路坐火車連夜去德州，明天再從德州回臨清，這一天是八月三日。

在濟南火車站等車的時候，有紅衛兵在候車室進行宣傳，要每個候車的旅客都要背誦一段毛主席語錄，唱一首革命歌曲。父親與邢希梅、閻廷琛無心與對，全由師範的小路同學代表眾人應付了一陣。

八月四日下午，捍衛派赴省城辯論團的主要成員們回到臨清。眾人都不敢回家，直接從醬菜廠進入捍衛派的堡壘中型廠，兩個廠之間的通道早已洞開。中型廠四周的圍牆上已經設置了電網鐵絲網，形勢非常嚴峻。

我和母親只知道父親是去濟南出差，不知道他去參加那麼驚險的辯論。

八月一日上午，縣城的大街小巷張貼出許多炮轟派的《戰報》、《捷報》和標語。《戰報》、《捷報》的內容都是濟南辯論的現場繪聲繪色的描述，幾乎都是針對我父親在辯論現場如何狼狽不堪：臧全祿說「血衣需要化驗」之後，如何被省城的革命造反派戰友們痛斥為「沒有階級感情」；蔡勇士如何義憤填膺，把茶杯蓋砸向黑老保；臧全祿向省革委王路賓副主任現場申訴革命造反派搞武鬥，王副主任如何置之不理，並受到省城革命造反派戰友們的嘲笑，等等。

大標語的四句口號全部一致：打到丁文才！打到張允（化名）！打到葉小龍！打到臧全祿！區別只是紙張

字體的大小。

有的稍作改動，書寫成：打到丁文才！活捉張允！絞死葉小龍！油炸臧全祿！

較大改動就成了「打到腚蚊菜！打到漲暈！打到孽嚚聾！打到髒竄入！」

這麼難寫難認的字，也不怕麻煩？

最大字體的標語張貼在大眾戲院東煙酒商店的二樓，緊鄰著臨清著名的古蹟「鼇頭磯」，當時是臨清最繁華的去處。《戰報》、標語完好地保存在大街小巷，數日之內沒有人撕毀，也沒有人去覆蓋。捍衛派只有招架之功，沒有還手之力。

那天上午，我去一中，有同學拿《戰報》、標語和我開玩笑。這是父親的名字第一次出現在公開的場所，開始我恐懼羞辱氣憤，悉心一想，又覺得沒有什麼，還和與我開玩笑的同學以此打嘴仗玩。

回到家裏，母親除卻為父親的安全擔心，並不為大字報、大標語上的文字感到恥辱羞愧。文革中那麼多人的名字在大字報上展覽，還不都那麼回事？難道說油炸就真把人油炸了不可？

兩個弟弟神色凝重，不願再到街上去玩，以免目睹那些文字。

捍衛派裏這麼多人，炮轟派為什麼偏偏拿出這四個人說事？

實際上炮轟派十分清楚捍衛派的底細。捍衛派的人馬，工人、學生、貧下中農，各單位的職工，可以說是成千上萬，最貼近張靜軒、劉之忱這兩個縣革委領導，真正掌握捍衛派的核心機密，運籌捍衛派行動的人，是武裝部與縣委機關的幾個工作人員。武裝部的人屬於現役軍人，直接點名攻擊污蔑，總有些顧忌。縣委機關裏榜上有名的四個人的確很有代表性。

丁文才是縣革委的副主任，群眾代表中職務最高的人，自然是一面旗幟。

張允與武裝部的幹事張松關係最鐵，只是因為亂搞女朋友的事正被組織上調查，才沒有能直接走上檯面。說來也巧，張允同志的地下女朋友就是我們家在元倉家屬院時的鄰居，我親眼看到他被那家的先生捉姦個正著，赤胸露背好一通暴打。文革期間，足智多謀的張允同志只能站在丁副主任一系列人的身後出謀劃策，屬於捍衛派裏軍師一類的人物。

葉小龍身材魁梧，說話辦事直率豪爽，算是捍衛派裏的武將。

至於我的父親，實事求是地講，他可以稱得上捍衛派裏比較重要的一名文臣。

打蛇打七寸，擒賊先擒王。炮轟派把攻擊的矛頭集中指向了副帥、軍師、武將、文臣，非常富有謀略。

父親從濟南回來之前的幾天，我們家的門外，就已經有人看守。第七章我已經介紹過，我們家的院子就在京杭運河的東岸，正門就在運河的河堤上。執勤的人白天蹲在河堤的樹蔭下，夜間則靠近門口站崗。有人進出我們的院子，甚至在門前路過都要審視一番。因為沒有路燈，審視的距離很近。同院鄰居都知道這些人要搜尋捕獲的目標是我父親。男人們在被那些人審視時乾脆就直截了當地說：

「我不是臧全祿！看什麼看？」

母親上夜班回來，曾經用臨清話罵過他們幾次：

「王八個孫子們，滾！」

母親還叮囑我們弟兄，要我們出來進去多注意，不要招惹他們。

八月五日，父親結束濟南辯論回到臨清的第二天，吃過晚飯天剛黑透，父親從我們院子的後門悄悄溜回家裏。院子的後門朝東，門很小，門外是趙大爺與郭師傅兩家住戶，一條非常狹窄的胡同，外人很難看出這個後門的存在。

父親突然進家，母親和我們弟兄都感到意外。父親二話沒說，當即派我去一趟東夾道街丁文才家，讓我去告訴丁文才，要他趕緊離開臨清。

我打開院子的前門，門外的暗處有幾個人影，因為我的身材矮小，「執勤」者沒有受到驚動。走過了二閘口的木橋，我便邁開腳步飛奔起來。按照父親所說的門牌號碼，黑暗中摸索著尋找，丁家的住宅，是東夾道街路西的一排板門。我核對了號碼準確無誤，便用手掌拍擊了幾下木板門。頃刻間，一年輕女子前來開門。我輕聲問道：

「是丁文才家嗎？」

那女子遲疑片刻，沒有讓我進門，也沒有正面回答，只是問我：

「什麼事兒？」

我判斷她就是丁的妹妹，便說：

「你告訴丁文才，讓他趕快離開臨清！」

那女子又問：

「你是誰？」

我說：

「不用問了，讓他趕快走吧！」

說完，我立刻離開了丁家。

我快步趕回家裏，父親還沒有離開。母親已經為他準備了幾件換洗的衣物。父親叮囑我們幾句，便悄悄地從後門溜走了。

隨後炮轟派對捍衛派的追捕中，丁文才沒有被炮轟派俘獲。我不清楚他的成功出逃與我的行為是否有著直接的關係，我只覺得那天晚上父親交給我的任務有些神聖，有一點像《我的一家》中的歐陽立安，革命小鬼的幹活。

十五年後的一九八二年秋天，我出差到北京。一天上午，我站在天安門廣場的東側，中國歷史博物館門前觀看北京馬拉松比賽，人群中正好遇到丁文才，他身體患病，去北京檢查診斷，恰遇重大體育賽事，便駐足觀看。我與他寒暄幾句，不由得想起當年夏天那個漆黑的夜晚。

四十、攻陷中型廠

一九六七年八月五日，山東省革命委員會副主任王路賓代表省革委公布了「關於臨清縣文化大革命運動的七條意見」。炮轟派大功告成，稱之為「紅七條」；捍衛派則稱之為「黑七條」。

王路賓雖然不久就被王效禹拋棄，文革後期恢復職務，幾經調動提拔，最後任職中國最高學府北京大學黨委副書記，但在一九六七年的夏天，他秉承王效禹的旨意，葫蘆僧亂判糊塗案，屁股是完全坐在挑起事端的炮轟派一方了。

山東省革命委員會的「七條意見」以便函的形式下發。這封猶如一顆重磅炸彈一樣的便函，至今還保存在臨清市檔案局的櫥櫃裏，全文轉抄如下：

臨清縣革委、縣人民武裝部、並各革命群眾組織：

最近省革命委員會和山東省軍區的負責人聽取了臨清縣炮轟派和捍衛派、縣人民武裝部同志的彙報，研究了臨清縣無產階級文化大革命的問題，現在提出如下處理意見：

一、關於臨清縣的奪權和奪權後的一段工作，根據各方面的反映是有嚴重問題的。究竟屬於哪種性質的問題，應有臨清縣廣大革命群眾辯論確定。

二、臨清縣的炮轟派，從基本方面看大方向是正確的，是革命造反派。他們雖然也有這樣那樣的缺點錯誤，但這是支流。有些人把炮轟派叫做二次奪權派，這是走資本主義道路的當權派和保守派的陰謀，必須予以揭穿。炮轟派裏邊存在二次奪權觀點的少數同志要提高警惕，不要上階級敵人的當。要警惕來自極左方面的對自己隊伍的破壞活動。也要警惕過去的保守派以極「左」面目挑撥是非，製造混亂。

三、關於捍衛派的問題。在參加縣革委奪權的過程中，捍衛派的組織是有錯誤的，甚至在有些方面還是比較嚴重的。這個問題要作具體分析，不能把捍衛派統通當成保守派。對於捍衛派裏邊的老造反派，只要認識錯誤，改正錯誤，應當歡迎他們參加到造反派的行列裏來；對於大方向基本正確，但思想上有點保守的，要在大批判中幫助他們在思想上提高，在組織上進行必要的整頓，原則仍按革命組織來對待。只有對少數直接、間接與走資本主義道路當權派有聯繫或接受走資本主義道路當權派思想較深、經過教育又不回頭，才可以按保守組織對待，但也應本著團結—批評—團結的公式，以階級弟兄的態度來教育爭取那些絕大多數受蒙蔽的群眾迅速回到革命路線一邊來。

四、當地武裝部門在「三支」「兩軍」工作中是有成績的，也是基本的方面。但是在掌權中和對待革命群眾的問題上犯有嚴重錯誤。我們相信當地武裝部門會認真地作出檢查和改正錯誤的。他們回堅決依靠無產階級革命派並團結一切可以團結的革命力量。把臨清的無產階級文化大革命搞得更好。

五、堅決制止武鬥。要認真宣傳和貫徹執行中共中央關于禁止挑動農民進城武鬥的通知。現在有人提出農村包圍城市，這個提法是反動的。「七・三」事件是煽動農民挑起武鬥的嚴重政治事件。對於事件的挑動者和打人兇手，要追究責任。情節嚴重者要依法處理。對棒子隊等專門進行武鬥的組織要限期解散。以保證四大的進行和革命群眾的人身安全。

六、要緊緊掌握鬥爭的大方向，把革命的大批判運動推向新高潮。把批頭號和本地的走資本主義道路當權派緊密結合起來，把臨清縣的兩條路線鬥爭的蓋子徹底揭開，搞深搞透。在革命的大批判中進一步擴大大聯合，並為革命的三結合準備條件。

七、堅決貫徹執行毛主席「抓革命，促生產」的偉大方針，狠抓革命，猛促生產，革命派的戰士既是革命闖將，模範。要大反經濟主義和一切無故曠工、破壞國家或集體財產，以及破壞生產的行為作堅決鬥爭，迅速恢復工農業生產秩序。對於因為給領導上提意見，近期被解雇的工人，要經過群眾討論，該復工的迅速復工。扣發的工資，原則上應予補發。

山東省革命委員會

一九六七年八月九日（大個的公章）

山东省革命委员会用笺

临清县革委、县人民武装部、并各革命群众组织：

最近省革命委员会和山东省军区的负责人听取了临清县炮轰派和捍卫派、县人民武装部同志的汇报，研究了临清县无产阶级文化大革命的问题，现在提出如下处理意见：

一、关于临清县的夺权和夺权后的一段工作，根据各方面的反映是有严重问题的。究竟属于哪种性质的问题，应由临清县广大革命群众辩论确定。

二、临清县的炮轰派，从基本方面看大方向是正确的，是革命造反派。他们虽然也有这样那样的缺点错误，但这是支流。

一九六七年八月山東省革命委員會處理臨清縣文化大革命問題的《七條意見》就列印在這樣幾張普通信箋上。（資料來自臨清市檔案館）

這份以山東省革命委員會的名義下發的文件竟然使用的是幾頁便函信紙，並且文字粗糙不規範，很有私生子和山寨版的嫌疑。更有意思的是，省革委的七條發出的日期是八月九日。八月六日，省團校蔡樹榮就親自到臨清向炮轟派傳達了七條的內容，同時宣讀了山東省十七個群眾組織支持臨清革命造反派的聲明。臨清縣炮轟派辯論團滯留在濟南的人馬，一直等候關注著「紅七條」的起草出籠，目的達到之後和蔡樹榮等省城的戰友一起返回臨清。凱旋的戰士走進炮轟派集會的會場，會場內外歡聲雷動。

臨清城裏的街道上，炮轟派的旗幟招展。慶祝勝利的隊伍中，有捍衛派人士被押解著遊街示眾。敗局已定的捍衛派樹倒猢猻散，有的投親靠友；有的銷聲匿跡；有的倒轉觀點，甚至殺他個回馬槍。一些仍不死心，還想繼續堅持的人龜縮在中型廠的圍牆裏負隅頑抗。炮轟派要想取得最後的勝利，攻克中型廠勢在必行。

八月六日下午，五十多個炮轟派頭面人物在文化宮遊藝室召開會議，專門研究攻打中型廠的問題。

當天，「南霸天」李東山擔任了攻打中型廠的先鋒。他脫光上衣腆著肚子，單槍匹馬闖到中型廠正門尋釁鬧事。先砸門，後罵人，什麼難聽罵什麼，為大部隊的進攻製造理由。

「南霸天」鬧事之後，中型廠周圍立即出現很多大標語：

「強烈抗議黑老保毆打我革命戰友李東山！」

「堅決為戰友李東山報仇！」

「摧垮中型廠這個土匪老巢！」

「踏平中型廠，砸爛老保窩！」

炮轟派在與中型廠相鄰的縣交通局辦公樓設立了前線指揮部。交通局的小樓，是當年日本鬼子的憲兵隊。從樓上可以俯瞰整個中型廠。數百名頭戴柳條帽，手持棍棒的炮轟派骨幹組成尖刀團，負責推倒中型廠的圍牆。

中型廠裏面有五六百人，都是捍衛派的中堅力量。圍牆內外，磚塊瓦片橫飛，雙方對持了三個多小時，互有人員受傷。天黑之前，尖刀團推倒了部分圍牆，東南角出現了兩個豁口。當天夜裏，局勢沒再發展。

第二天下午，對中型廠的總攻擊開始，炮轟派集合了數千工人、學生，一舉把中型廠三百二十多米院牆全部推倒。一名屬於捍衛派的木材廠工人被電網電死，死者叫楊鳳明，家庭出身是貧農。

圍牆推倒後，炮轟派並沒有立即進入，指揮者為了避免雙方更大的死傷。相持到夜晚降臨，中型廠裏面的幾百名捍衛派成員，悄悄撤退，逃離臨清縣城。

七個月後，「南霸天」李東山被公安局法辦，逮捕他的時候，他新婚的妻子還穿著結婚時的紅棉襖。

四十一、逃亡

捍衛派乘著夜色從中型廠撤離，逃出臨清縣城後，大部分人馬在印刷廠職工陳景強的帶領下，朝東北方向的松林村退卻。還有一些人回農村自己的家裏躲避。縣革委機關的丁文才、張允、葉小龍、劉備、李振學、王受孔、閻廷琛、邢希梅等，都過河去了臨西。

我父親、李書堂、李伯平三人跟隨捍衛派的大部隊行進。父親的肩上背著一個包袱，裏面是與濟南辯論有關的材料，是捍衛派最重要的家當。

天亮以後，三人走到孟店村，饑渴難耐，路邊瓜田裏買了一個西瓜，中午到達松林村。松林是一個比較大的鄉鎮，一百多號人被安排在戲院裏住宿停留。農村的戲院，實際是一座很大很大的屋子。吃飯由區委書記邢雲霄，區武裝部長趙書學接待。

前幾年，父親在四清工作隊時認識了一個人，他家在松林村。父親和李書堂、李伯平就住在了那個人的家裏。那家為他們仨騰出來一間屋子，地上鋪了兩張一米寬的草蓆，三人湊合著擠在一起過夜。

天剛立秋，沒想到第二天的天氣驟然變涼，很多人逃出來的時候，都還穿著短褲汗衫，邢書記、趙部長找來很多棉包，讓眾人裹在身上禦寒。

雖說是縣革委的流亡政府，實際上並沒有首腦，在縣革委裏沒有什麼職務的印刷廠職工陳景強臨時負責。第三天，陳景強提出把撤退出來的人馬分成兩部，女同志，尤其是家裏有孩子的女同志和一部分身體不好，回縣城去沒有很大風險的男士暫先返回臨清去；其餘的跟他去北京上訪。去北京的有六七十人。

我父親和李書堂、李伯平商量後決定去王集村，李書堂的母親住在那裏。從松林到王集，步行半天的路程。李書堂的夫人盧麗雯因為不知道丈夫的下落，也尋找到了王集村。四人認為王集無法久留，決定過衛運河去河北地界，李書堂的父親在河北省清河縣公安局工作。四個人兩輛自行車，不敢從臨清縣城通過，繞道城北張窯村，乘擺渡過了衛運河。李書堂夫婦去了清河縣。父親和李伯平到了與臨清一河之隔的臨西縣河西鎮。臨西縣的一些直屬機構那時還在河西鎮，很多人三年前都還是一個機關的同事，人熟地也熟，父親二人在臨西縣糧食局住下。

父親和李伯平隨身攜帶的錢款糧票都不多，需要補充糧草。正好臨西縣糧局有一職工家在河東臨清城裏居住，與父親辦公室的同事李玉梅住鄰居。父親讓這個每天橫跨兩個省上下班的職工捎信給李玉梅。李玉梅悄悄到了臨西。父親寫好借條，李玉梅回到臨清縣革委找會計袁英拿到八十元錢一百斤糧票。父親和李伯平吃飯就有了著落。

一天，臨西縣糧食局的人對父親說，糧局「反逆流」一派裏有認識父親的人，並知道了父親藏身的地方，這樣一來就很危險了，臨清那邊隨時都會越過衛運河來抓人。「反逆流」是臨西縣與臨清炮轟派友好的群眾組織的名稱。父親不知道真是這樣，還是想藉故攆他倆走。隨決定馬上離開。離開前，父親把濟南辯論的那包袱材料交給好朋友韓英範代為保管。

二人騎一輛自行車離開河西鎮，決定到一個叫老軍營的村莊去找王受孔，他們估計王早已逃回了老軍營家裏。到了老軍營，問王受孔家，村民指著不遠處的一個女人說：

「那就是他媳婦」

父親二人迎過去問那婦人，那女子見是兩個陌生的人，便十分地警惕，猶豫頃刻。說她不認識王受孔這個人。沒有辦法，父親二人只好繼續騎車西行，計劃去姚樓村找閻廷琛。自行車兩人輪換貢獻腳力，李伯平身高體壯，自然多騎一些路程。

途中遇到張樹仁，前辦公室的同事，六四年分家時到了臨西，時任某公社的革命委員會副主任。路邊就近找一飯店，弄了二斤烱餅，仨人草草吃下，在張樹仁任職地住了一晚。第二天到閻廷琛家，閻不在。只好又返回老軍營找王受孔。在老軍營村外，正好遇到小個子的王先生。

原來那王受孔聽他媳婦敘說，怎樣怎樣兩個人找他，便知是父親與李伯平，尋出村外，父親已經離開。第二天又出村來尋找，正好碰到父親他們。吃飯喝水自不多說，隨後仨人一起到了李樓村的李振學家。縣革委機關捍衛派的主要人物幾乎都在：丁文才、張允、葉小龍、李振學、劉備、邢希梅、閻廷琛等。

眾人七嘴八舌，討論局勢，軍師智囊張允說：

「現在來看，局勢很不樂觀。我們大家弄好了能保住一條命，其他的就別指望了。」

一席話說得大家茫茫然然。

張允同志決定回原籍館陶農村躲避。其他人也都準備回自己的家鄉，頗有樹倒猢猻散之勢。

邢希梅動員我父親隨他去付莊他家。

到了付莊的邢家，邢希梅的父母都六十多歲的年紀，生活十分貧困，兩間低矮狹窄的北屋，在外間搭成一個簡易的床鋪，供三人下榻。憑空增添三個吃飯的人口，糧食馬上就斷了頓。邢希梅的父親無奈，只好賣掉了家裏飼養的兩隻小豬。

父親與邢希梅、李伯平到達邢希梅家的那天是一九六七年八月十九日。三人在邢家艱難度日是怎樣一番情景暫且不表。

捍衛派全局潰敗落荒而逃，父親走後沒有一點兒音信。

那時國家幹部實行行政二十五級工資制，級別的數字越小，工資越高。父親是行政二十一級，每個月的工資是五十七元；

工人實行八級工資制，八級工的工資最高。母親在製棉廠做擋車工，工人二級，每個月的工資是三十二元。工資之外，兩人都沒有任何獎金補助。全家五口人靠不到九十元的收入維持生活，還要接濟劉口老家，說不上是艱辛困苦，卻從來沒有結餘積存。

父親他們逃離臨清後，縣委機關的負責人隨之更替。為了逼迫捍衛派的人回臨清投降，凡是離去不歸者一律停發工資。我們家裏失去了主要的經濟來源，頓時捉襟見肘。三個十幾歲的男孩子，正是能吃的年紀，伙食降到最低的標準，母親手裏的鈔票還是寥寥無幾了。也曾有至朋好友悄悄送錢給母親，大家的日子都緊巴巴的，數量自然有限。對這些在最困難的時候資助過我們家的朋友，母親既感激他們經濟上的雪中送炭，更不忘他們不隨世態炎涼而變化的心腸。

那個年代，停發工資是一個很有威力的武器。縣委機關我父親的同事有不少是因為家庭的壓力被迫回到縣城的。他們一進家門，立馬被炮轟派的工人學生抓了去，許多人遭受到毒打。也有人到我們家規勸母親，讓她捎信給父親，要他也回來投降歸順。母親抱定了一個信念：只要父親沒有人身的安全，生活再困難也不讓他回臨清，大不了全家都回劉口老家種地去。

母親決定派我去縣委機關替父親要工資。據我的判斷，不要說我一個十七歲的少年，就是母親親自前去，也肯定毫無結果，何必徒勞。母親雖然認為我說的有理，還是一再逼迫我前去，話語說得越來越有壓力：你小子真沒有出息！

不知道母親是真這樣看待評價我，還是故意促我去長長見識，練練膽氣。

沒有辦法，我只好硬著頭皮前去執行這個當時認為是最艱鉅的任務。

縣委大院裏冷冷清清，樹上的蟬聲此起彼伏。縣革委各部門的辦公室多數集中在最南邊的一排平房，以前是人來人往，現在卻悄無一人。我逐個房屋尋找，在第二排原先婦女聯合會的辦公室裏，不久前在濟南曾經帶人用西瓜皮圍攻過我父親，現在被委任為縣委機關臨時負責人的范貴，正帶領著二三十個人進行集體學習，學習的內容可能是讀報，也許是什麼應時文件。

我鼓起勇氣，推門進到屋裏，大家的目光一起集中到我的身上。范貴也停止了閱讀。多數人都認識我，以往對我都是和藹萬分關懷備至，現在卻因為或炮轟或捍衛而投向我不同的目光。

當著眾人的面，我對范貴說：

「我媽叫我來領我爸爸的工資。」

范貴沒有馬上回應我。冷場了片刻，我再次用稍大一些的聲音重複了剛才說的話。范貴不冷不熱地說：

「要工資？你要什麼工資啊？回去給你媽媽說，讓你爸爸趕快回來向革命造反派投降。你爸爸回來了，就發給他工資。」

這時，我把事先準備好的自認為最有分量的話亮了出來：

「你得讓我們家的人吃飯啊？餓死人你要負責。」

隨後我又重複了多遍同樣的話，在說第二遍的時候，我的眼淚不由自主地流了出來。哭泣沒有任何效果，誰也不會在那個時候答應發給我父親的工資。

一位大叔好心地走到我的身邊，用手撫著我的肩膀，慢慢地把我擁出了那個房間。他對我說：

「寶興，你先回去吧！」

在回家的路上，我對自己的表現非常失望。我都十七周歲了，怎麼能當著那麼多人的面掉眼淚呢？真是太沒出息了！我對自己發誓：這是最後一次。我已經是一個男子漢了，今後絕對再也不當著他人的面流眼淚了。

從此我堅守了我的誓言，再也沒有當著外人流過一滴眼淚。

那些日子，幾乎每天都傳來有捍衛派被抓獲並慘遭毒打的消息，我們家的門口仍然都有人盯梢，母親對我的安全也很擔心。父親的工資沒有要了來，即便母親再會過日子，靠她一個人三十元的工資維持四口人的吃喝也實在是困難。母親決定讓我回河北劉口村去。她斷定父親走投無路的時候，也一定會選擇回老家的。

一九六七年八月，九月，是全國各地武鬥最嚴重的時期。我路過邢臺，馬路兩邊到處是巷戰的街壘，路邊的樓上，堆著一圈麻袋，麻袋後邊站著持槍的人。凌晨在保定火車站下車，遠處近處都有槍聲傳來。

保定清朝末年曾經是直隸督府所在地，後來成為河北省的省會。一九五八年，天津直轄市撤銷，河北省會遷至天津。六十年代天津又恢復直轄市，省政府開始回遷保定，許多機關的搬遷沒有完成，文革就開始了。

一九六七年夏天，河北省革命委員會還沒有成立，主導保定文革局勢的是兩支「支左」的部隊。保定是北京的南大門，文革伊始，林彪四野舊部三十八軍從東北突然調防關內，承擔拱衛京城的重任，駐地就選在了保定。時任河北省軍區的司令員是馬輝，在這個位置上擔任要職，自然也有些根基。三十八軍與河北省軍區各自支持一派，保定地區的武鬥水平逐步升級，從城市到鄉村，到處是裝備精良的武鬥隊伍。猶如又回到一九四〇年前後的抗日戰爭時期，敵後武工隊與雁翎隊又都回來了，但誰都鬧不清哪個是日本鬼子，哪個是八路軍。

太陽升起，大街上有了行人，我順裕華大街往東行走，高高的樓房上貼滿了大字標語。最醒目的是：「打倒馬輝解放河北」，署名是河北農大造反團。我不敢在城裏逗留，徑直出城沿保定去安新的公路朝劉口村的方向走去。

有徒步串聯的鍛煉，十幾公里的路程根本算不了什麼。只是八月的驕陽讓我汗流不止，剛到中午時分便覺得口乾。問路於一個樹下乘涼的人，得知公路北邊不遠的村莊便是大侯村。我姑姑的家不就在這個村嗎？遂決定先去姑姑家落腳。

我只知道姑父姓趙，在保定開汽車，進村打聽，沒費周折就找到了姑姑的家。大侯村的趙姓不是很多，幾乎都住在村子的東部，與北劉口村趙氏家族同根同源，都是趙世榮的後代。

姑父行二，已有兩個兒子：五歲的趙伯川與襁褓中的趙伯如；姑父的兄長身體強壯，有兩個同樣壯實的兒子趙伯岩和趙伯宇，一個嬌小可愛的女兒叫趙蘭霞。

姑父和兄長沒有分家，一起與父母住在一個很大的院子裏。姑父的母親是一個頭髮雪白面目慈祥牙都掉光了的老太太；姑父的父親沉默寡言，院子裏茂盛的蔬菜，證明著老爺子的勤勞。為招待我這個客人，姑姑與她的大嫂在灶臺忙碌著，倆人密切的言語，可以看出姑姑一大家子人生活得很和睦。

姑姑與我一樣都屬虎，比我大十二歲。姑姑出嫁之前沒有正式的名字，只有一個小名叫「攏」（肯定不是這個字，諧音），全家全村的人都是這樣稱呼她，我母親也是一直稱呼她「小攏」的。嫁到大侯村以後使用什麼名字我不知道，我父親在書寫她的名字時用的是「臧榮」兩個字，算是近音別字。姑姑之所以嫁到了大侯村，起因是北劉口我姑奶奶家的一個女兒率先在大侯村找到了婆家，幾年後，她便把我姑姑介紹給自己丈夫的本家弟弟，親上加親，表姊妹成了叔伯妯娌。隨後十幾年間，我有三個本家姊妹先後也嫁往了大侯村，都是她倆做的媒。農村的婚姻很多都是這樣促成的，也算是人間的姻緣。

在姑姑家住了一夜，第二天，姑父用自行車把我送到了劉口村。

整個劉口村經歷了一九六三年華北大洪水，已經完全改變了它的容貌，村子裏的住房幾乎全是在倒塌的廢墟上重建的。小胡同我們家祖傳的四合院已經不存在了，整個宅基一分為二，祖父弟兄倆各據其一。大爺爺家在後，九口人三間北屋，我曾為之壓轎的全清大叔，十二年間，已經養育了五個子女。祖父家在前，因為錢款拮据，本可以建三間住房的宅基，祖父使用舊的磚瓦檁木湊合了兩間。

對於我的不宣而至，祖父並沒有感到突然。他雖然住在農村，憑著智慧與經驗，對外面的局勢有自己的判斷。失聰的祖母滿臉的驚喜，忙不迭地詢問我父親我弟弟們的情況。祖父他們也不知道父親的去向，反而增加了我的擔心。

四十二、北京上訪

前面說到父親在臨西付莊邢希梅家暫住。邢家賣掉兩隻小豬，開銷了幾日，便又捉襟見肘。邢的父親脾氣暴躁，當著外人動輒就毆打自己的白髮妻子，兩間小屋裏的氣氛緊張壓抑。勉強堅持了一些日子，父親與李伯平決意離開，臨行前給邢家留下了十塊錢，糧票若干。

二人轉到江莊。江莊的大隊支部江書記曾是父親在下堡寺工作時的熟人。江書記以炒雞蛋招待，已屬不易。過了幾日，江書記委婉地說，他們的村裏也不安定。父親深知其意，隨決定告辭。

父親與李伯平返回付莊與邢希梅告別，商量好聯繫方式。二人騎自行車穿越臨邯公路與臨邢公路達到清河縣城，把自行車交還給李書堂。

李伯平決意去河北滄州投奔妻兄，與李伯平分手前，父親對李伯平說：

「你是投親，我是回家，錢糧你多帶些，」

遂把剩餘的錢款給了李四十元，自己留下了二十幾元。

父親乘汽車從清河到達邢臺，有幾個持槍的人站在大街上吆喝行人：

「快走！快走！」。

火車上一河北農業大學的學生告訴父親：到保定後夜間千萬不要走出火車站。

火車到了保定，父親不敢出站，連椅上坐到天亮，或遠或近的槍聲不斷。待到太陽升起，行人嘈雜，父親才敢走到街上。

沿裕華大街東行，馬路兩側的牆上貼滿了大字報、大標語。父親正駐足觀看，恰逢一身挎包裹的女人問路去劉口村，後來才知道那正是去年被押送回原籍的趙鴻善二舅之妻，她是回北京看望兒女返回時剛下火車。

父親胡亂買了些吃的，整個上午，都滯留在保定城裏觀看大字報，下午才往劉口村走。步行到中臧村村北，恰好遇到父親的表兄。這個表兄，是我曾祖母娘家侄女的兒子，家在北劉口村。表弟兄兩個邊走邊聊，我這個表伯父說話很有特點，事情無論大小，從他嘴裏說出都會神祕兮兮地。他告訴我父親，說我已經於某某日回到劉口家中。這樣的消息，他是怎麼知道的呢？真是有些神祕。

父親回到劉口村，全家懸掛已久的心終於落了下來。我趕緊寫信告訴母親。為了避免暴露父親的行蹤，信寫給了一個關係密切的鄰居，讓他轉交給母親。

六天之後，接到邢希梅從臨西發來的電報。為了安全，邢希梅在電報的末尾署名為梅西行。「梅西行」要父親到北京與陳景強帶領的幾十號人馬會合，說是國務院領導答應接見，需要父親幫助他們準備材料。濟南辯論時用的材料，父親存放在臨西韓英範那裏了，即便如此，父親還是去了北京。

按照邢希梅電報提供的聯絡接頭地址，父親在廣安門外一處院落裏找到一個姓滿的女人，她的弟弟在臨清飲食店工作。滿女士知道陳景強一行在北京的住處。

臨清捍衛派赴京上訪團六七十號人馬。分別住宿在北京市教育局教研室和廣電局招待所兩處。父親去那裏一看，屋裏屋外一片混亂。大概是前景的悲觀讓這些人心衰力竭，被子不疊，垃圾遍地，吃完飯，不洗碗，直接把碗從窗口扔到樓下去。

父親不想和他們住在一起。東大橋外交公寓附近有一個接待站，只要說自己是外地進京上訪者，就可以在接待站領到一床被子，晚上在地鋪上一滾，第二天早晨把被子交上去。洗漱飲水自來水龍頭的幹活。父親晚上住在東大橋，白天去廣電局招待所整理材料。父親憑記憶說，臨清糧食局的李繼增執筆書寫，幾天下來，整理出了幾十頁，內容無非是臨清縣革命委員會建立以來，炮轟捍衛兩派曲曲直直誰是誰非。

等了幾天，國務院領導接見的消息越來越淡，進京上訪團的人員也越來越少。材料遞交到接待辦公室後，也就沒有了音訊。

文革進行到第二年夏天，像臨清一樣常駐在北京的上訪團，有很多很多，山東進京控告王效禹的也為數不少，至於管用與否，只有天知道。各省的是非曲直還會有各種渠道直通天庭，王效禹後來的垮臺，上訪團究竟起到多少作用，或許不是一個零。

父親從北京回到劉口後不久，接到了母親的來信。母親寫信有三分之一的錯字別字，但意思還能表達清楚。王受孔、李振學、李書堂、李伯平、李雲章、程愛榮、鄭連禧、等人陸續回到臨清縣城，回去後即遭到毒打。母親說她二十多塊錢的工資，三個人吃飯沒問題。只要還打人，堅決不讓父親回臨清去。

父親與祖父分析，不完全排除臨清開車去劉口抓人的可能。謹慎起見，全清叔叔幾次到公社辦公的地方，到村口巡邏，看是否有山東口音的陌生人來往走動。

四十三、捍衛派的遠方戰友

按照當時普遍的行政模式，南劉口村的全稱是河北省清苑縣臧村區劉口人民公社南劉家口生產大隊，簡稱南劉口大隊。同樣，北劉口村則是北劉口大隊。南劉口大隊有十六個生產隊；北劉口大隊有十八個生產隊，生產隊是最基層的生產分配單位。每個生產隊大約一百五十至一百八十口男女老少，這樣算來，一九六七年南北劉口兩個村的總人口不到六千人。祖父那年五十五歲，擔任第五生產隊的會計。我的貓子叔叔十六歲了，在村裏的小學畢業後，就沒有再繼續讀書，直接成了生產隊的社員。

文革的潮水已經波及到劉口這樣的農村。那年春天，清苑縣委書記王修為躲避造反派的揪鬥，曾經在南劉口村藏匿了數日。王書記之所以選擇南劉口村避難，一則因為劉口村位於清苑縣域東北一隅，溝河縱橫蘆葦茂密且不通公路，來往人員稀少，消息閉塞。二則是王修書記認為南劉口大隊的黨支部書記耿澤民忠誠可靠。耿澤民小名柃（平聲）子，祖父、大叔叔們說話涉及到他，都稱呼其為「老貨（去聲）子」。村裏的廣播喇叭和遊行隊伍呼喊口號，稱耿澤民為耿寨民；毛澤東則說成是毛寨東。劉口一帶的方言習慣把本不是去聲的字發音成去聲。

我回到劉口時，村裏的群眾組織也分為了兩派：一派支持黨支部耿書記與生產大隊的大隊長穆章法，成員多是耿姓穆姓，居住地位置占據村子的西部；另一派以民兵隊長臧大水為首，成員多為臧姓，居住在村子的東部。西部的一派因為支持大隊原來的當權派，所以被稱做保皇派；東部的成員幾乎全部姓臧，因此被貶稱為家族派。

如果順著這兩派的藤蔓往公社往縣裏乃至保定城裏摸上去，南劉口大隊的保皇派支持河北省軍區司令員馬輝；家族派支持的是三十八軍以及河北農業大學造反團系列。

文化大革命為全國的每一個人都提供了舞臺，不論什麼身份，都有表演的機會。

我還嘗試著順著這兩根藤蔓往河北省的東南部摸過去，因為派別的劃分在河北山東兩省的交界處有一個銜接。河北省臨西縣支持馬輝司令的一派與山東省臨清縣的捍衛派暗結友好，相互支援。這樣梳理，我和我父親所信奉的捍衛觀點，應該是南劉口村保皇派的遠方戰友。

不清楚什麼原因，我的祖父以及大爺爺家的全清叔叔並不贊成臧姓為主的家族派，而完全傾心於耿書記穆大隊長旗下的保皇派。尤其是全清叔叔，一言一行完全都出於耿穆一派的立場。因為這層關係，我父親回到劉口村後，耿澤民和穆章法先後到祖父家看望過父親。在那時理順這樣的信仰淵源，組織脈絡是很必要的，也是一件很有意思的事。

時局混亂，在外面工作的人有許多回鄉下躲避，父親我們倆返鄉暫住，親戚鄉鄰也並不覺得奇怪。祖母不瞭解政局時事，我和父親帶來的天倫之樂，讓她興奮不已。

三十年前，日本鬼子進攻中國，祖父和他的哥哥逃離劉口村去保定、北京暫住；三十年後文化大革命，國家內部亂了，我和父親從城市跑回劉口村避難。真是世事輪迴呀。

四十四、第五生產隊

那年春節前後，祖父曾經挨過幾次批鬥，就是被強迫彎腰站在臺子上，臺下的人呼喊打倒的口號並命令交代問題的那種。

祖父在家族內輩份比較高，內心十分自尊，批鬥對他的傷害很深。提及此事，祖父卻沒有激昂的反應，還以「現在都時興這個」緩解我們的氣憤與擔心。後來，閒聊中提及家族內的某某，祖父往往會憤憤地插上一句：

「他個小兔崽子，那（Nai）個時候喊口號比誰的嗓門都高！」

可見祖父對批鬥會上受到的侮辱還是耿耿於懷的，尤其是不能原諒進德堂家族內晚輩們的背叛。

做為農村最基層的生產兼行政組織，南劉口第五生產隊有三名隊長：政治隊長劉智森（共產黨員，小名江爾，外號大眼江）；生產隊長臧澤民（小名棚爾，輩份比我還小一輩，外號叫火車頭））；副隊長蘭池爾。祖父擔任生產隊會計，算是第五生產隊的「四把手」。若是再順延出一個「五把手」的話，那就應該是飼養員臧田子了。

第五生產隊有人家近三十戶，男女老少一百六十多口，其中青壯年勞動力四十幾個，擁有田地四百多畝，其中三分之一種植蘆葦，三分之二種植糧食。糧食以小麥為主，夏收之後要先把晾曬好的小麥繳納公糧，然後再給社員們分配。

秋天，若沒有洪水，可以收穫一些玉米高粱穀子地瓜，留足飼料，其餘分給社員食用。那時的生產手段與三四十年代土改之前並沒有多大改變，每畝的糧食產量甚至比以往還要低些。一般年景，第五生產隊全年生產糧食不到八萬斤，繳納公糧之後，每口人每年分到的糊口毛糧約三百市斤或稍多一點兒。

生產隊的糧食是如何分配的呢？我詳細地問過祖父。簡單地說是「人七勞三」，如果一共有一萬斤糧食要分給社員們，按照人頭平均分配七千斤；按照工分的多少分配三千斤。

社員參加生產隊的勞動報酬就是工分，日出而作，日落而息，勞動一天，青壯年整勞力可以掙到十個工分，老弱年幼及女勞力遞減，每天誰個參加了勞動，由記工員負責統計記錄。全年下來，除卻陰雨冬歇年節，最強壯的勞力可以大約掙得三千個工分。社員自家積攢的糞便垃圾灰土交到生產隊，也可以折算成適量的工分。

生產隊繳納公糧，國家按照收購價付款，分給社員的糧食、蘆葦及地裏所有的出產，也是要收錢的。這樣下來，第五生產隊全年社員勞動所得工分大約十二萬個，現金總收入大約在六千元，最多不過一萬元人民幣，全部參加分配，每十個工分（一個整勞動力勞動一天的報酬）可以分得〇・五至〇・八元人民幣。不要小看這低微的收入，據當時的大致統計，這樣的工值，應該算是比較高的。全國各地平原山區絕大多數農村的生產隊的現金分配都達不到這樣高的水平。

生產隊的隊長副隊長，沒有開會一類的公務，全天和社員一起下地勞動，只是比普通社員多一些工分補助。生產隊的會計與飼養員不論天氣好壞過年過節，工分補助是全天候的。因此可以說祖父是整個生產隊唯一的腦力勞動者，而且工分掙得最多。據說生產隊內覬覦我祖父會計職位的人就有好幾個。

每天晚飯後，政治隊長劉江爾和生產隊長臧棚爾兩個出門散步，就會來到我祖父家。三個人以拉家常的方式討論生產隊的事，有時三言兩語，有時反覆分析，說話間，幾乎生產隊的所有事情就都確定了下來。副隊長蘭池爾有時也來，他在的時候，談話的內容會有所區別，四個人說的多是明天地裏的活怎麼安排。時日一久，我感覺出來生產隊的三個隊長都很尊重我祖父的意見。

我和父親離開劉口村十幾年了，村裏最明顯的進步是通上了電，多數人家有了電燈，只是電壓不足，燈不明亮，而且經常停電。磨麵用上了對輥電磨，南劉口村大概有五六個電磨磨房，都屬於生產隊所有，加工一斤小麥或玉米豌豆高粱，收費一分錢。舊時的磨房已經淘汰；石頭碾子還依舊使用，熬煮白粥的玉米顆粒多是放在石頭碾子下滾壓出來的。

除去馬車的鐵木輪子換成了膠皮輪子，其他的生產工具幾乎沒有什麼進步。鐵鍁、鋤頭、鐮刀、扁擔、繩子一類的農具屬於社員個人，自己購買，自己保管，自己維修，自己使用。犁頭、耬、耙、馬車歸生產隊。第五生產隊飼養著兩匹馬，一頭騾子，一頭牛，兩輛膠輪馬車。其他生產隊馬車與牲畜的數量也都相差不多。

正是三秋時節，祖父與幾位生產隊長說過，決定讓我和貓子叔叔一起參加生產隊的勞動，報酬與叔叔一樣按半勞力記工分，每天八分。因為每個生產隊為了防止工分通貨膨脹，盡量減少出現工分的數量，所以讓我成為臨時的社員，含有照顧的性質，是看祖父的面子，身體孱弱的我能幹些什麼呀？

因為有夏秋洪水泛濫的危險，劉口村歷來秋糧種植得很少，所以秋收的任務不重，秋天的農活主要是種植小麥，最繁重的活計是翻地。劉口的耕地，表層全是厚厚的淤積土，肥沃卻難以耕作。因為沒有耕地的機械，也沒有足夠的牲畜，翻地只能使用一種叫鈢子的農具把地表土淺淺地弄鬆。拉鈢子翻地，拉耬播種小麥，幾乎全部靠人牽引繩索完成。

我的堂伯父臧全順與臧全永，那時才五十多歲，幹農活是最好的把式。翻地時扶鈢子，播種時扶耬他們弟兄們自然當仁不讓。說心裏話，生產隊給我記八個工分，全順全永伯父才掙十分，我的內心確實有愧呀。

每一架鈢子或耬，一般由四個人來拉，所有的人按男女老少強弱搭配分開，每人牽一根繩子，都要用足力氣，鈢子或耬才能前進。

當年從劉口村往馬莊扛木頭時差一點被日本鬼子殺死的堂祖父臧春波，小名二喜，我稱他二喜爺。我在生產隊參加秋收秋種那年，他已年近六十，但體壯如牛，力大無窮，拉鈢子時大家都願意與他結伴。生產隊長安排活計的時候，也往往給二喜爺搭配三個體弱的社員。

有一次我與二喜爺拉一個鉌子，另外的搭檔是兩個年輕女子。行進期間，她們給我使了個眼色，我們三人的繩子悄悄鬆了下來，二喜爺一個人拉著鉌子前進了數十米。我們三人陣陣竊笑，二喜爺發現了我們的把戲，也並沒有言語，微笑一下，一個人照常用力拉著鉌子前進。

二喜爺的老伴稍微呆傻，兩人生養了很多孩子，鄉鄰們說能裝滿一車（車不是很大），還有人說能躺滿一炕（炕不是很小），卻一個也沒有成活。二喜爺體強力足，飯量自然也大，在那糧食奇缺的年代，他們老倆口的日子十分窮困拮据。

秋高氣爽，田野裏滿是忙著種麥子的社員。農時不可違，為了節省時間，早出工晚收工，午飯送到田間食用。負責送飯的社員，到各人的家中收集飯食，用兩只大筐挑到幹活的地頭。

最初，祖母給貓子叔叔我們倆準備的午飯一般是兩張烙餅，一小碗燜鹹菜，好的時候，燜鹹菜裏有幾條小魚。劉口村的烙餅都很大，一般一張餅需要一斤左右的麵粉。平日在家裏吃飯，都捨不得放開肚皮吃。兩碗白粥下肚，烙餅就吃不下許多，還要摻雜食用玉米高粱地瓜。送到田間地頭的飯食，眾人一起就餐，自然實在光鮮，其他社員家準備的飯也都這樣。後來祖母知道了兩張烙餅還不能滿足我倆的食慾，烙餅的數量又增加到三張，我們倆正是半茬小子，吃死老子的年紀。

秋日的豔陽，乾燥的風，中午的烙餅鹹菜，後果是下午的異常乾渴。田野裏沒有可以飲用的水源，村南的府河故道斷流了，卻還有一些渾濁的積水，在它附近幹活時曾去喝過幾次。一天，在西南窪播種小麥，嗓子乾咳得厲害。西南窪離府河故道很遠，只好和二喜爺一起在附近尋找水源。一條乾涸的水渠裏有一小窪殘水，裏面還有一些小魚水蟲子蝌蚪類的動物蠕動。二喜爺彎腰把那水坑挖深了一些，稍事沉澱，他就用手掌捧起喝了一陣。其他幾人也與他一樣喝了幾口，待到我彎腰捧水的時候，蠕動的小生命們讓我猶豫起來。口腔的乾渴讓我閉上了眼睛，狠心喝了兩口，猶如吃了滿嘴的污泥，嗅覺味覺都感受到了死魚的腥與污泥的臭。

參加第五生產隊的秋收秋種，我只勞動了一個多月。中秋節後不久，麥子地裏開始泛綠，農田裏的活兒基本忙碌過去，不需要很多的勞力了。祖父為人謹慎自律，不等生產隊裏有人非議，他就主動向劉智森臧澤民兩位隊長提出，不再讓我到生產隊下地幹活賺取工分了。這樣說來，我在第五生產隊做臨時社員的經歷也只有四十多天。

劉口村秋收最後也是最繁重的勞動是收割蘆葦。只有青壯男勞力才可參加，每人的身上纏裹上麻袋片或破魚網，以免蘆葦葉子劃破磨損衣服；腳上穿一雙厚底舊大頭鞋，如刺刀匕首般的蘆葦茬子，隨時都會刺傷腳掌；鐮刀每人都要攜帶數把，才能對付不知比玉米高粱秸桿堅韌多少倍的蘆葦，晚上收工後還要悉數打磨。

蘆葦收割以後，與糧食一樣按照「人七勞三」的規則分給社員。劉口一帶，直至白洋淀文安窪的大片區域，村民的生計幾乎完全依靠蘆葦。經過女人們編織，蘆葦就成了日常的柴米油鹽，成了過年過節就醫看病的開銷，成了婚喪嫁娶的禮品。村民翻蓋房屋的資金，也全指望著蘆葦。那時還沒有現在這麼多的塑膠製品，蘆葦編織的蓆片，簍子，葦箔，葦簾銷路很廣。劉口村的蘆葦有一些是池塘河邊自然生長繁衍的，大面積的是生產隊在低窪的耕地人工栽種的。栽種的蘆葦品種優良，粗細均勻。表皮光亮。解成葦糜，柔軟有韌性。用去掉皮的細蘆葦製作成潔白的葦簾，運到天津，直接出口到日本。

四十五、魚訊

劉口村的人依舊還保留著打漁的習慣，從生產隊幹活回來，家裏的飯還沒有做熟，拿起魚網去池塘去河邊撒上幾遭，或許就有些收穫。

府河岸邊支撐著十多架罾片，罾旁邊的窩鋪裏，一個老漢叼著長長的煙袋，水中固定著一隻很大的簍子，簍子裏一年三季都有活魚。來了客人，劉口村一般的人家飯桌上都會端上四個菜：燜魚、煎雞蛋、臘肉燉粉條和時令蔬菜。再艱難的歲月，劉口村的田園生活依舊有滋有味。

接連幾場秋雨，府河裏的水漲得快滿了河槽。有人吆喝一聲：

「上魚了嗽！」

男人都丟下手中的活計。生產隊的差事，再也沒人問津。男人和孩子拿著各樣的網具衝向府河的兩岸。最先達到者，早已迫不及待地把網撒向河裏。

每逢漲水，白洋淀裏的魚就會成群結隊逆水而上，往府河上游衝擊。這是魚的習性，大概低等脊椎動物們認為，水流的來源之處，一定存有希望，起碼會有一些沒有吃過的食物。白洋淀的水深，魚棲息在淀裏脊背顏色是青黑色，游到府河裏客居幾日，脊背都會變成黃褐色。動物的本能，入鄉隨俗耳。

一袋煙的工夫，南北劉口村之間的府河兩岸就聚集了千把號人，拋向河裏的魚網不下五六百具，好像當年占據山梁的八路軍伏擊山溝裏的日本兵。鬼子的車隊開過來了，手槍、步槍、機關槍一齊開火。看誰把網撒得遠，看誰把網撒得圓，看誰網裏的魚兒蹦得歡。有人一網下去，拉上來十幾條金色的鯉魚，比獲得了諾貝爾獎還讓人驚喜。

魚網入水唰唰的響聲，男人們渾厚的呼號聲，開玩笑者的髒話與笑聲，夾雜著孩子們的尖叫聲，府河兩岸一片歡騰。女人把飯菜送到河邊，各家的飯食幾乎都一樣：燜魚烙餅；賣吃食的貨擔子挑到了現場，沒有人再理論價錢；魚販子也都匯集到河邊來了，兩隻大筐裝得滿滿，騎上自行車，快馬加鞭往保定城裏趕。

魚類的遷徙往往是一幫一幫地游動。一幫來了，人們的網紛紛撒起，一幫過後，人就暫且歇息。兩岸搭建起很多臨時的窩棚，歇息的人輪流鑽進裏面小睡，幾百掛網具也偃旗息鼓，只留幾具擔任偵察兵的角色。

夜晚降臨，府河兩岸仍站滿了人，只要水中的魚兒游，網就不停地撒向水中。弟兄們，父子間，人歇網不歇。各家各戶的灶間早已飄起了魚香，老人孩子因為大飽口福而笑容滿面。劉口村烹燒鮮魚的技藝十分簡單：多放醬色多放醋，緩添柴火慢火燉。捕獲多而又沒有賣掉的鮮魚，連夜被加工成酥魚，天亮之後去附近的集市上出售。腳力好的會出現在保定的大街小巷，或者徐水和漕河火車站的站臺上。劉口村的酥魚遠近聞名。

府河裏的洪水流淌多少天，劉口村的歡騰就持續多久，魚訊是劉口村喜慶的節日。

四十六、祖母的中秋節午餐

回劉口村的第二天，我即去看望孤身一人的外祖母。外祖母已經七十六歲了，她在大水災後曾去臨清住過幾個月，四年後的外祖母好像沒有什麼變化。

外祖母問我：

「你們那裏也不安定吧？」

不安定，是外祖母對文化大革命的定義與感受。

外祖母的一間小屋裏，身材矮小的我，頭幾乎能碰到那唯一的房樑。屋裏沒有傢俱，一眼灶，一口鍋，一隻小水缸，幾個鹹菜罈子，幾個蘆葦編織的簍子。雖然簡陋，但炕上沒塵土，灶臺上沒污漬，外祖母愛乾淨的習慣依舊。

外祖母小屋旁邊新壘了一間房子，那是從北京被趕回劉口村老家的趙鴻善二舅夫婦安身之處。外祖母的鄰居們聞訊而至。有的我早就熟悉：趙鴻圖的妻子，我稱之為大妗子，端莊安靜；趙自修的妻子，我稱之為三妗子，豪爽開朗。有我不認識的：一個濃眉毛大眼睛的年輕女子，外祖母介紹說我應該稱呼她為表嫂，她是三妗子的二兒媳，平分表哥新娶的媳婦。她們和外祖母說說笑笑，十分融洽，是她們陪伴照顧了我年邁孤獨的外祖母，我打心裏感激她們。

以後的日子裏，我隔三岔五去看望外祖母。外祖母沉默寡言，生活的艱難，村裏的歧視，強迫她去掃街一類的事，她隻字不提，東長西短鄰裏親朋的家務事也很少談及。有時我們倆只是乾坐著都不說話，但我知道，外祖母很享受這樣沒有多少交談的陪伴。我是外祖母最年長的親外孫，我坐在她的小屋裏，我望著她，她望著我，我們就都感到幸福，這就是親情。

陪伴外祖母的時候，我往往會思考一個問題：善良慈祥勤勞節儉的外祖母怎麼能和兇狠刻薄欺壓別人的地主婆劃等號呢？我開始懷疑我所閱讀的書籍，開始懷疑自己所接受的劃分階級的政治理論。這些懷疑或許就是那個時代人們經常說剝削階級思想的腐蝕和影響。外祖母以自身的正面形象「腐蝕」了我，影響了我。

中秋節前幾天，外祖母和我約定：月圓之日的中午，她給我燉小雞吃。外祖母每年都餵養一群小雞，那年的幾隻已經長全了毛，其中有兩隻小公雞的冠子都紅了。我知道外祖母飼養小雞很不容易，我想推辭。外祖母的話無容置疑：

「讓你吃了我最高興。」

中秋節那天，我去外祖母家動身不算晚，路過府河上的木橋時，有幾個和我年紀差不多的半大小子在捉魚，好奇的我駐足觀看，不知不覺耽誤了時間。突然想到了與外祖母的約定，趕忙往外祖母家奔跑。外祖母早就燉好了雞肉，烙好了餅，左等右等我遲遲不至，外祖母便到胡同口迎我了。看到手持拐棍彎著腰站在街上等候我的外祖母，我心裏一陣內疚。

兩隻小公雞是外祖母唯一能拿得出來款待我的食物，吃飯的時候，外祖母只喝了幾口雞湯便放下了筷子，微笑著看著我狼吞虎嚥。外祖母燉的小公雞真是好吃，那是我吃過的最好吃的雞肉，是我終生難忘的一頓午餐。

四十七、吃撈麵

天氣炎熱，劉口村的人中午都喜歡吃撈麵。當然了，條件是麵缸裏要有足夠的麵粉。早飯後就在麵粉裏灑上少許清水，中午做飯時，用力揉成堅實的麵團，至於擀出來的麵條是粗是細，是長是短，是筋道還是綿軟，那就要看家中主人的口味和主婦的手藝了。

麵條煮熟，撈到一盆剛自井中提取的涼水裏，從生產隊勞動歸來，一氣喝上幾大碗，從嘴裏一直美到心裏。多數喝撈麵的人家都沒有炒菜相拌，全靠醋與砸爛的大蒜調劑滋味。祖父比較講究，飯桌上的撈麵裏往往會有幾絲黃瓜或幾丁綠色的芸豆，營養不見得多，養眼。

屋子後面大爺爺家也吃撈麵。麵下到鍋裏，發現瓶子裏的醋用光了。大奶奶站在胡同口可勁一聲吆喝：

「寶奇唉——！打醋去——！」

寶奇是全清叔叔的長子，年方十二歲。只穿一條短褲的寶奇應聲而歸，徑直取了醋瓶，再到雞窩裏拿一枚帶有母雞體溫的雞蛋。如果走村西的木橋去北劉口供銷社（劉口村民稱之為聯社）商店打醋，往返路程有兩公里還多，若直線過河去到那裏，來回也就是四百多米。

嗓音洪亮的大奶奶（一九〇五—～九九五）（左）和我那耳背的祖母（一九一一～二〇〇三）在說悄悄話。（照片拍攝於一九九一年）

寶奇急急忙忙跑到府河岸邊，脫下短褲鞋子，用腰帶與醋瓶子綁到一起，雞蛋含在嘴裏，身子緩緩進入水中，一隻手高舉行頭，一隻手划水，頃刻游到對岸，穿上鞋褲，取出嘴裏的雞蛋，轉身就到了商店。返回時依舊如此，只是嘴裏的雞蛋換成了瓶子裏的醋。趕忙跑回家中，麵條剛剛撈到涼水盆裏。

一段文字，描繪劉口村當年生活的一個小場景，用以懷念我那直率豪爽聲音洪亮的大奶奶。

四十八、拾柴火

播種完小麥，我就不再去生產隊幹活。貓子叔叔每天還去生產隊裏掙工分，我不好意思在家閒著，隨向祖父提出去田地裏拾柴火。

那時的農村，只要有糧食和柴火就能生存。每戶能弄到家裏的糧食反正只有明擺著的那些，有差異的是柴火垛的大小。媒人給姑娘介紹對象，說過了其他的條件，往往還會提及那小伙子家有多麼多麼大的一堆柴火。

那年頭柴火金貴。玉米、高粱等高大秸桿收割後就已分給了社員們。再去地裏揀拾，目標只能是玉米、高粱田裏的茬子，連根刨起，半尺多長短。玉米高粱茬子曬乾後做飯燒炕，底火持久。

我的工具是一隻筐和一柄二尺多高的钁頭。劉口村的筐，或者說保定東鄉使用的筐與它處的有些不同：樹木枝條編成，四十釐米見方，一尺左右高矮，每個角固定著一根二尺多長，手指粗細，質地最柔韌的樹枝。用它挑土肥，兩筐裝滿，一百多市斤；若是裝柴火，四根樹枝便派上了用場。四根樹枝有多長，柴火就能壘多高。一擔潮濕的玉米高粱茬子，能把扁擔壓彎。一筐玉米茬子或高粱茬子背在我的肩上，走回小胡同的家中，途中要歇息兩次。

用茬子把一隻筐裝滿也並非易事。茬子都還長在地裏，先用钁頭把它連根刨出，再敲掉黏在根部的泥土，一根一根地挖掘，不一會兒就汗流浹背，半日下來，重體力的幹活。

去地裏挖掘撿拾玉米高粱茬子做柴火的多是老漢，殘疾人和男童。一個外號叫「七九」的老漢經常和我結伴去地裏。「七九」老漢六十多歲，身材不高，一隻腿有殘疾，村裏人都稱呼他「老七九」，按輩份我應稱呼他伯父。他有五個兒子，三個在城裏工作，二兒子就是第五生產隊的飼養員臧田子。他老公母倆和最小的女兒一起生活，日子還算寬裕。

他的女兒小名老閨女，正在談婚論嫁。準女婿是一位汽車駕駛員，很吃香的職業，只是長相遠不如老閨女。堂姐老閨女長得很漂亮。

「老七九」伯父的孫子輩已經有幾個能拾柴火的半大小子了。他一瘸一拐地背著筐下地，純屬於出自勤勞的本性。空曠的田野裏就我們倆人，掄著钁頭還可以說話聊天。「老七九」行走不便，揮動钁頭的動作也緩慢。半晌下來，我筐裏的柴火卻沒有他的多，看來最簡單的勞動也有竅門。「老七九」很願意和我結伴，有時候他裝備好筐與钁頭，特意在村口等侯我一會兒。和「老七九」大伯一起拾柴火是我一段難忘的經歷。

故鄉的土地，灑滿了祖輩的汗水和淚水；周圍的人，有很多與自己同根同祖，血管裏跳動流淌著相同的血脈。遠處看某個人的體形，近距離仰視一個熟悉的五官，或許在自己身體的某個部位就能找到與之相似之處。

只有在故鄉才有這樣的感覺，只有故鄉才有這樣的魅力。

田野從茂密的青紗帳變成一片空曠的黃褐色。我在劉口住了四個月。故鄉的糧食，故鄉的水，祖母的烙餅，外祖母的燉小雞，我的身體發育突飛猛進，身高一下子增加了十幾公分。因為身體的變化太快太大，隨身穿的幾件衣服都不能穿了，母親給我郵寄到劉口村的冬裝，褲腿和袖子都接長了兩寸。我告別了矮小，告別了稚嫩，長成為一個挺拔的青年。

我生命的源泉，生長的密碼都在我的故鄉劉口村。

四十九、榮枝媽

一個人經歷了大悲大喜的事件，過後卻會忘記一些重要的內容。有時候甚至一起經歷全過程的所有人，也都回憶不起來最關鍵的細節了。

一九五〇年農曆正月二十八那天我出生後，沉浸於極度喜悅的小四合院裏，所有的人都忘記了我下生的確切時辰，包括最主要的當事人——我的母親。這可是一個很關鍵的問題，生辰八字將決定我的一生啊。

就在全家人為此一籌莫展的時候，有一個人站出來證明我是出生在卯時。這個人是我們小四合院的鄰居。鄰居的證明非常重要，不僅補全了我的生辰八字，而且因為我的屬相是虎，卯時的老虎是吃飽了肚子的回山虎，將一輩子衣食無憂。我們小四合院裏的人都相信我是回山虎的說項，因而十分感謝提供證明的鄰居，這個鄰居就是榮枝媽。

南劉口村也有一戶姓趙的，他就是趙石頭。趙石頭孤身一人在南劉口給親戚家做長工。那趙石頭皮膚黑，個子矮，弓背彎腰羅圈腿，家裏又窮，五十多歲還沒有娶上媳婦。

土改的時候，趙石頭分到幾畝地，分到了兩間西房。這兩間西房就在富農臧貫三家的院子裏，正對著小胡同的北口，離我們的小四合院不遠，趙石頭和我們家成了鄰居。

大約是在一九四八年末的一天，一個喜歡保媒拉纖的半職業媒婆，給趙石頭領來了一個媳婦。那女子年方十九歲，身材窈窕，皮膚白嫩，只是眼睛殘疾，是一個雙目失明的盲人。

媒婆和村裏的人說，這女子是她的一個什麼什麼親戚家的表妹，家是下沿子的一個什麼什麼村。下沿子是劉口附近的人對白洋淀一帶的稱謂。從盲女子的口音判斷，她家距離劉口村不是很近，最少也要在數十里地開外。她和她表姐倆人說的村莊名子，大家十分陌生。至於盲女子的姓名，根本就沒有人問及，既然嫁給了長工雇農趙石頭，自然就以石頭媳婦相稱了。

趙石頭雖然分了房子分了地，家裏仍然很貧窮。沒有舉行婚禮，趙石頭就和盲女子入了洞房。不清楚盲女子怎麼知道了趙石頭的年老和醜陋，趙石頭剛一靠近自己的媳婦，臉上和身上就被她那十個尖尖的手指撓出一道道血痕。趙石頭只好抱一床被子到炕梢睡，依舊當自己的光棍。血淋淋的戰爭進行了一個多月，趙石頭才終於奪回了自己的陣地。

過了一年多，盲女子為趙石頭生了一個女兒，取名榮枝，石頭媳婦就成了榮枝媽。

榮枝媽的雙眼能夠睜開，她的眼睛還很大，只是睜開眼睛後，裏面只有眼白，沒有黑眼珠，她是先天失明，不是疾病所致。客觀地講，如果眼睛不殘疾，榮枝媽是一個漂亮的女子。

雖然劉口村的女人很少到田裏勞作，燒火做飯，洗衣磨麵，編席織簍做針線，就把一雙雙原本纖嫩的手磨損得十分粗糙，臉也曬得黑紅。村裏也有眼睛殘疾的女人，都要摸索著做些家務，維持生計，全然不像石頭媳婦榮枝媽那樣皮膚白淨，十指尖尖。石頭媳婦連炕上的被子也不會疊，甚至連日常最簡單的生活詞語都不懂，大家便猜測出她是或許是哪個富戶人家的小姐。能讓她從小如此養尊處優的人家，一定還不是一般的富戶，土改的時候，肯定是被鬥爭了，被掃地出門了，甚至家破人亡了。盲女子被表姐領到趙石頭家以後，石頭媳婦很少念叨自己原來的家，沒有說過有關她來劉口以前的事。這就更加印證了大家的推斷和猜測。

趙石頭年過半百還能娶妻生女，心中自然欣喜，除了去地裏勞作，家裏的所有活計也全部承擔，燒火做飯烙餅自不當說，連縫縫補補抱孩子的勾當也不強讓榮枝媽摸索著做。那榮枝媽高興時說說笑笑；不高興就哭哭泣泣，使著性子打罵年老的丈夫和孩子，一副貴小姐的做派。

她乖戾的性情不可能得到鄰居鄉親們的認可和尊重，她的懶惰邋遢更是讓周圍的人鄙視。所以大家背地裏提到她時，都不稱呼她榮枝媽，而是直截了當地稱呼她為瞎子。

凡是眼睛殘疾的人，耳朵都非常靈敏，榮枝媽也不例外。一九五〇年三月十六日清晨，我來到人世間的那第一聲啼哭，就被她那靈敏的耳朵抓了個正著，並且以唯一見證人的身份，補救了能夠保證我一生幸福的出生時辰。不要忘了，趙石頭並不是我們家最近的鄰居。他那兩間西屋坐落的院子，和我們小四合院的北屋隔著一條路，還隔著一眼水井和一架碾子。

後來，我又多次領教過榮枝媽耳朵的靈敏：我相隔多年才回劉口村一次，在她門前走過的時候，不說話，甚至不咳嗽，她都能夠判斷出走路的人是我，直截了當地一句：

「是寶興吧？」

我信服地回答：

「是我，娘（伯母）！」

榮枝媽憑借著什麼毫不含糊地判斷出在她附近走過的人，就是多年不見的我呢？莫非她能夠分辨出我呼吸的聲音？莫非她的耳朵能夠辨別出我的腳步聲和平日她所熟悉的那些人，有什麼細微的差別？真是有些神奇。

據說，榮枝媽還有一個神奇的本領：每晚上她可以抓住十幾隻跳蚤，並且都用頭髮把這些小精靈捆起來，串成串掛到窗戶上。這樣的本領是如何練成的，不得而知，也許只是因為她家炕上的跳蚤太多了。

一九六〇年大饑荒時，趙石頭把僅有的食物都讓給了妻子和女兒，自己餓死了。趙石頭沒有給榮枝媽母女留下財產，卻留下了一個好的階級成分，榮枝媽母女成了全村最貨真價實的「五保戶」，生產隊分什麼東西，都會有她們娘兒倆一份。如果生產隊分給東西不及時，榮枝媽就會去生產隊找，去鬧，充分體現了貧農成分的優越。

榮枝從小沒有上過學，整天在街上跑著玩，她的父母不能對她進行教育，完全任她自然地生長。能夠下河洗澡的天氣，她和男孩子們一樣整天泡在池塘裏游泳。哪裏有紅白喜事，哪家來了客人，她最喜歡混在孩子群裏跟著瞧熱鬧，趙石頭餓死後，娘兒倆還要活下去，生產隊分給的糧食，只能由榮枝燒火做飯，半生不熟地囫圇著吃。榮枝貪玩不回家，榮枝媽就只有餓著。

一九六三年大水也沖垮了榮枝家的房子。生產隊幫她們在原來碾子的位置，方向朝南蓋了一間小屋。小屋正對著我們的小胡同口，榮枝媽經常坐在小屋的門口曬太陽，用耳朵收集周圍的聲音。

榮枝媽是「五保戶」，生產隊除了分給她們糧食，過年過節還給一點零花錢。榮枝媽捨不得花，至於她攢錢幹什麼，誰也不清楚，大概出於一重本能。榮枝家沒有箱子沒有櫃，沒有任何的傢俱，榮枝媽沒有放錢的地方，只好把錢放在炕席下面。榮枝媽不知道紙幣的面額，只能摸大小，數張數。

榮枝十多歲的時候，有一天，榮枝媽高興，一個賣梨的小販路過門前，她決定買幾個梨吃。當她從炕席下摸出一張錢給小販時，小販說不是紙幣是報紙。榮枝媽一聽，認為是小販欺負自己眼瞎，抓住小販就要施展撓的刑法。小販趕緊讓圍觀的大人小孩給自己證明清白。看熱鬧的人異口同聲地驗證了小販的說法。榮枝媽頓時偃旗息鼓，梨也不買了，悄悄退回小屋，並且掩上了屋門。

榮枝媽與小販糾纏之際，那榮枝就在旁邊觀看。榮枝知道自己闖下的大禍暴露了，不敢回家，只能在村裏村外徘徊。一直到第三天，榮枝饑餓難捱，幾次到自家小屋前窺探，聽不到任何動靜，只當母親的氣憤也漸漸消退。

榮枝知道這三天她不進家，母親也只能是一直餓著，便決定回小屋去燒火做飯。榮枝推開自家的門，腳還沒有邁進屋裏，一隻胳膊就從門後飛了過來，揪住了榮枝的頭髮，劈頭蓋臉一頓臭揍，直到榮枝媽發洩到筋疲力盡為止。榮枝的頭髮被揪下了很多，臉也腫了，到處是指甲撓出的條痕，血淋淋地嚇人。原來那榮枝媽硬是在屋門後埋伏了三天，最終等來了要被懲罰的獵物。

事件之後，榮枝媽決定清點自己的積蓄。不知什麼原因，雙目失明的榮枝媽最信任的人是我的祖母。榮枝媽的判斷實在正確，我祖母是值得信任，但是我祖母很多年前就兩耳失聰，只能聽到別人非常高聲的言語，因此很少和外人交往，與瞎眼鄰居的接觸更是很少。雙眼失明的榮枝媽憑借耳朵收集來的資訊，判斷出自己最信任的人是一個雙耳失聰的聾子，她是根據什麼做出這樣判斷的呢？這也不能不說是一個很大的謎。

榮枝媽讓女兒專程來請我的祖母。榮枝大聲嚷了半天，我祖母才鬧清了事情的原委。祖母覺得不應當由自己一人擔當此事，就又叫來了三五個鄰居。當著大家的面，榮枝媽從炕席下拿出了她保存了多年的一把紙幣。紙幣多是角票面額，總數不過幾元錢，其中仍有幾張紙幣大小的紙片，那肯定是榮枝小姐的傑作。眾人幫榮枝媽去偽存真以後，她依舊把那些積蓄珍藏在炕席下，從此榮枝再也不敢覬覦窺伺她母親那戒備森嚴的金庫。

榮枝媽自己可以懲罰，甚至可以說是毒打虐待榮枝，卻容不得他人對榮枝有任何的蔑視和欺辱。離榮枝家不遠有一戶人家，有個男孩和榮枝歲數差不多，兩個小孩子一塊兒玩，難免打架鬧糾葛。男孩子的母親數落榮枝的話，被榮枝媽聽到了，榮枝媽不問青紅皂白就殺上了男孩子的家門。男孩子家趕緊關門閉戶，榮枝媽站在門口破口大罵並且駐營紮寨圍困了七天七夜，男孩子全家人只能登著梯子翻越牆頭出進，做飯洗滌用水，都要從牆上傳遞。

榮枝媽有榮枝輸送飲食，大有不滅仇敵決不收兵之勢。男孩子家的男人越牆找到我的祖母，經過我祖母和其他鄰居們說合勸解，榮枝媽才敲鑼鳴金，得勝回朝。從此，榮枝媽的名聲大振，不僅那男孩子一家人路過她小屋的門前時，連大氣都不敢出，其他的鄰居村民，都對其懼而遠之。

榮枝媽最忌諱別人說「瞎」字，近而擴大到「眼」以及和「瞎」、「眼」語音相似的字。

一九六七年秋天，我和父親住在劉口期間，南劉口的保皇派和家族派較量得正歡。村民白天都在生產隊幹活，遊行示威喊口號只能在晚上。一天，保皇派遊行到榮枝家門口，高呼口號：

「打倒家族派！」

榮枝媽把家族派聽成了瞎族派，不禁大怒，從屋裏竄了出來，把遊行的隊伍攔截成兩段，也聲嘶力竭地高喊：

「你們才是瞎族派！」

遊行的隊伍繼續高呼口號：

「打倒劉少奇！」

「你們都是劉少奇！」

「打倒王光美！」

「你們才是王光美！」

榮枝媽硬是把一支數百人的隊伍攪得潰不成軍。在那個年代敢如此明目張膽地保衛劉主席和夫人王光美者，全國也沒有一個能比得上榮枝媽的。

所向披靡的榮枝媽也並不是沒有對手。

南劉口村劉街兒的東側有一個單身漢叫李成柱，那年已經四十歲左右，因為家庭出身是富農，所以尋不上媳婦。李成柱性情溫和，沉默寡言，在生產隊幹活也任勞任怨，平日裏和正常人無異。身份的歧視加上生理上的壓抑，使李成柱經常犯病成魔。

李成柱犯病後的表現是：不吃不喝不睡，到處信馬游韁地遊逛，並且一邊走一邊唱。遇到人多幹活的地方，李成柱還可能幫人們幹上一陣，直到筋疲力盡躺倒睡覺為止。一覺醒來，李成柱就又成了好人。因為大家都知道李成柱的習性，知道他瘋了之後並不禍害東西，不傷害他人，是一個文瘋子，所以在他犯病的時候，任他隨意遊逛。

一天，成柱又犯了病，在村裏遊逛了半日。村裏的大喇叭正在播送姚文元的文章《評陶鑄的兩本書》，不知道李成柱是聽錯了讀音，還是故意移花接木地揶揄，一邊走一邊模仿大喇叭裏播音員的語調：

「評我成柱兩本書——，嘿嘿，評我成柱的兩本書。」

說著喊著，來到了榮枝家的門口。榮枝媽的門前，多日沒有人敢如此理直氣壯地吆喝。聽到了李成柱的聲音，榮枝媽便在屋裏高聲罵了一句。李成柱聽了，抬腿狠狠地往榮枝家的木門上揣了兩腳，然後揚長而去。

榮枝媽何時受過這個，朝榮枝喊了一聲：

「榮枝哦！咱們找他去！」

榮枝攙著她媽，順小胡同拐到了劉街兒，正巧碰上李成柱遊逛歸來。榮枝媽按照榮枝的指引，就王八、狗蛋地開了腔。罵了好一陣，李成柱才意識到自己就是當事人，不由地怒火攻上了腦門，隨手撈起一隻竹條掃把朝榮枝媽掄了過去。榮枝媽全然不顧掃把的擊打，奮不顧身地朝李成柱靠近。她最擅長的是近距離接觸，最有威懾的武器是抓住對手後，用尖尖的指甲撓他個臉破血流。

李成柱好像瞭解榮枝媽的拿手好戲，一邊用掃把擊打殺上門的敵人，一邊跑著躲避。瘋子在前邊跑，瞎子在後面追，引來了許多看熱鬧的人。

圍觀的人越多，李成柱奔跑得越快，用掃把擊打變成了挑逗，嘴裏竟然還嗷嗷地呼號。分明是一個老鷹抓雞的局面，前面跑的雞卻佔有明顯的優勢，因為後面是一隻雙目失明的鷹。

李成柱輕輕地跳過一個糞坑，那榮枝媽不知是計，一腳踏空跌到了坑裏。李成柱回過頭來，用足力氣掄起掃把，把榮枝媽打了個不亦樂乎。那糞坑並不很深，裏面也沒有多少糞水，榮枝媽借仗著女兒的攙扶，從坑裏爬出來，抖抖身上的污物，對榮枝說：

「榮枝哦，咱們回去吧！」

以後再逢李成柱到處遊逛，榮枝媽遠遠聽到瘋子的聲音，就趕緊把自家的門關好。

村裏的人都說：

「一物降一物，滷水點豆腐。」

後來榮枝長大成人，嫁給了本村一個叫小未的孤兒，婚後不久就有了後代，榮枝媽做了姥姥。榮枝媽自己不能做飯，榮枝用罐子把飯送到榮枝媽的小屋，有時候一天送一次；有時候間隔好幾天。到了冬天，沒有柴火燒炕，窗戶紙全是窟窿，只有一床破棉被的榮枝媽夜裏凍得大聲呼號，淒慘的呼號劃過寒冷漫長的夜空。

一九八一年，也許是一九八三年，榮枝媽去世，享年五十二歲，或者五十四歲。

榮枝的年齡與我同歲，結婚後和小未生兒育女。聽劉口村的人說，榮枝現在早已既做姥姥又當奶奶了。

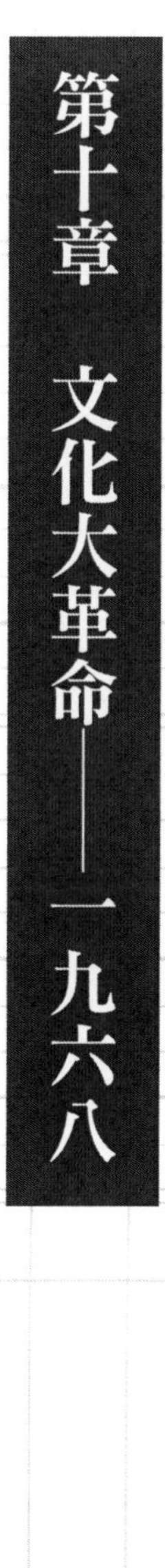

第十章　文化大革命——一九六八

五十、築長城戰鬥隊

一九六七年十二月底，我從劉口村回到臨清。乘坐邢臺開往臨清的汽車，因為不知道臨清是怎樣的光景，汽車路過臨西縣河西鎮的時候，我就提前下了車。我小心翼翼越過先鋒大橋，不敢走大街，順衛運河大堤南行，一直走到三元閣，沿火神廟惠通街繞行二閘口橋回到家中。天氣陰沉沉，好像要下雪，卻沒有雪的蹤影，北風中飄著很多灰塵。真像是回到了敵占區。

八月我離開臨清後，炮轟派為例擴大勝利的戰果，採用了各種手段對捍衛派繼續鎮壓。被批鬥、毆打、遊街、綁架、關押、強迫檢討的有一千多人。

臨清最著名的籃球球星，身體最魁梧健壯的男人，紅衛機械廠的工人王五（恕我真的不知道他的正式名號），也被逼迫叼著稻草，彎腰低頭遊遍了臨清縣城的街道。那王五是一個只知道玩籃球的人，根本不是捍衛派裏的什麼人物。炮轟派拿縣城裏的體育明星示眾，讓最強壯的男人遊街，不外乎是炫耀本派的勝利，打擊捍衛派的士氣。

縣革委機關捍衛派的群眾被劃分成鋼桿保皇，鐵桿保皇，保皇幹將，保皇壞頭頭，保皇兵幾個等級。某次批鬥會上，一位原縣委的女副部長突然高呼口號：

「打到保皇狗！打到保皇驢！」

副部長的臨場發揮很精彩，以至於很多年後人們回憶起來還都會如數家珍一般。

縣委機關的捍衛派有三十七人遭受炮轟派毒打。打人的手段除去拳打腳踢，皮帶、棍棒抽打，搧耳光外，還使用了包裹著橡膠的鐵棍木棍與拉絲簧。

鐵棍或木棍包裹了橡膠，行刑的後果是只有內傷看不見外傷。一般只有深仇大恨者才這樣下手；拉絲簧是車床加工鋼材鐵器時的下腳料，形狀似彈簧，布滿毛刺，抽到身上，皮肉都會沾裹下來。

父親如果回到臨清，單以他在省城辯論中與炮轟派結下的恩怨，必然會遭到比多數被毆者都要嚴重的毒打。母親「只要挨打，就不回來」的政策無比英明。

除了這樣的白色恐怖或紅色恐怖以外，期間還發生了幾件重要的事件：

一九六七年九月，臨清炮轟派應臨西縣的革命戰友的邀請，參加「反逆流」組織（前一章有注解）為一個名叫董之樸的人舉行的追悼會。臨西縣武裝部的軍人被強迫為董之樸守靈。

九月十九日，臨清炮轟派又派出工人、學生，協助臨西縣「反逆流」一派攻打五里窯磚瓦廠，是謂「五里窯事件」，死亡一人，傷五十多人。

十月五日至十一月十二日，炮轟派召開了三十八天的揭蓋子大會，主要批判劉之忱、司振東等。武裝部張靜軒、焦興魯數名軍人也被撕毀領章，扒去軍衣，站了板凳，坐了噴氣式飛機。

十月二十七日夜裏，臨清武裝部的彈藥庫被搶劫一空，槍支彈藥丟失數量巨大。當天有一中的學生在校園裏看到了四挺機關槍和十幾枝步槍。

橫跨山東河北的先鋒大橋東頭有一座二層小樓，曾被炮轟派的崗哨佔用。設立崗哨的目的是為了監視過橋的車輛行人，傳遞消息。

我回到臨清不久，一九六八年一月十一日，農曆臘月十二，父親接到邢希梅的電報。電報內容是：王、王、莊已經揪了出來，形勢好轉，要父親速到臨西。

邢希梅電報中所說的王、王、莊是指山東省革命委員會副主任王路賓，省革委常委王歷波，省革委常委、山東省軍區副參謀長莊中一。一九六八年一月二日，山東省革命委員會召開常委會批判「王、王、莊」，十日通過《關於王歷波問題的決定》。王、王、莊三人被關押審查。濟南滿街都是「打倒王、王、莊」的大字報大標語。臨清的街道上也有，那是捍衛派偷著張貼的。

王、王、莊三人任職王效禹的革命委員會之後十個月就被打倒了。臨清縣的捍衛派認為，夏天山東省革命委員會關於處理臨清文化大革命問題的「黑七條」既然是王路賓主持著搞的，王路賓一垮臺，「黑七條」也就會失去效應。事情當然不會這麼簡單，但王、王、莊的垮臺無論怎樣說對捍衛派也是一個好消息。

接到邢希梅的電報兩天後，父親抵達臨西縣的河西鎮。臨西縣委辦公室的老朋友韓英範安排他住在了呂玉蘭的辦公室裏。大名鼎鼎的呂玉蘭雖然在縣委有辦公室，大部分時間她都活動在故鄉東留善固村。我父親也認識呂玉蘭，只是當年臨西縣的地盤還隸屬於臨清的時候，呂玉蘭的名聲還遠遠沒有後來那樣大。

父親和邢希梅商量決定成立一個組織，或者說是虛擬一個組織。因為所謂的組織並沒有人馬，只有幾個寫文章刻鋼板印傳單的人。父親和邢希梅把組織的名稱確定為「築長城戰鬥隊」。寓意炮轟派反對武裝部，攻擊解放軍是毀壞（無產階級專政的）長城。「築長城戰鬥隊」反其道而行之，高舉擁軍的旗幟。

父親和邢希梅創作的第一張傳單是《築長城戰鬥隊宣言》。自然少不了打到王、王、莊的口號。

後來，父親和邢希梅又寫了《范春明何許人也？》、《臨清縣革委成立以來的是與非》等文章。鋼板的字刻得整潔娟秀，排版也漂亮。傳單陸續運到臨清城裏，我幾次到臨西去，返回時臨清時都會帶一些傳單，趁夜色大街小巷拋撒，如同電影裏四十年代的地下黨，起碼也算得上一名紅色小交通員。

父親和邢希梅藏匿的地方，幾個院落的圍牆都開了暗道，隨時準備撒腿逃跑，處境十分危險。期間，父親乘著夜色曾偷著回臨清幾次，有時去武裝部，甚至去縣革委機關，只是不敢回家。我們家的大門口還經常有陌生人走動。還有一次他和葉小龍去了臨清周圍的農村，聯絡捍衛派分散活動的人馬。

一月二十九日是除夕，父親無法回家。母親煮熟了水餃，帶著三弟步行到河西陪父親過的年。

臨清縣武裝部表面上與炮轟派周旋，暗地裏一如既往地支持捍衛派，想辦法幫助捍衛派翻身。春節過後，秉承武裝部張部長的旨意，縣革委委員武裝部參謀王景恩帶領父親和丁文才、陳景強等人跑到省城濟南去擠「三代會」。「三代會」是指工人、紅衛兵和貧下中農三個群眾組織召開的全省代表大會。到大會上去「擠」，主要是為了顯示臨清捍衛派的存在，讓外界都知道臨清縣的捍衛派並沒有完全被打垮。

「三代會」結束，請示武裝部後父親他們又回到臨西，繼續「築長城」的事業。

再往後，春暖花開，局面更加緩和，父親結束了半年多的流亡回到臨清城裏。縣革委的同事們相見，問候、訴說、喜悅。機關的炊事員老田、老鞏專門給父親做了兩碗粉蒸肉，算是簡單的慶祝。

築長城戰鬥隊完成使命，到此解散。

父親回到臨清城裏上班後，補發了工資。我們家還清欠款後還買了一輛「金鹿」牌自行車。繼「蝴蝶」牌縫紉機之後，家裏又添置了一個大件。

五十一、放風箏

因為文革，沒有人蓋房子，我找不到小工幹。

即便是文革，也無法阻止人尋找快活。我看到田野裏放風箏的人很快活，我決定效仿。

八根竹條捆紮成兩個四方形，兩個四方形再捆到一起，糊上紙，就成了一個八個角的風箏。我們稱之為「八卦」。「八卦」扯上線，就能飛上天。

風箏線需要用錢買。我和母親協商，母親不批准。再協商，母親給了我幾隻破襪子，還同意我使用家裏的紡車，並且同意輔導我紡線。紡車的故鄉也是劉口村，它本是外祖母的心愛之物，母親把它背到臨清繼承過來，可以自己把棉花加工成線。

幾天後，我用拆解舊襪子的線把風箏送上了天。弟弟們跟在我後面奔跑跳躍，給我們快樂的，除了風箏，還有藍天白雲和春天的風。放風箏唯一的壞處是餓得快，奔跑一晌，午飯多吃一個窩頭。

一天我正在放飛風箏，「八卦」在半空中抖動。風箏和天空可以煥發人的想像，十八歲的我正處於充滿想像的年紀。

這時，從南邊走過來幾個人。走近一看，原來是一中的幾個同學。領頭的高個子與我熟悉，他叫汪海民，高一一班的。他們幾個是去縣城南部的工廠找工人戰友們串聯革命造反事宜，圖走近路，橫穿麥田而行，和我不期而遇。

汪海民看到我和我的玩意兒後，非常驚訝，大聲說到：

「這不是臧寶興嗎？你怎麼能幹這個？你看看同學們都在忙什麼？真沒想到，我真沒想到啊！」

我理不直氣不壯地嘟囔一句：

「我幹這個又怎麼啦？」

汪同學們忙於趕路，急匆匆地走了。我也興趣索然，收攤子了事。

一年半後，汪海民因為是「井岡山」的骨幹，被勝利後的捍衛派從農村家中揪回城裏，關押數月，並受到毆打刑訊。

拼著性命革命不如變著法子玩耍，文革時期的真理耳。

五十二、糧票油票肉票雞蛋票

文革已經搞了兩年，如火如荼也好，翻雲覆雨也好，驚心動魄也好，人們最重要的事情還是吃飯。我和我的兩個弟弟需要吃更多的飯，我們仨都在長身體。那一年，我十八歲；二弟寶昌十四歲；三弟寶華十一歲。我們的飯量都能超過成年人，需要更多的食物，需要更多的營養。

一九六八年，臨清縣城鎮居民的糧食供應指標和最困難的一九六〇年、一九六一年相比，數量上幾乎沒有變化，普通市民每人每個月二十三市斤；中學生二十八市斤；機關幹部和普通工人三十市斤；搬運工、翻砂工等重體力勞動者，最多可以達到三十八市斤。

因為文革，二弟的小學已經上了八年還沒有畢業；三弟的小學自打升入三年級後就再也沒上過課。他倆在家裏玩耍，也都還算是在籍的小學生。十歲以上的小學生糧食指標的數量與普通市民一樣。

父親不在家就餐，母親我們四人每個月可以從國營糧店買到一百零四斤糧食或近似於糧食的農作物。和五六年前相比，糧食的品種則有一些改善，棉籽餅玉米芯麩皮穀糠一類不再出現，指標內除了百分之十五的地瓜麵（地瓜乾磨成的粉）外，其餘的是一半細糧；一半粗糧。細糧主要是麵粉，偶爾有大米，每人每月供應一斤或二斤；粗糧指的是玉米麵、小米或豆類。

小米數量少，且多是陳年穀子加工而成，熬稀飯不出米汁；

中國大陸流通三十餘年的糧票。

豆類基本是點綴，糧店給每人提供一斤綠豆、豇豆或黃豆的喜訊，可以迅速傳遍大街小巷。綠豆或豇豆則往往是已經蛀滿了蟲眼的成色；黃豆則是生不出黃豆芽的那種。

植物油每人每月供應半斤，大人小孩待遇一樣，多是棉籽油去除黑顏色後的所謂「衛生油」。那時臨清榨油廠提煉「衛生油」的技術還很原始，僅僅是往棉籽油裏攪拌一些火鹼水（水溶的氫氧化鈉液體）再沉澱一番而已。這樣的工藝，「衛生油」裏的毒素棉酚並沒有去除。好在每人每月能吃到的「衛生油」只有半市斤，即便它全是棉酚，人大概也不會被毒死，對男性生育能力的影響也十分有限。

糧店供應的糧食和「衛生油」指標，可以轉換成糧票和油票。人們去飯店吃飯或買饅頭買燒餅，去商店買糕點，或去其他的食堂就餐，除了付錢還要支付糧票。出差如果不攜帶糧票，你就會找不到吃飯的地方，甚至連餅乾也買不到，只能挨餓。

糧票又分為地方糧票和全國糧票。山東糧票只在山東省轄區內流通，山東人去山東以外的地方出差，必須攜帶全國糧票才行。

糧票的面額一般有十市斤、五市斤、三市斤、二市斤、一市斤、半市斤、兩市兩、一市兩，七八個檔次。精明細緻的上海人，竟然印製了半市兩面額的糧票在上海灘流通，半市兩大概只可以買到一只小籠蒸包或兩只菜肉餛飩。

山東省糧食與食用油供應規則中有兩個細節可以彰顯當時流通領域的管理人員的精細水平：

一是用糧食指標轉換糧票的時候，如果指標內你已經購買過小麥麵粉，餘下的都是粗糧和地瓜麵，那你剩餘的糧食指標就不能用來轉換糧票了。這樣的規定可以限制一些人在有限的糧食指標內多吃細糧，少吃粗糧，頗具公平和共產主義的境界。

二是如果一個人需要把自己的糧食指標轉換成全國糧票去外地使用，則要扣掉這個人的食用油指標。如果這個人每一個月能享受到的糧食指標三十市斤，食用油是〇・五市斤。平均計算，他每轉換全國糧票六市斤，就要扣〇・一市斤的食用油，具體操作的時候，糧店的工作人員往往會掐頭去尾，把不足〇・一市斤的零頭給捨去，絕對不會讓個人占了便宜；

如果轉換山東省的地方糧票，則不需要扣掉食用油指標，但是你如果使用山東糧票去省內某一個食堂入伙就餐，還必須補交同樣數量的油票才行。也就是說。你每購買六斤山東糧票的飯票，就要繳納〇・一市斤的食用油油票。這樣一比較，全國糧票的含金量比地方糧票要高一些，如果在黑市上交易，價格也要貴一點。

農民如果到城裏的餐館就餐或去外地探親辦事，也要攜帶糧票才行得通。農民沒有糧食供應指標，他們取得糧票的辦法是必須把自家相應比例的細糧（小麥）粗糧（玉米、高粱、小米等）去公社（鄉）所在地的糧站出售，扣除加工的損耗比例，即可兌換出糧票。

如果一個農民只有粗糧可出售，他還是不能把糧票兌換到手。除非他在糧站有相當親密的熟人和關係。按照這樣的規定，不生產小麥或家裏沒有小麥的山東農民是無法兌換到糧票的。沒有糧票，他要麼不去出門看病探親遠行，要麼身背足夠的乾糧。

糧票在中國流通使用了將近三十多年（大約一九五七至一九八七年）。它應該是我們中國人的獨門創舉，足可以申請金氏世界紀錄。以至於幾十年後，糧票成為了中外收藏家們的珍愛。

有關糧票、油票的內容羅列的不少了，其中更精細的細節留給那些更喜歡精細探討的歷史學家、經濟學家、社會學家們去研究吧。

商店裏的豬肉也要憑肉票供應，每人每個月或半市斤或一市斤，而集市上根本就沒有豬肉出售。農村人民公社的社員家裏飼養一兩頭生豬，屠殺後直接供家裏食用可以，絕不准許隨意去集市上出賣。流通渠道的狹窄閉塞使得商店裏的豬肉經常斷貨。一有出售，立即會有很多人排隊購買，買到手的也多是凍成一坨的冷藏肉或鹹鹽醃製後又存放了多年的戰備鹹肉。

從食品店裏購買雞蛋也要有雞蛋票才行。那時沒有養雞場，商店裏的雞蛋都是農村基層供銷社收購來的，有些甚至是用鹹鹽、肥皂、醬油、醋一類的日用品一個一個地從農村老太太那裏換來的。雞蛋進入流通領域前後，流轉的環節多，時間長，很難保持新鮮。

雞蛋的生產季節性強，運輸存放的難度大，所以城鎮居民雞蛋票的發放與雞蛋的銷售就不能和豬肉那樣定時定量了，所以縣城裏的人們平常很少吃雞蛋。如果家裏的孩子老人女人需要雞蛋，一般都去集市上購買。城裏的集市，雞蛋每一枚賣七分錢，去農村集市六分錢就可以買到，而且會更新鮮。養病或坐月子的人家需要雞蛋，多是跑去農村的集市採購。

為了給三個正長身體的兒子增加一些營養，母親決定自家養幾隻雞。春天，母親買來了十隻小雞崽。雞崽子剛買來的時候很招人喜愛，待到稍微長大，便十分惹人討厭。它們不僅到處便溺，還啄食和搶掠它們自認為是食物或近似食物的東西，清理它們的糞便並管束它們成為一件費心勞神的事。

幾個月後，雞崽子們的絨毛換成了羽翎，體型也日漸長大。十隻雞崽夭亡了一半，倖存的五隻中有兩隻母雞。一隻母雞的羽毛是黃色，我們給它起名為「小黃」；另一隻母雞渾身是淺色的斑點，我們就都喚它做「小花」。

「小黃」還是半大雞的時候，曾經被我的三弟踩斷了它的一條腿。只剩下一隻腿的雞崽子就沒有了一點兒培養的價值了。它的命運只有等死，然後被丟棄到垃圾堆裏。「小黃」拖著一隻斷腿仍然還趴在地上和其他雞崽爭搶食物吃。

母親看它可憐，用一根細竹條一塊破布把它的斷腿包裹捆綁起來，如同醫生給骨骼受傷者包紮的帶夾板的繃帶。「小黃」就成了一名帶繃帶的傷員。一周或十多天後，「小黃」的那根斷腿竟然接上了。拆掉了竹條布片，「小黃」即能行走，只是行姿一拐一瘸，不協調也不平穩。稍事奔跑，就會跌一個嘴啃泥。不，應該是雞喙啃到了泥地。

也許是治療和溺愛讓「小黃」減少了對人類的懼怕，康復後仍有殘疾的「小黃」，爭搶起食物來特別勇猛兇狠。因為腿腳不利索不給力，我們給雞群餵食的時候，「小黃」經常採用俯臥的姿勢匍匐在地上爭搶。其他的雞蹬踩在它的身上腦袋上，它也全都不理睬，不顧及，全神貫注地揮舞著雞喙吞嚥。

待到長成正式的母雞，「小黃」的膽子更大。鄰居鞏大叔家兩歲的三兒子鞏秀山在院子裏徘徊，手中若拿著一塊饅頭或窩頭吃，「小黃」看到了，就會跳躍著把鞏秀山手中的食物啄搶過來，以至於鞏秀山小朋友看見了「小黃」，手裏即使沒有食物也會恐懼地逃跑。

到了秋天，長出了紅色雞冠子的三隻小公雞都成了我們家的鍋中肉盤中餐；母雞「小黃」和「小花」也都長成了羽翼豐滿的楚楚少婦。比較它們的外觀羽毛。「小花」長得比「小黃」壯實美麗。待到它們倆成年臨盆產蛋，「小花」的業績卻遠遠無法與「小黃」相比。「小花」一周大約生產二到三枚雞蛋；「小黃」差不多不隔窩，每天都要走進產房一次。作為母雞，殘疾的「小黃」非常敬業，敬業得可以稱它為勞動模範。拼命地爭搶食物應該是「小黃」產蛋多的主要原因。

一天，「小花」在院子裏誤食了有毒的食物，痛苦得在地上撲騰翻滾。母親既可憐它，也心疼自家的損失，抱著死馬當作活馬醫的想法，用剪刀把它的嗉囊剪開，把嗉囊裏有毒的污物清洗乾淨，再用縫衣服的針線把嗉囊及雞皮分兩層縫合上。手術時自然沒有麻藥可以使用，病號「小花」一定非常疼痛。疼痛的代價是換回了生命，幾天後，「小花」竟然恢復了健康，可以進食並產蛋了。

母雞「小黃」和「小花」是我們家生活困難時飼養的兩隻母雞。在我們全家人的心目中，它們如同朋友夥伴一般，以至於幾十年後，兩隻母雞的身影形象事蹟還都歷歷在目。

母雞如果也有思想，它們也許會感謝我母親的救命之恩。反過來，我們卻應該感謝「小黃」和「小花」，它們在我們弟兄們最需要營養來修築身體的年月，實實在在地饋贈幫助了我們。

在住家院子裏養雞，有一件事最為重要，那就是預防雞瘟。不論公雞母雞，成年雞還是雞崽子，一旦感染上雞瘟必死無疑，全軍覆沒的概率也非常高。每年春秋兩季，雞瘟容易流行。那年代，很難搞到防治雞瘟的針劑藥物。我們在母親的指導下，在雞窩的旁邊深深地挖了一個地窨子。一有雞瘟傳播的徵兆信息，便讓雞們躲避到地窨子裏去。地窨子裏的溫度低，與外界處於半封閉狀態，可以減少傳染的源頭。母親還嘗試給雞們服用仁丹、大蒜、生薑、土黴素、四環素。中藥西藥和偏方，輪番上陣，能用的都用了。到底哪種辦法奏效？或者都奏效，或者都不奏效，反正那兩年我們家的「小黃」和「小花」都沒有鬧雞瘟。

母親給母雞接骨頭縫嗉囊，兩次做外科手術的成功，還有她預防雞瘟的各種土洋辦法，無不讓街坊鄰居們瞠目結舌倍加讚歎。多少年以後，母親自己回憶起來也是非常自豪。

母親給我們仨增加營養的另一個戰略性措施是煮骨頭湯。她不知道從什麼渠道得知城裏有一個肉食店不定期地出售整條的豬脊椎骨。豬脊椎骨就是上海人所說的豬肉大排，如果上面帶有足夠的瘦肉加一點兒肥肉，那將是肉食中的上乘佳品。

臨清那家肉食店那年出售的豬脊椎骨，都是幾經屠宰員、售貨員們分割剔除，早已經成為沒有多少肉的骨架子了。

當時，臨清城裏國營肉食店上好的帶骨豬肉，零售價是每市斤七角二分錢。母親去那家肉食店能買到的豬脊椎骨或者說是豬骨頭架子每市斤才兩角錢。低廉的價格是其具有吸引力的原因，更重要的是不需要憑借肉票購買。花一元多錢就可以買到一根豬脊椎骨，如果多陪些笑臉，或者那天某個售貨員高興，兩元多錢，就能買到兩根豬脊椎骨。如果被屠宰的豬體形比較大，兩根脊椎骨最多也就是三元錢。

豬脊椎骨買回家，母親還要在那些早已被人剔除過多少遍的骨縫中再想法剜出一些碎肉來。碎肉再剁上幾刀，可以摻入包餃子或大包子的餡裏。

骨架子劈成小段後下鍋，煤火爐子文火輕燉，直燉得骨肉分離，滿屋子飄香。母親將美好盛滿一盆子，放置到小餐桌的中央。我們四個人圍坐在四周，只啃得嘴唇上是油，臉蛋上是油，雙手上也沾滿了油。如今看到電視片《動物世界》裏，幾隻小獅子啃食獵物的鏡頭，我就會想到我和弟弟們一起啃豬骨頭的情景。

煮骨頭的肉湯放置在鍋裏或盆子裏，第二天會凝結出一層豬大油。如今的人大概都會說豬大油高脂肪高膽固醇，屬於最不健康的食品。在那饑餓半饑餓的歲月，豬大油可是好東西。母親把凝固好的豬大油收攏到碗裏，用它炒菜，拌餃子餡，比「衛生油」還香。

骨頭熬煮的肉湯更是好東西，據說它的營養非常豐富。我們啃過後的豬骨頭，還要再用水沸煮兩到三次，每一次都要煮出白湯為止。據說，這樣煮來的骨頭湯，裏面的鈣質含量非常多。用來熬菜或做湯麵，味道濃濃地美。

母親的文化不高，卻知道吃什麼補什麼的道理。做飯時她一邊往鍋裏添加骨頭湯，一邊會說：

「喝骨頭湯幫助能你們長骨頭！」

我們弟兄仨都經歷了上世紀六十年代的饑荒，在最需要營養來長身體的年紀，卻經常吃不飽肚子。成年後，我們仨的身高卻都還不算太矬。母親總結自己的成績說：

「多虧了我那幾年經常給你們買豬骨頭，熬骨頭湯喝。」

母親說的不無道理。

後來，甚至一直到她的晚年，說及一九六八年的往事，她都會說：咱們啃豬骨頭喝骨頭湯的那年怎麼怎麼地。

五十三、復課鬧革命

中共中央、國務院、中央軍委、中央文革小組一九六七年十月十四日聯合發出了《關於大、中、小學校復課鬧革命的通知》，要求學生全部返校復課，邊上課邊鬧革命。

臨清一中的復課鬧革命一直拖延到一九六八年五月軍訓團進校後才開始。軍訓是當時「三支兩軍」（軍隊支左、支工、支農、軍管、軍訓）中的「一軍」，軍訓團又叫解放軍毛澤東思想宣傳隊，所以也簡稱「軍宣

臨清一中校革委主要成員、軍宣隊全體和部分學生合影（一九六八年夏）。前排自左至右：由昌蓮；楊德龍；丁玉泉；陳煥民；曹團長；姚參謀；賈連城；尚艾華。中排：陸朱德（左三）；田義功（右一）。後排：王保成（左一）；宋來泉（左二）；劉長山（右三）；徐德龍（右二）。人手一本《毛主席語錄》。

隊」。進駐臨清一中的「軍宣隊」來自六十七軍，番號是六二〇五部隊。這支部隊剛剛參加抗美援越回國不久。「軍宣隊」帶隊的是姚參謀，估計是一名連級軍官。另有一姓曹的營級軍官經常到一中來指導工作，學生們稱之為曹團長。團長之稱謂是指其在軍訓團的職務，整個軍訓團大概是負責臨清全縣各個學校的軍訓任務。

「軍宣隊」進校後的第一件事是進行學生組織大聯合。「東方紅」、「井岡山」的頭頭們的心思多數在縣裏，學校的這點兒事對他們來說無所謂。大聯合以後，學校的紅衛兵聯合組織既無響噹噹的名稱，也沒有較大活動。「軍宣隊」按照軍事體制，把每一個年級編成一個連，每一個班編為一個排。我們高一二班「東方紅」的成員最多，所以「東方紅」的黃興榮當了排長。「井岡山」的趙振廣，「七一造反兵團」的丁金華，也都參與排裏的事務。職務相當於副排長或班委什麼的。

「軍宣隊」裏一名叫陸朱德的老兵負責我們

排。因為「軍宣隊」的人少，陸軍士好像負責好幾個排。老兵陸朱德是江蘇人，中等個子，面黑，有雀斑，很注意軍裝的整潔，喜歡把軍帽用厚紙撐起來，隊列也走得挺規範。

「軍宣隊」幫助建立了臨清一中革命委員會，原黨支部書記陳煥民被解放出來，擔任了革命委員會主任。原「籌委會」主任賈連成和原教導處副主任楊德龍擔任了副主任或常委一類的職務。學校革命委員會的其他成員，同學們都沒有什麼印象了。

許多老師都還關押在牛棚裏。復課後沒有課本，沒有了實驗室。教室裏的桌子、凳子、電燈、門窗玻璃毀壞的很嚴重，根本無法上課。「軍宣隊」和新建立的革命委員會為學生選擇了一門新課程：清理階級隊伍。完全符合毛主席關於把階級鬥爭當作一門主課來學的指示。

一九六八年五月十三日，大筆桿子姚文元呈交毛澤東主席一份報告。報告的內容是《北京新華印刷廠軍管會發動群眾開展對敵鬥爭的經驗》。姚文元認為「此件總結了清理隊伍中的一些政策性問題。」五月十九日，毛澤東在姚文元的報告上作出批示。批示說：

文元同志：建議此件批發全國。在我看過的同類材料中，此件是寫得最好的。

五月二十五日，中共中央、中央文化大革命小組發出《轉發毛主席關於〈北京新華印刷廠軍管會發動群眾開展對敵鬥爭的經驗〉的批示的通知》。要求各地學習新華印刷廠開展對敵鬥爭的經驗，並且注意總結本地區的經驗。在清理廠礦，機關和文教系統中的教職員工的階級隊伍的工作中，進行深入細緻的調查研究工作，區別兩類不同性質的矛盾，穩準狠地打擊一小撮階級敵人。此後，全國陸續開展了「清理階級隊伍」運動。

臨清一中「清理階級隊伍」的運動從一九六八年夏天開始，一直進行到年底學生們離開學校。牛棚裏的教師和被「軍宣隊」被革命委員會主任陳煥民選中的階級敵人，都成了新課程的教材與教具。「軍宣隊」和學校革命委員會把學校裏的「清理階級隊伍」的重點目標分配到每一個排。新課程的第一課是：如何審訊。

五十四、校長受辱自殺

臨清一中的校長王力平死了。

王校長是夜間用電線把自己的身體與電燈接通，平臥在床上，拉動電燈開關的引繩後了卻自己生命的。沒有聲息，沒有遺言遺囑。那天早晨，很多同學都看到了蒙在白床單下校長的遺體。

王校長自殺前一天晚上，全校教師員工在教導處開會批判王校長，學校裏專門負責思想工作的廖化同志動手打了王校長。據說廖化出手並不重，在普遍重刑伺候的歲月，已屬非常優待照顧。

王校長身體不好，他經受不起再次受辱。為了做人的尊嚴，為了做為省重點中學校長的尊嚴，為了抗議殘忍與卑鄙，王校長平靜地告別了人世，告別了妻子和兩個年輕的兒子。

一九九二年編纂的臨清一中《校史》上有關於王力平校長的一段文字：

王力平，男，一九一三年生人，原籍河北省邱縣香城固村人。自幼在本鄉讀小學，以後先後就讀於河北省立大名師範和河北省立保定師範。一九三六年七月畢業在家。一九三八年五月參加曲周縣戰委會工作，先後任組織幹事、部長、副主任，是年七月加入中國共產黨。一九四〇年一月任曲周縣五、六區民運委員。一九四〇年五月任企之縣民運部長。一九四一年七月任廣曲縣委宣傳部長。一九四四年二月因負傷住院休養至一九四五年十一月調冀南建國學院任黨支部書記。一九四七年八月任邱縣縣委宣傳部長至一九四八年七月調冀南一中工作，先後任教員、教導副主任、主任、副校長、校長。一九六八年九月在文革動亂中被迫害致死。

王立平校長生前曾經多次向全校的師生展示過他背部和雙腿被刀砍傷後留下的累累傷疤，以現身的經歷給全校教師學生講抗日戰爭，講革命傳統。抗戰初期，王校長曾經受共產黨的派遣去收編過土匪。一九四四年王校長被日偽軍逮捕後在據點的圍牆上行刑，軀幹和腿部被砍了很多刀。日偽軍認為他已經死了，就把他從圍牆上扔了下來。甦醒後的王校長被鄉民救起。休養了一年多後他的身體也沒有康復，不僅身軀上留下了一道又一道的傷疤，而且腿瘸得厲害。嚴重傷殘的王校長在臨清一中老師學生們的心目中是一位德高望重的象徵性領導人。

文化大革命開始後，二十多年來一直處於半工作半休養狀態的王力平校長也被推到了風口浪尖之上。一九六八年夏天，臨清一中校園裏有人貼出大字報說王校長是土匪，是叛徒。使用卑鄙手段演繹顛倒一個人的履歷，在文革中屢見不鮮。

針對王校長的這些誣蔑不實之詞出現在一中的校園裏的時候，很多老師和學生疑慮重重議論紛紛。已經見識過兩年文革的革命小將們判斷事物的洞察力無論如何還是增強了一些。把資格很老德高望重的王校長定性為階級敵人的企圖，肯定不是來自哪一位普通的老師哪一位普通的學生。掄巴掌拳頭侮辱王校長的廖化既不是軍師也不是主帥，他充其量也只能是一位毛手毛腳的先鋒角色。

王校長的大兒子王明洲比我高一個年級。他初中時和我的好朋友韓東俠學長，劉傳錄學長在一個班，所以我和王明洲同學也有一些交往。我既是一個敬仰王校長的學生，我還是王校長他兒子的朋友。王校長凜然悲涼地離世讓我感到非常震驚。看到白床單下面王校長的遺體時，我用忍不住的淚水給校長送行。

我相信臨清一中如我一般悲痛震驚的老師學生還會有很多。我們這些人的悲痛震驚是無聲的。無聲的悲痛震驚絲毫沒有影響「軍宣隊」和學校革命委員會的領導們把清理階級隊伍的運動一步一步推向高潮的決心。更沒有讓那些心腸冷酷的人們從此變得慈悲一些。

五十五、校醫群毆致死

臨清一中的校醫叫王秀清，五十歲左右，河北廣宗人，一九四九年就到一中工作了。他家居住在學校附近的民房，三口人：他和妻子及一個十幾歲的養子。

學生們給王醫生編了順口溜：王醫生真稀奇，大病小病ABC。真實的情況是，上級撥給臨清一中的醫藥費十分有限，王醫生只能用最簡單的藥給學生們看病。

王醫生說話很不受聽，學生找他看病，要挨很多批評：如果你的肚子疼，他會批評或者說埋怨你，是不是又喝涼水了？是不是睡覺蹬掉了被子？

我在學校的游泳池裏潛泳，被水底的瓦片劃傷胸部的那次，當我右手捂著傷口，左手拿著衣服，匆匆跑進醫務室，當王醫生知道了我負傷的原因後，就開始批評我。他把我安撫到床上，用藥棉擦乾淨我身上的血水，敷上消炎粉用藥棉膠布包紮好。雙手操作這些的時候，他嘴裏的批評就沒有停。但我還是很感激王醫生，炎熱的夏天，他包紮的傷口沒有發炎，一星期後痊癒。

文革初期，有人揭發王醫生曾經在國民黨軍隊裏做過軍醫。我心裏暗自思襯：難怪他說話不好聽，和國民黨的傷兵打交道的人，說話能好聽麼？

若要全校的學生們來評價王醫生的話，好評的確不多，除了說話難聽之外，還因為他的體型肥胖。在那連續饑餓多年，大家普遍削瘦的歲月，稍微肥胖，即為錯誤。肥胖且說話難聽，非議自然多多。同學們提到王醫生時，常用的詞語是：王大胖子。

一九六六年的夏天，學生們開始審訊毒打教師員工和學校領導的時候，我不記得，起碼是沒有親眼看到王大胖子這個前國民黨軍醫享受過拳腳。

兩年後「清理階級隊伍」開始，校園裏又有大字報拿王醫生的歷史說事。寫那大字報的學生數學肯定不錯，內容近乎是一道數學題：平均一個國民黨兵在戰場上開槍打死三個解放軍戰士，王醫生如果救活八個國民黨兵，就等於殺死了二十四個解放軍戰士。

王醫生成為「清理階級隊伍」的重點是否受數學家大字報的影響，當時沒有很準確的評估。有一點可以肯定的是，「軍宣隊」和新近被解放成革命領導幹部，並被「三結合」為臨清一中革命委員會主任的陳煥民，都想在自己張羅的「清理階級隊伍」之網裏捕獲幾條大魚。王力平校長和王秀清醫生成了他們期待的獵物。

據說，王秀清的「升級」與河北邱縣的國民黨大案有關。就在我們忙於「清理階級隊伍」的時候，距離臨清五十多公里的河北省邱縣發生了一個後來聞名全國，震驚了全世界的大案。

據邱縣新《縣志》記載：

一九六八年，河北省邱縣「革命委員會」、「三代會（所謂工人、農民、學生代表的造反組織）」頭頭一手製造了慘絕人寰的「抓國民黨」大冤案。從當年元月到一九六九年三月，只有十二萬人的邱縣有三千八百三十五人被打成「國民黨」。五百二十三戶被抄家，一千三百一十六人被打傷致殘，七百三十四人被嚴刑迫害致死，受株連群眾達數萬人。邱縣建黨以來六任書記、七任縣長被誣陷為「國民黨員」。縣直局級幹部百分之八十、公社幹部百分之七十、農村主要幹部百分之五十被打成「國民黨」。邱縣境內「白天路上行人少，晚上處處聞哭聲，專政組裏棍棒舞，何處不是動肉刑！」，整個邱縣成為血雨腥風的人間地獄。

人民日報社《群眾來信摘編》第五六六期的文章記載：

邱縣「三代會」壞頭頭私設監獄、公堂、專政組二百五十處，使用了比法西斯還法西斯的各種酷刑：老虎凳、沸水澆頭、火燒陰道、點天燈、剖腹、挖心、割肉剔骨、捅陰道、剪奶頭、剪手指腳趾、牆上釘人、活扒皮、割生殖器等達四百多種。致使受害者精神失常、五官變形、四肢癱瘓、五臟損毀、傷筋斷骨、家破人亡。

王秀清醫生的原籍河北省廣宗縣，距離邱縣不遠，他又擔任過國民黨的軍醫，被這麼一個大規模的國民黨案件牽涉進去完全可能。

夏天剛過，秋天即將來臨的一天晚上，在化學實驗室召開了一個「小型批鬥會」，專門批鬥王秀清醫生。參加人員只有學校革命委員會主任陳煥民，軍宣隊的曹團長、姚參謀（隊長）和潘璋、吳懿、馬岱、王平等數名學生（均用化名），其中潘璋尤其以打人兇狠而著稱於校園，乃至整個臨清縣城。為什麼選擇在晚上？為什麼挑選潘璋同學參加？答案可能就在陳主任、姚參謀的心中。

出乎預料，起碼是出乎陳煥民主任和軍宣隊的曹團長姚參謀們的預料，前國民黨軍醫脆弱得如同蔣介石那八百萬軍隊，無產階級的鐵拳揮舞了沒有幾個回合，王醫生就昏死過去。王醫生很可能是心臟病發作，如果及時搶救，或許沒有生命危險。陳主任和姚參謀不知是無知者無畏，還是故作鎮靜，先後發話曰：

「怎麼還裝死啊？讓他出去清醒清醒！」

弟子們把王醫生從化學實驗室架到教導處門前「清醒」，王醫生再也沒有清醒過來。第二天學生們到學校「上課」的時候，死亡現場已經清理，校園裏傳播著王醫生死了的消息。

一九六九年陳煥民開始被審查；一九七二年陳煥民被臨清縣清查「五一六」辦公室列為「辦全日制學習班」的對象。

王秀清醫生的養子長大後，一直盯著養父被毆打致死的案子上告。學校老師們的評價是王醫生的養子很孝順。孝順的養子上告的結果是陳煥民受了一個處分。

接下來的歲月，陳煥民的人生就是不斷地向上級申訴，不斷申訴的結果，那個處分終於被取消了。

一九六五年陳煥民到臨清一中工作不久，擔任黨支部書記的他開始兼任政治課。曾經擔任過地委黨校科長和省委宣傳部指導員的陳書記給中學生講授政治課完全勝任。全校十八個班級，陳書記選擇了高一四班任課，其中的原因很可能是因為高一四班的趙亞雲同學。趙亞雲是聊城地委副書記兼組織部長趙國壁的女兒。趙副書記主管幹部的升遷。從這件事可以窺看年富力強廉潔奉公的陳書記上進心之強，做事之周到慎密。上述因果關係成立與否沒有定論，只是教師和同學們私下裏這樣議論過，或許也僅僅是「小人之心度君子之腹」。

沒想到，王校醫之死斷絕了陳書記的前進之路。問題出在哪裏呢？不是王醫生的心臟脆弱，也不是潘璋同學的手腳太重，出手沒有分寸。根本原因是陳書記腦子裏那根階級鬥爭的弦。陳書記年輕時剛走上革命道路，就被階級鬥爭的理論僵化了智商與靈魂。以至於風浪來了，做為船長的他，不是想方設法團結船員水手，齊心協力戰勝風浪，而他首先想到的是把一部分船員和副船長都扔到海裏去，最終自己就難免也被拖入水中了。

四十年後，聽臨清一中的老師們說，陳煥民書記八十多歲了，身體還很硬朗，休息之餘，經常給當今一中的在校學生作時事政治輔導。

打人兇狠的潘璋，高二一班的學生，身體強壯，善長跑，很可能還會武術，家在冠縣農村，那裏是習武之鄉。潘同學的家庭出身據說是富農，當年對其打人行為就有「階級報復」一說。

他除了多次毒打學校的教師員工，還因為對一些工人、機關幹部下手狠而出了名。一年後，捍衛派勝利，潘璋被羈押，受到超強度報復。

再後，他回鄉務農。三十多年後，潘同學到臨清城裏找到幾個在教育界能說上話的一中校友，提出想在臨清辦一個武術學校，同學們無不避而遠之。

事後大家談及，都冷笑道：莫非打人的招數還想傳人。

五十六、會計菜刀刎頸

臨清一中總務處會計韓冰在清理階級隊伍中，是軍宣隊校革委直接掌握的重點，還是哪個排（班級）的重點，或者不是重點，我現在不記得了。

一天下午，被學生看押的韓冰到教師員工的食堂裏打飯，他趁人不備，突然拿起案板上的菜刀朝自己的脖子抹去。頓時，鮮血染紅了他的全身，染紅了廚房的地面。事發之時，我相距不遠，趕忙過去想看一個究竟。韓冰已經被人從廚房裏抬出，只看到了教職工食堂裏外地面上的大片血跡。

「軍宣隊」的人跑到臨時停放汽車的地方去發動軍車。「軍宣隊」的汽車是一輛新解放牌卡車。在廚房的門口，我碰到了「軍宣隊」隊員陸朱德。陸軍士用南方口音的普通話狠狠地說：

「他媽的，不用管他！」

韓會計被送到城北的地區第二人民醫院，搶救的醫生見又是一個自殺的階級敵人，並不認真救治，傷口處胡亂縫上幾針了事。大概是菜刀沒有割斷氣管與大動脈，韓會計沒有死去，傷口癒合後，留下很大的一道疤痕。

韓會計以死抗爭，並沒有阻止「清理階級隊伍」的步伐，也沒有降低「清理」的強度。

五十七、數學教師魏固軒

數學教師魏固軒是我們高一二班負責的被清理重點。

按說魏老師是不應該成為「清理階級隊伍」的重點的，他是明擺著的國民黨員，他是國民黨革命委員會的成員。臨清國民黨革命委員會的組織叫縣支部或什麼的，簡稱「縣民革」。魏老師是其中的一員，還經常參加「縣民革」的活動。魏固軒老師因為是「縣民革」的主要成員，所以他從五十年代就擔任了臨清縣（市）的政協委員。

以前臨清一中還有個徐雲階老師也是「縣民革」的，文革開始前幾個月，徐老師剛好六十歲，辦理了退休手續回河北南皮原籍養老去了。魏固軒老師的年齡比徐老師小一點兒，就被留在了文革的裏面，或者說是被關在了「安全門」的外面。

接受了「軍宣隊」和校革委交給的光榮任務後，我們排組成了一個五六個人的審訊班子，或者叫做專案組。我被挑選為專案組的成員，職責大概可以被稱作「祕書」，負責做審訊記錄。

排長對我說：之所以挑選我擔任如此重要的工作，是為了給兩年前文革初期我曾經挨整落實政策，希望我不要辜負排裏的信任，等等。

參加專案組的還有黃興榮、彭衛東，其他幾個人的名字，我現在已無從記起，只記得還有一個女同學。

審訊魏老師的地點選在教導處對面的兩間南屋裏。幾張課桌圍在四周，中間的空地是魏老師站立的地方，面積與教室裏的講臺差不多。課桌上擺放了幾根板凳腿，每個教室裏都有很多被拆卸了的板凳，弄幾根板凳腿絲毫不費氣力。

算一下魏老師的年齡，我們審訊他的時候，已是六十二歲了。魏老師很瘦，瘦到你把人想像到能有多瘦，魏老師就有多瘦。他的腿瘦得沒有正常人的胳膊粗，他的胳膊全是骨頭。我們說某某瘦得胸部都平了，魏老師的胸部是一個坑。不說了，知道魏老師是一個非常瘦的文弱書生就行了。

魏老師瘦，卻沒有什麼病，頭腦很清晰。魏老師畢生講授數學，課講得熟練通俗。魏老師還可以說是一中脾氣最好的男老師，課堂上，課堂下無論學生提問什麼樣的問題，他都會耐心地講解，無論學生的作業如何糟糕，他都耐心地圈閱批註，還不會批評學生。魏老師教過我們一年《立體幾何》。《立體幾何》課程關於球體體積計算公式的推演過程是比較麻煩比較難懂的，魏老師多次給我們講解推演，還自製了模擬教具，非常有耐心。

魏老師還有一項匪夷所思的本領是給自己理髮。有同學想把魏老師的絕活學到手，魏老師也曾經手把手地教，卻沒有聽說有哪位同學畢業出徒。

我們在圍好的課桌四周坐好，兩個手持體操棒的同學把魏老師從關押他的地方押解過來，被勒令站立在中間。審訊者的問話直來直去：你魏固軒做為國民黨員，都進行了哪些反革命活動？面對昔日弟子們的威嚴，魏老師的汗立刻流淌，汗衫都濕透了。沒有滿意的回答，有同學拿起板凳腿敲了幾下桌子，魏老師的腿立刻顫抖，站立不穩。過去一個人扶住他骨瘦的肩膀，另有同學高聲說道：

「黨的政策你是清楚的。」

魏老師顫顫巍巍地回答：

「清楚，清楚！」

雖然清楚，因為根本沒有「活動」，給瘦成一把骨頭的魏老師一百個膽，他也不敢「反黨」，所以沒有我們需要的供詞，第一天草草結束。

第二天繼續進行，問話場面如同第一天。一個同學有些隨意地問了一聲：

「你發展了多少個國民黨員？」

魏老師不知道是因為疲勞，還是恐懼，隨口應道：

「讓我想想，讓我想想。」

主持審訊的排長黃興榮指示一個同學給魏老師搬過去一個凳子，說：

「好，你坐下好好想想，都是發展了誰？」

魏老師坐在凳子上開始「想」。即便坐鎮臨清縣最高機關的是國民黨的黨部書記，像魏老師這樣的人也不可能去發展什麼國民黨員，魏老師能想出些什麼呢？又有同學用板凳腿敲了幾下桌子，魏老師顫抖地站起來，又「想」了良久，終於開始「交代」，魏老師說出來一位教師的名字。我趕忙把他的「口供」記錄在紙上。

那天上午，我們曾為如此大的收穫而喜悅，喜悅持續到下午就變成了懷疑，懷疑的原因是魏老師「發展」的國民黨員太多了。到第三天下午，魏老師總共供出來三十七個，其中還有幾個一中的學生，包括在學生會裏任職並且籃球打得非常好的女同學孫尚香（化名），更為讓人驚訝的是，三天前不辭勞苦兢兢業業為國民黨工作的魏老師還發展了兩個新國民黨黨員。

讓魏老師接連不斷地「想」出來一個又一個的名字，也是有代價的，代價是板凳腿敲壞了兩張課桌的桌面。第三天，我們專案組的懷疑變成了迷茫和恐懼。我的感覺好像是捅了一隻馬蜂窩。不能再進行下去了，否則臨清縣五十萬男女老少，都可能被魏老師「想」成了國民黨員。我整理出來的記錄有十幾頁，讓魏老師簽字畫押時，魏老師還很認真地閱讀了一遍，修改了幾處，摁上了自己的手印。

魏老師的口供上交到「軍宣隊」校革委後，再也沒有回音。說心裏話，我那些天很害怕有回音。否則我也將成為一個沾滿鮮血的劊子手。「軍宣隊」校革委是否把這麼重大的案件上報到縣革命委員會，縣革命委員會是否再逐級上報，都不得而知。謝天謝地，不知是哪一級哪個勇敢英明的人做出「純屬胡鬧」的判斷並決定不予理睬，願老天爺保佑他長命百歲。

一九九〇年魏固軒老師（前中）退休時，臨清一中校領導與之合影。那一年魏老師應該是八十四歲，可能因為他是山東省政協委員的緣故，所以延遲到如此高齡才退休。

在我心目中，魏固軒老師是一位神仙。

前左一為副校長邵芝蘭，我小學三年級時的班主任。（照片來自臨清一中七十年校慶資料）

有人做過統計，大陸文化大革命期間審查出來的國民黨遠遠超過了當時生活在臺灣的國民黨黨員的數量，真是一個現代版的天方夜譚。

文化大革命結束後，政府或者說是我們黨又承認了魏固軒老師國民黨員的身份。魏老師擔任了臨清縣政協的常委、山東省政協委員。我在縣城某機關另一位政協人士辦公桌的玻璃板下，看到過一幅政協開會時常委們的合影，魏老師依然那麼瘦。或許是因為有了政協常委、委員的身份，魏老師退休得很晚。

多邊形邊的數量如果是無窮大，多邊形就成了圓；多面體面的數量如果是無窮大，多面體就成了球。這兩個數學定理魏老師非常熟悉，並能將之應用於危難之時。

五十八、反復舊

一九六八年底，臨清乃至整個山東省發生的大事是「反復舊」。

山東省的「反復舊」起因是王效禹勢力的內訌。韓金海和楊恩華是王效禹的兩名幹將，韓是「山工總」的司令，省革委副主任；楊是濟南市革命委員會副主任，韓與楊不合。

一九六八年十月下旬，王效禹在北京參加共產黨八屆十二中全會，韓金海帶領人馬在臨沂幫助「六大組織」攻打「八大組織」。楊恩華一派獨占濟南發號施令，擠兌韓派的地盤。韓金海趕回省城，為了反擊楊恩華，掛出了「反復舊」的旗號。這個旗號正符合王效禹的心意。

一九六八年十一月一日王效禹回到濟南，與韓金海、劉崇玉（王效禹之妻。巧合的是韓金海讀小學時，曾經是劉崇玉的學生）等人研究了一整天，決定開展「反復舊」運動。

王效禹和韓金海的目的根本不同，王效禹的目標是向南京軍區、濟南軍區、北海艦隊發難，異想天開的打算以此運動搞亂軍區，引起中央重視，增加自身的政治資本，從而達到改組濟南軍區和北海艦隊的目的。而韓金海的目標完全對著楊恩華的濟南派，要殺殺楊的威風。

十一月二十四日，山東省革委召開第五次全委會，借貫徹八屆十二中全會精神之機，王效禹在全省發起「反復舊」運動，鼓動造反派重新奪權。

十二月五日派工宣隊進駐省革委生產指揮部；

十二月十七日，濟南「文攻武衛」（準軍事化民兵武鬥組織）占領館驛街派出所，各地陸續開始強占公安部門。全省百分之四十的縣市革委會被推翻或改組。山東省又陷入混亂之中。

一九六九年一月，濟南發生了「四根油條事件」。楊恩華的幹將，濟南市革命委員會常委常山林買早餐時與炸油條的飯店職工馬某為四根油條發生了衝突。這件小事被韓派的人員知道後大做文章，把馬女士標榜為「反復舊」的代表人物，王效禹破格批准給了馬女士一頂濟南市革命委員會常委的烏紗帽。

一月二十六日，王效禹的死黨、青島革委會主任楊保華調動六千文攻武衛人員武裝攻打海軍潛艇士兵學校，震動了中央。

二月七日，王效禹羈押了濟南市革命委員會副主任楊恩華。隨後，濟南革委會召開政工會議，大力宣傳表揚賣油條的馬女士，批鬥了楊恩華。

王效禹、韓金海、楊保華「反復舊」的「經驗」被湖北、河南、江蘇、福建、陝西、浙江、山西、等省市地區的革命造反派所效仿，剛剛有了一些穩定的全國社會秩序又亂了套。

四根油條事件之後，某才子把原來的一首詩作稍作修改，又創作出一首新的打油詩：

山東大地坑連坑，
黄河兩岸焊壺聲，
大明湖畔炸油條，
黄海之濱賣花生。

打油詩的第一句是拿王效禹的麻臉說事。山東省很多人都稱呼王效禹這個全省權勢最重的臨時官員為王二麻子；

焊壺說的是山東省革命委員會副主任韓金海，他是某個工廠的鈑金工；

賣花生說的是當時的青島市革命委員會主任楊保華六十年代初生活困難時期賣過花生米，並因此受到過處分。

這首打油詩很快傳遍了齊魯大地，為五彩繽紛的政治舞臺增添了豔麗，外帶幾分幽默，幾分詼諧。山東人還稱呼王效禹為王木床、王慶林或王廣林。「木床」、「廣林」合而為一則是一個「麻」字；「慶林」移動部首「廣」之後則變成了「大麻」二字。文字小遊戲，無非是拿王的麻臉說事。

古老的《麻子歌》那幾年在山東也頗流行。其中的幾句是：

雞啄西瓜皮；鴨子踏稀泥；雹子擊打沙土地；雨滴灑落塵埃裏；小孩光腚坐簸箕。

高雅的文字，糟踐人的生理缺陷倒是入木三分。

一九六八年九月九日，在以王效禹為首的省革委的壓力下，臨清縣革命委員會改組，原副主任劉之忱、司振東、丁文才被免掉，改組後的縣革委主任還是張靜軒擔任，副主任是：劉文傑（軍人）、李秀英（農民）、田保池（工人，炮轟派首領）。委員為三十人，其中軍隊幹部八人；領導幹部三人；群眾代表十九人。縣革命委員會常委會為十五人，其中軍隊幹部五人；領導幹部一人；群眾代表九人。炮轟派工人首領徐建壯、趙明厚、崔彬、陳維成，學生首領丁玉泉、尚艾華都擔任了臨清縣革命委員會常委。

一九六八年十二月二十五日，王效禹派親信彭世傑到臨清處理「反復舊」問題。彭世傑原是青島肥皂廠的工人，一九六七年一月二十八日，王效禹帶領青島二十二個人組成的代表團，在「中央文革」的指使下匆匆忙忙趕到省城濟南奪權的時候，彭是二十二人之一。奪權後任山東省革命委員會常委。

彭世傑在臨清活動三天，雷厲風行，大刀闊斧，工作效率極高。彭常委把臨清縣城關區革命委員會確定為「二月逆流翻案的活標本」；把金郝莊區革命委員會確定為「復辟的典型」。彭世傑口含天憲，說誰黑就黑，說誰紅就紅。他接見群眾的時候，一個十八歲的女工發言令他很滿意，當場這個青年女工就成了縣革委常委。

十二月二十六日上午，臨清電機廠、汽車配件廠、紅衛機械廠、機床廠的四十名工人組成的工人宣傳隊進駐縣革命委員會機關，當即宣布三條聲明：

1. 各部門的大權，全部由工宣隊接管；
2. 縣革委所有幹部必須肅清流毒，交接工作後集合到原政府大院參加學習，否則採取「革命行動」，扣發工資。
3. 各部室工作人員立即交出公章，屬於捍衛派的，一律回本單位接受批判。

工宣隊還責令縣革委的工作人員必須做到三請示：

1. 縣革委召開常委會要請示；
2. 審批基層建立革命委員會要請示；
3. 財務開支要請示。

「三條聲明」、「三個請示」架空了臨清縣革命委員會。半個月後，以田保池、徐建壯、崔彬、陳維成等八十四人組成的「青年班子」正式進駐臨清縣革委。

這些「雞犬升天」，剛剛嚐到權利滋味的「青年班子」馬上就腐敗到什麼程度，常人實在難以想像。有幾個骨幹成員常駐縣革委機關以後，竟然明目張膽地帶著臨時女朋友陪宿在辦公室。

臨清進入「青年班子」掌權的時期。那是文化大革命中臨清最混亂的幾個月。「反復舊」讓很多原本沒有多大野心，沒有什麼企圖的人，突然感到趁著混亂弄一個主任、常委的官職很容易，野心、慾望也就都滋生膨脹起來。於是，很多單位就出現了兩個甚至三個、四個革命委員會。每一個革命委員會都說自己是合法的，於是就互相爭奪革命委員會的印章，爭奪辦公室，爭奪高音喇叭，甚至爭奪油印機、蠟紙、信紙、信封。

因為人們都拿所謂的革命委員會不當回事了，單位大門口懸掛的革命委員會牌子便經常被人偷走，甚至縣革命委員會的牌子也丟失過。我曾經在夜晚看到過有人把偷來的牌子扛回家去，用來打傢俱那可都是好木料。我還看到過縣城最有知名度的乞丐憨四也偷摘過某單位的牌子，把它當木料出手，肯定比胡亂撕扯大字報賣廢紙來錢。

革命委員會的牌子丟了，只能再製備一個新的，屢丟屢製，屢製屢丟，便有人用水泥在大門口雕塑了一個仿製品，上面的字用紅色或黑色的油漆描繪塗抹。雖然缺少些莊重，卻再也不怕偷竊，人民群眾的創造力確實無限。

圍繞革命委員會牌子的故事就說這些吧，也算是一幕頗具時代特色的幽默小品劇。

五十九、魏延領人來抄家

「青年班子」正式進駐臨清縣革委大院，父親不再去那裏上班，倒是難得的清閒。

一天下午，母親去工廠上班了，父親騎著自行車帶著三弟去「新華池」泡澡，只有我和二弟待在家裏。突然闖進四個人來。為首的一個我認識，他是臨清師範學校的魏延（化名），成立縣革委的時候，是縣革委常委，後來反戈一擊加入了炮轟派，是臨清知名度比較高的造反人物。

我一看來者不善，便大聲質問他們：

「你們想幹什麼？」

「我們來搜查黑材料！」其中一個留著平頭滿臉橫肉的人說。

「我們家沒有黑材料。」

滿臉橫肉當胸給了我重重一拳：

「你小子說話怎麼還這麼衝啊？」

二弟嚇哭了。我順手撈起掛在牆上的一把鐮刀，後退一步，用鐮刀指著四個人喝道：

「你們誰再動手，我就用這個摟你！」

鐮刀是弟弟們餵兔子割草用的，一尺多長，尖尖的鐮刀頭很鋒利。

四個人一定知道我是一中的學生，不然為什麼來的都是師範學校的人而不是臨清一中的？他們大概沒有預想到會碰上一個敢於玩命的愣小子，若是真的鐮刀見了紅，也怕不好收場，局面一時僵持住。

弟弟的哭聲，吵鬧聲驚動了鄰居和袼褙廠的職工。第七章我已經說過，自家院子裏有一個又髒又亂的街道工廠也有好處，這個時候好處就充分體現出來了。鄰居和袼褙廠的職工把我們家圍了個水泄不通。為了就近保護我，鄰居鞏大嬸（縣委炊事員鞏雲普之妻）、馬大娘（縣政府炊事員老馬師傅之妻）、郭大嬸，還有袼褙廠裏嗓門最高的兩個大嫂大嬸，進屋後站到了我和那四個人之間。

有女高音背誦起《毛主席語錄》，不會說普通話，標準的臨清口音：

「毛主席教導我們：『要文鬥，不要武鬥。』」

郭大嬸不會念毛主席語錄，只聽到她不斷地高聲嚷道：

「你們人多，也不能欺負人呀！」

魏延四人一時語塞，只好按照原來的話題，說是要搜查黑材料。我清楚他們的目的是抓捕我的父親。父親和三弟去新華池泡澡，已經快兩個小時了，這時如果回家來就遭了，我想儘快把他們打發走。

有鄰居和袼褙廠的人在，四個「老二」（應該這麼稱呼這幾位）諒也不敢傷害我。我放下手中的鐮刀，並答應他們搜尋「黑材料」的要求。我很想告訴二弟，讓他去大門口外或去新華池的路上迎一下父親，人群中卻沒有了二弟的身影。

我們家裏能有什麼黑材料啊，魏延四人翻箱倒櫃，桌上床下，胡亂翻了一通。抓起一把我積攢的傳單與紅衛兵小報，向眾人吆喝：

「看，這不是黑材料嗎？」

我知道他們這是在給自己找臺階下。

這時，二弟出現在人群中，我剛要招呼他，又看見站在他旁邊的是三弟，我懸空的心落回於胸膛。

又鬧騰了一陣，魏延四人走了，我洗了一下手，用力把臉盆裏的水朝那四個人身後潑去，髒水撒在了魏延的鞋子褲子上，他回頭狠狠地瞪了我一眼，我記住了他那細長的單眼皮小眼睛。

抄家的人走後，二弟高興地告訴我：在他哭的時候，突然想起需要去給父親報信。眼淚沒有擦乾就急急忙忙往外跑，結果在離家一百多米的地方，遇到了回家的父親。父親聽說後，放下三弟騎上自行車就去武裝部躲藏。

在這次對付抄家的戰鬥中，表現還算勇敢的我，遠遠不如反應機靈的二弟貢獻大。「青年班子」指揮下的抄家抓人行動捕獲了好多縣革委機關的幹部。邢希梅、閻廷琛、葉小龍都挨了打。邢希梅被扇了很多耳光，臉都打腫了。父親在武裝部躲藏了幾天，風頭過去後才敢回家。「滿臉橫肉」給我的一拳，是我在文革中唯一的一次挨打。

需要說明的是：

一九六七年八月，炮轟派勝利後，縣革委工作人員被工人、學生們毆打主要發生在縣革委大院裏；

一九六八年秋冬「反復舊」時毆打縣革委工作人員的地點多在招待處，即現在的「臨清賓館」；

一九六九年捍衛派勝利後，報復炮轟派，下手兇狠的刑訊多數發生在臨港、一中、師範、招待處與中型廠。

另有一個需要說明的是：

領人到我們家抄家抓人的魏延在師範學校執掌權利的時候，仗勢姦污了一名家庭出身不好的女教師。後被害者不斷控告，縣革命委員會的這位前常委因此受到處分。一九七二年清查五一六運動中，魏延被隔離審查，遭受嚴酷刑訊毒打的可能很大，細節不詳。

六十、風雨同舟鬧革命，永遠忠於毛主席

一九六八年十二月，臨清一中老三屆在校生就要離開學校了。

當時的在校生初中、高中各有三屆：初中二十五、二十六、二十七級，每級兩個班；高中十、十一、十二級，每級四個班。十八個班不到九百人。

最高指示

我們的教育方针，应该使受教育者在德育、智育、体育几方面都得到发展，成为有社会主义觉悟的有文化的劳动者。

毕业证书　临高字第49号

学生臧宝兴是山東省临清县人，现年十八岁，在本校高中部，学习期满，准予毕业。　此证。

山东省临清第一中学革命委员会

一九六八年十二月十日

我雖然只學習了一年的高中課程，三年半後還是拿到了這麼一張很有時代特徵的高中畢業證。

在中學教育遠沒有普及的六十年代，這九百號人，可以說是臨清縣及附近區域那一代人的文化精英。文化大革命搞了兩年多，高三年級的學長們，從一九六〇年夏天入學，在一中的時間已經八年有半。這是國家經濟最困難，人民生活最艱苦，政治局勢最混亂的八年半，用肩膀背著玉米、高粱、地瓜乾去學校換飯票就餐的困境一直持續到文革之前。

我們高一二班的同學們也多是這樣，食物再低劣，肚皮再饑餓，生活再艱苦，時局再混亂，同學們心中都保存著繼續學習，繼續求學的希望，現在一切都成了泡影，同學們這時候真正體會到什麼叫心灰意冷。

每個同學都領到一張畢業證，三個年級的學生一起畢業，不知道我們國家，乃至世界的歷史上可曾有過？即便有過，那也只能是長期的戰爭年代。

有同學開始發洩：砸毀玻璃、門窗，或點燃桌椅、鋪板取暖。

有同學開始偷竊：燈泡、燈管、電線，甚至門窗上的玻璃都給拆卸下來用自行車載回家去。學校實在破敗得厲害，已經沒有多少東西可供弟子們偷竊搶掠了。

有同學想了結恩怨，你欠我的，他欠你的，現在該償還了。我們高一二班幾個相近的同學曾經商議，準備教訓一番「那幾個小子」。「那幾個小子」指的是前年夏天工作組在學校的時候整同學黑材料的人。我和邱衍平同學都贊成，最積極的是孫寶忠。商量了幾次，最終放棄。放棄的原因，說好聽一點兒是理智的女神戰勝了惡魔，真實地說是我們並沒有完勝的把握。

前途沒有了，信念垮掉了，同學的友情失去了，高一二班的畢業全家福還能拍照成嗎？最後一天下午，畢業證發到每一個人的手中，趁教室裏的人多，全班約定去市中心的「東方紅」照相館集合，大家都應承了。我和邱衍平一起往照相館走去。到了市中心的十字路口，已經能夠看到有同學走進照相館裏去了。邱衍平問我：

「咱們還跟那些舅子們照（合影）嗎？」

我說：

「不照就不照！」

我們倆轉身朝相反的方向走去。

高一二班象邱衍平我倆這樣爽約，或根本就不想一起合影的同學大有人在。出現在照片上的同學只有：

王廣柱、商思貴、丁金華、張善欣、王慶林、趙振廣、張子俊、俞學東、梁躍生、夏秀海、靳安堂、汪子玉、吳連波、邵學忠、彭春榮、楊一太、孫保忠、陶玉蓮（女）、王春玲（女）、邢衍梅（女）、陳玉蓮（女）李淑蘭（女）二十二人。

名單按下一頁照片上的位置從後到前，從左到右排列。

除去那年春天已經參軍的劉丕海、房朝舉兩位，最後參加照相的同學正好是四十四名同學中的一半。我和邱衍平所說的「那些舅子們」也都沒有參加。和邱同學我們倆一樣，「那些舅子們」的心態也都出了問題。

高一二班的畢業照，說明見書中的內容。

四十年後，王慶林同學把保存完好的二十二人合影給我看：

前排五個女同學都手持《毛主席語錄》；

幾乎所有的同學胸前都掛著大直徑的毛主席像章；

有十一個男同學戴著軍帽或綠色的仿軍帽；

最後一排身材最高的丁金華、張善欣同學舉著一幅毛主席畫像，遺憾的是畫像上的毛主席正在吸煙；

照片的空白處寫著：「風雨同舟鬧革命，永遠忠於毛主席」。這十四個字是哪位同學的創意，還是照相館的服務套餐，現在已無從考證。

高一二班的四十六個同學離開學校以後，城鎮戶口的幾個人，只有孫保忠進了國營企業；陳玉蓮、王慶林被迫去了外地；張善欣去了集體企業；邱衍平去的是街道工廠；張淑珍回了原籍，一九七五年做為回鄉知識青年安排到鄉鎮企業。

三十九個家在農村的同學，都只能回鄉務農了。有的擔任了代課教師。小學代課教師的待遇是在生產隊記全日工分，另外每月補助三元錢；中學代課教師

這幅很有時代氣息的照片是臨清縣三完小的十五個小學生。他們算得是我的小校友。混亂的歲月，孩子們的笑容依然天真燦爛。

可以肯定的是，他們後來基本上都沒有很好地完成小學和中學的學業，能夠進入大學的幾乎沒有。究其原因，起碼與他們手持的「紅寶書」及胸前的領袖像章有關聯。

的補助是每個月五元。若干年後，代課教師的補助有所提高。

無論是回鄉務農者還是能夠在城鎮安排工作的同學，參軍入伍都是最好的出路。從一九六八年到一九七三年，我們高一二班先後有十二個同學參軍入伍：房朝舉、劉丕海、丁金華、韓錫印、黃興榮、賈名山、靳安堂、梁躍生、李正文、趙振廣、張慶鳳。暫先羅列十一個同學吧，餘下的那位咱們後面再詳細敘說。

回鄉務農的同學有五人被推薦上了大學，成為「工農兵」大學生：何友法、吉清龍、李淑蘭、路金祥、商思貴。他們畢業以後被安排到中學擔任教師或成為企業的技術幹部。

第十一章　文化大革命——一九六九年及以後

隨後的幾年，是臨清縣文化大革命中死亡人數比較多的時期。我因為已經離開了臨清，親眼目睹的事例就不多了。記述期間的進程，引用當時官方（縣革委或其下屬）的文件資料便比較多。諸位讀者看客看官，不要為此感覺枯燥，細細品味那些文字，除去無以復加的真實感，別有一番辛辣苦澀與酸疼。

六十一、工人游擊隊

臨清一中和師範學校的學生先後畢業離校，紅衛兵做為文革的主要力量退出了炮轟、捍衛兩派較量的戰場。山東省革命委員會主任王效禹發動的「反復舊」使臨清的炮轟派占盡了優勢。捍衛派不甘心失敗，一些躲避抓捕、批鬥、毆打逃離縣城的工人，在武裝部的暗中支持下，組建了一支工人游擊隊。

捍衛派工人游擊隊的根據地設在河北省臨西縣的地盤上。一九六八年初，河北省革命委員會成立，省會由三十八軍占優勢的保定搬遷到石家莊以後，臨西縣支持臨清捍衛派的一派逐漸控制了局面。

捍衛派工人游擊隊的裝備基本上都來自縣武裝部的彈藥庫，有步槍、手槍、手榴彈，機關槍最少也有三挺。游擊隊的成員幾乎都是工廠的工人，後來也有一些捍衛派的貧下中農加入。人數少的時候，只有十幾個骨幹中堅，後來逐步擴編至六七十人。

他們文化程度不高，但並不影響他們學習《毛澤東選集》中關於武裝割據的文章。游擊隊的負責人或者說是正副隊長是呂布與華雄；他們兩個，去年我從臨西為「築長城」戰鬥隊往臨清城裏運輸傳單時就已經認識。游擊隊裏我還認識的一個人是張遼，糧棉機械廠的工人，我家同院馬大爺的女婿，在游擊隊裏大概屬於班長排長一類的角色。

捍衛派工人游擊隊令炮轟派如芒在背。依仗占據著縣城，控制了縣革委的優勢，炮轟派成立了一支更為強大的武裝。與捍衛派游擊隊相比，炮轟派的武裝可以稱得上是正規軍。一九六七年十月二十七日夜裏被哄搶的武裝部彈藥庫的武器，多數都控制在炮轟派手裏，能夠舞槍弄彈的人員應有盡有，各個工廠的民兵和轉業軍人隨時徵調。從一九六八年初冬開始，炮轟、捍衛兩派的武裝人員真槍實彈的較量發生過多次。

臨清兩派武裝力量對峙的時候，全國各地，山東全省也都是處處烽煙。

一九六九年二月十日，在山東省革委要員的直接指揮下，臨清縣炮轟派武裝二百六十人，由一名縣革委常委帶領，參加了聊城地區八個縣武鬥隊聯合進攻冠縣捍衛派的戰役，造成六十人死亡，一千餘人受傷，經濟損失二百五十萬，是山東省最著名的一次大規模武鬥。聊城一帶的民眾稱這次軍事行動為「八國聯軍」打冠縣。

就在炮轟派的主要軍事力量遠在冠縣作戰的時候，捍衛派的工人游擊隊偷襲了位於臨清市中心的新華池。新華池是一座公共澡堂，工人游擊隊襲擊那裏的原因，是新華池提供洗浴服務的同時，還利用澡堂鍋爐裏的蒸汽加工饅頭，冬季裏，搶奪一批饅頭做軍糧，可謂非常實惠的戰術行動。

工人游擊隊的人馬通過先鋒大橋從臨西進入臨清縣城，設在橋頭的警衛就把敵情報告給炮轟派的指揮中樞。游擊隊闖進新華池正往準備好的口袋裏裝大白饅頭的時候，從四面八方增援的炮轟派武裝把新華池團團圍住。

新華池是一座三層建築，捍衛派游擊隊占領了整座樓房，正在洗浴的顧客，動作快點趕緊穿上衣服落荒而去，動作遲緩者只能半裸著身子匍匐在暗處躲藏。捍衛派居高臨下，步槍、手槍不停地射擊，炮轟派的人馬無法靠近新華池。相持了幾個小時，天色漸晚，捍衛派乘夜色撤離。雙方槍支對射時，炮轟派死亡一人。

捍衛派工人游擊隊給盤踞縣城的炮轟派造成很大壓力，整個縣城如臨大敵，一到夜晚，路靜人稀。炮轟派中一批有名氣的人物無不自身裝備上長短武器，隨時準備自衛。

一九六九年四月十八日，捍衛派工人游擊隊從臨西渡過衛運河到臨清潘莊附近活動，炮轟派得知後，集合了數十武裝人員在衛運河的大堤上和工人游擊隊發生槍戰，從上午八時對持到下午四時，捍衛派工人游擊隊有七人受傷。撤回運河西岸時，一名姓左的工人溺水身亡。我認識的張遼（化名）班長攜帶步槍游泳過河，也差一點兒淹死。

為了制止遍佈全國各地的專業武鬥組織的發展蔓延，一九六九年七月二十三日，中共中央以解決山西兩派武鬥問題為由，發布了一份措辭嚴厲的布告，布告全文如下：

毛主席批示：

照辦。

當前，山西省同全國一樣，形勢是好的。但是在太原市、晉中、晉南部分地區，混在各派群眾組織中的一小撮階級敵人和壞頭頭，利用資產階級派性，蒙蔽一部分群眾，犯下了一系列極其嚴重的反革命罪行。為此，中央決定：

一、中央重申過去發布的「七三」、「七二四」布告和其他通令、命令、通知，任何組織和個人都要堅決、徹底、全部地執行，不許違抗。

二、雙方立即無條件停止武鬥，解散各種形式、各種名稱的專業武鬥隊，撤除一切武鬥據點，上交一切武器裝備。凡放下武器的，或回原單位，或由解放軍進行集中訓練。武力強占地盤、拒不執行本布告、負隅頑抗者，由人民解放軍實行軍事包圍，發動政治攻勢，強制繳械。逃跑流竄者，由人民解放軍實行追捕，歸案法辦。隱藏、轉移武器，利用國家的工廠和物資私造武器的行為，都是嚴重的犯罪，必須依法論處。

三、解放軍的武器、彈藥、車輛和其他裝備物資，一律不許侵犯。搶奪解放軍的一切裝備，必須無條件地全部退回。對挑撥軍民關係的階級敵人，要給予堅決打擊。

四、立即無條件恢復鐵路、公路交通運輸。撤銷同蒲路南段非法的「三一八次」列車。衝擊車站，襲擊列車，破壞鐵路、公路運輸，搶劫車站物資、車輛，搜查、搶奪旅客財物，都是土匪行為。對極少數壞頭頭和反革命分子，要逮捕法辦。

五、銀行、倉庫、商店等國家財產，任何人不得霸佔、搶掠。要嚴辦搶劫國家財產的主犯，追回搶劫國家的一切物資和資金。

六、對殺人放火和其他罪大惡極的現行犯罪分子，應當發動群眾檢舉；對確有證據者，要列出他們的罪行，交給當地群眾家家戶戶討論，並依法懲處。

七、對煽動、威脅職工離開生產和工作崗位的壞人，必須依法懲辦。至於一般受欺騙而離開生產和工作崗位的群眾，應進行教育，動員他們回本單位抓革命、促生產、促工作。自布告公布之日起，逾期一月不回工廠生產、不回機關工作者，工人、職員停發工資。如繼續頑抗，長期不回者，責成山西省革命委員會視情況給予紀律處分，直至開除。對回本單位的人應當歡迎，保證共人身安全，不許歧視和打擊報復。如加迫害，必須追究責任，嚴肅處理。

八、凡分裂革命大聯合、破壞革命三結合的行動，另立的山頭，一律都是非法的，中央概不承認。重新拉起的隊伍，都要立即解散，實行歸口大聯合。

一九六九年八月十二日，臨清縣革委和三支兩軍領導小組聯合成立的臨清收繳武器領導小組依照《七二三布告》，開始收繳槍支，截止到八月二十五日，共收繳輕機槍三挺；衝鋒槍七隻；步槍一百五十二隻；手槍一百零六把；子彈三千零三十二發；手榴彈二百六十一枚。不清楚這些槍支是否包括捍衛派工人游擊隊使用過的武器。

工人游擊隊堅持武裝鬥爭一年多，出生入死，風餐露宿，歷盡艱險。一九六九年十一月，捍衛派的勝利確立後，游擊隊正式從河北返回臨清。在衛運河上先鋒大橋的臨清一側，曾舉行了一個簡易的得勝回朝的歡迎儀式。游擊隊員們在隊長呂布，副隊長華雄的帶領下，全副武裝雄赳赳氣昂昂地通過了大橋，人數超過了一百多，很多是從來都沒有參加過游擊隊的活動而濫竽充數冒領功勞的。

捍衛派工人游擊隊的成員自持勞苦功高，在對炮轟派實施報復時，多數都出手兇狠，又演出了一幕幕血腥慘案。捍衛派工人游擊隊主要成員的結局自然難以善終。

六十二、康莊學習班

「反復舊」運動使得炮轟派基本上掌控了臨清縣革命委員會。縣革委的工作人員，幾乎都是原縣委和縣政府的原班人馬，多數屬於捍衛派。表面上掌了權的炮轟派的首腦們發現，縣革委的日常工作離開這些人幾乎就無法運轉，為了把原班人馬改組成為己所用的班底，鞏固已經取得的勝利，炮轟派決定舉辦一個所有縣直機關幹部參加的大規模學習班。

文革期間，各種各樣的學習班盛行。

毛主席也說：

> 辦學習班，是個好辦法，很多問題可以在學習班得到解決。

炮轟派把舉辦學習班的地址選在了距離縣城二十公里的康莊，用意一是淡化縣武裝部的影響；二是避免捍衛派工人游擊隊從臨西過來騷擾。

一九六九年春節過後，舉辦康莊學習班的通知就逐漸下達。開班前一天，幾個全副武裝的人把原縣委第一書記，原縣革命委員會副主任劉之忱押解到炮轟派盤踞的招待處看管起來。為了保護支持炮轟派的原縣委副書記范春明，防止他被蟄伏在臨西的捍衛派工人游擊隊劫持走，范副書記也被請到了戒備森嚴的招待處住了一晚。形勢嚴峻，可見一斑。

康莊學習班正式開班的日期是一九六九年三月十六日，縣直機關的幹部，不論男女，不論職務高低，都用自行車馱著鋪蓋到康莊中學報到。

父親接到去康莊學習班的通知不久的一九六九年三月三日，我母親騎著自行車去工廠上班的途中，連人帶車從運河的河堤上翻了下去，造成左腳多處骨折。父親據此向主事的炮轟派首領請假，在家照顧我母親。

捱到四月以後，父親聽說邢希梅也躲在妻子教書的朱莊中學沒有去康莊報到，便去朱莊與邢希梅商量。

邢希梅大叔分析當時的形勢說：

「『九大』已經召開，王效禹穩穩地進入了大會的主席團，地位已經確定，捍衛派看來是難以翻身了。我們現在不能再去河西（河北臨西縣）了。躲過了初一躲不過十五，還是乖乖地去康莊參加學習班吧。」

父親基本上贊同邢希梅的分析與判斷。

父親從朱莊回到家不久，康莊學習班的負責人之一，縣革委機關的范貴親自到我們家拜訪。意圖不外乎驗證我母親受傷是否屬實。范貴催促父親說：

「趕緊去報到吧，不去不大好！」

范貴走後，父親又拖延了一個多月，母親的腳傷基本痊癒。父親到康莊報到時，小麥已經黃梢，五月中旬的時光。

和臨清縣文革期間舉辦的其他學習班相比，康莊學習班要文明許多，規範很多，沒有刑訊，沒有打人，也沒有體罰嚴重的批鬥。學習班名義上是工人宣傳隊主持，實際上是機關幹部中炮轟派的骨幹范貴、李業、李小彬幾個人負責。

兩大院的所有幹部，編成了幾個排，主題是批判劉少奇，批判以劉之忱為代表的舊縣委資產階級反動路線。學習班的主要活動是寫批判稿，張貼大字報，幫助生產隊勞動。管理也越來越鬆散。

父親報到以後，早已抵達的李書堂把他領到自己住宿的大房間，在大通鋪上擠出一席空處安置下鋪蓋。大家的思想都很混亂，許多原先持捍衛派觀點的同事，開始向炮轟派或低頭，或示好，甚至告密舉報。李書堂和張銀旭提醒我父親說：同屋的馬超（化名）、郭淮（化名）是漢奸，說話要多加注意。

根據當年參加學習班的原縣委副書記王英傑回憶，他和范春明在康莊學習班期間，曾多次一起到供銷社飯店的裏間去喝酒。王與範是與炮轟派站在一起的，心境自然完全不同。

隨著時間的推移，時勢在悄悄地改變。

王效禹掌握山東省革命委員會的大權的時候。山東流行著一段話：「北京有個紅太陽；山東有個小月亮。」紅太陽指的是毛主席；小月亮指的是王效禹。

小月亮要靠紅太陽照耀才能發光。「九大」開過以後，北京的紅太陽依舊光芒萬丈，山東的小月亮已經開始隕落了，紅太陽不再照耀小月亮了。

因為消息封鎖得嚴密，形勢變化得異常突然，結果出乎所有人的預料。關於王效禹失敗命運的判決書形成兩個多月後，康莊學習班還繼續存在著，只是日漸鬆弛，名存實亡，直到自消自滅。

有意思的是主持學習班的炮轟派消息靈通，王效禹失寵的消息抽去了他們的主心骨，紛紛開始設計自己出路的時候，消息閉塞的捍衛派們還都按部就班地在康莊中學裏學習「九大」文件。學習班開學時春風得意的范春明已經逃回他齊河鄉下的老家躲避去了；在學習班上屢次被批判的劉之忱卻還老老實實地待在關押他的屋子裏，悉心閱讀學習材料。

考證捍衛派消息滯後的原因，不外乎是參與整個山東變局的濟南軍區高層領導以及整個軍事系統內部的保密意識很強。

這真是：

去時階下囚，回返凱歌旋，洞內方七日，世上已千年。

暮年的父親回憶當年康莊學習班整個過程的時候，一再發出世事難料的感歎。

六十三、《批示十條》

山東省革命委員會主任王效禹發動的「反復舊」運動，在全國帶了一個再次製造混亂的頭。這一舉動與毛主席需要在中國共產黨第九次代表大會召開前保持穩定的步調明顯不一致。很多省的造反派效仿山東省的「反復舊」，又開始衝擊省級革命委員會和軍事機構，位居各省革命委員會主任位子上的軍界名宿許世友、韓先楚、張國華、曾思玉、劉建勳、程世清、南萍等對王效禹的「反復舊」都非常不滿。王效禹的好日子就要結束了。

在「九大」預備會議的小組會上，許世友因為徐州問題質問王效禹。不自量力的王效禹當面頂撞許司令，許司令火冒三丈，當場揪住王效禹的脖領子要揍他。原中央文革小組推薦支持王效禹的王力、關鋒等人，這時也早已進了秦城監獄。老奸巨滑的康生也撤銷了對這個老部下的保護，王效禹陷入四面楚歌的境地。

「九大」剛剛結束，黨中央立即把濟南軍區、山東省革委和濟南、青島參加「九大」的楊得志、袁升平、李水清、易耀彩、穆林、齊威、王效禹、韓金海、楊保華等二十七位代表留在了在北京舉辦學習班。

五月二十日，中央決定，增補與王效禹意見相左的濟南軍區負責人袁升平、李水清、李耀文為山東省革委會副主任，濟南軍區的將軍們完全控制了山東省革委。

五月二十五日，中央批准下發了[69]×××號文件，文件的主要內容如下：

毛主席批示：照辦

中央對王效禹、楊得志、袁升平三同志的報告的批示

山東省革命委員會、濟南軍區黨委：

中央同意王效禹、楊得志、袁升平三同志給中央的報告。

山東省自成立革委會以來，在偉大領袖毛主席的英明領導下，在人民解放軍的大力支持下，在廣大的工人、貧下中農、革命群眾和革命幹部的努力奮鬥下，做了大量的工作，取得了很大成績。但是，黨的八屆擴大的十二中全會後，由於個別領導同志違背了十二中全會的精神，在全省進行所謂「反復舊」運動，犯了嚴重的錯誤。這種錯誤是帶方向性的。但還是前進中的錯誤。

中央希望你們高舉毛澤東思想偉大紅旗，根據「九大」精神，既要徹底糾正錯誤，又要照顧大局，努力穩定山東局勢，加強領導之間、軍政之間、軍民之間、群眾之間的團結，共同對敵，牢牢掌握鬥爭大方向，總結經驗，落實政策，搞好鬥、批、改，準備打仗，抓革命，促生產，奪取各條戰線上的更大勝利。

一九六九年五月二十五日

王效禹、楊得志、袁升平三同志給中央的報告

一九六九年五月二十四日

毛主席、林副主席、中共中央、中央文革、國務院、中央軍委：

在偉大領袖毛主席「開成一個團結的大會，勝利的大會」的最新指示鼓舞下，山東省革命委員會和濟南軍區在京的二十七個同志，在「九大」閉幕以後，集中時間進行了學習。學習了毛主席、林副主席的指示，「九大」文獻，學習了中央其他同志的講話，分析了山東文化大革命的形勢，檢查了存在的問題，總結了經驗教訓，進行了批評與自我批評，增強了團結，研究了改進的措施。

在學習中，大家一致認為，毛主席、林副主席、黨中央對山東文化大革命，一向是極其關懷的。在「九大」期間和我們這次學習過程中，毛主席、林副主席親切接見，並做了極為重要的指示，中央負責同志多次和我們座談。這是以毛主席為首、林副主席為副的無產階級司令部對我們最大愛護，最大關懷，最大教育，最大鞭策。我們決不辜負中央對我們的期望，我們一定要高舉毛澤東思想偉大紅旗，認真執行（略去字及標點符號六十五個）。

山東無產階級文化大革命總的形勢是大好的，在以毛主席為首、林副主席為副（略去字及標點符號一百七十二個）。但由於省革委主要負責人的錯誤思想指引，在前進的道路上也出現了一些嚴重的問題，特別是從黨的八屆十二中全會以來，暴露的更加突出，一種不相信不依靠革命群眾、人民解放軍和革命幹部的懷疑一切的錯誤思想，進一步發展起來，在全省錯誤地發動的「反復舊」運動，實質上是干擾清理階級隊伍，把矛頭指向了解放軍，指向了革委會，指向了革命幹部，指向了廣大群眾，破壞了革命的大聯合和革命的三結合，背離了黨的八屆十二中全會精神，干擾了毛主席的偉大戰略部署，是帶方向性的錯誤，不僅對山東文化大革命造成了很大損失，而且波及到一些兄弟省，直接影響了「九大」精神的貫徹，後果是不好的，必須認真加以糾正，接受這一經驗教訓。

為了貫徹「九大」精神，妥善解決存在的問題，經大家反覆研究，擬採取以下措施：

一、進一步在全省掀起一個持久的學習、宣傳、落實「九大」精神的高潮。（略去字及標點符號二百五十五個）。

二、一定要緊跟毛主席，緊跟以毛主席為首、林副主席為副的無產階級的黨中央。對毛主席、黨中央的一切指示，必須原原本本地傳達，認真貫徹執行。堅決反對對中央指示陽奉陰違，適合自己口味的就執行，不適合自己口味的就抵制、封鎖甚至歪曲的實用主義態度。加強組織紀律性，工作情況要經常地、如實地向中央請示彙報。特別是重大問題，必須報請中央批准後再執行。反對自以為是，另搞一套。徹底批判反動的「多中心即無中心論」，堅決反對搞獨立王國的傾向。

三、切實落實各項無產階級政策，（略去字及標點符號一百九十三個）。在清隊過程中，一定要嚴格掌握政策，狠抓一個「準」字，重證據，重調查研究，嚴禁逼、供、信，謹慎小心，防止和克服擴大化的傾向。嚴禁隨便抓人，除確有證據的殺人、放火、放毒等現行反革命分子，應對依法處理外，都應當採取「一個不殺，大部不抓」的政策。凡是不應當抓而抓了的，立即釋放。不准隨便戴政治帽子。屬於政治陷害的要恢復名譽，錯打成反革命的要予以平反。整黨建黨要嚴格按照新黨章的要求搞好。用階級分析的方法去看待一切，全面地正確地掌握「有成份論，不唯成份論，重在政治表現」的原則。

四、要加強革命委員會的一元化領導，（略去字及標點符號二百四十六個）。

五、要充實加強省革委的領導機構。黨的核心領導小組要迅速建立起來。根據精簡的原則，機關各部門的領導成員和工作人員，在「反復舊」運動以前的基礎上，適當充實和調整。進駐省革委的工宣隊要做好工作迅速撤出。吸收新的工作人員，要嚴格審查，並經過組織批准。反對宗派主義，反對任人唯親。

六、要相信和依靠解放軍。（略去字及標點符號二百七十個）。

七、要相信和依靠群眾。（略去字及標點符號一百零二個）。文化大革命進行到現階段，不能再在群眾中劃「革」與「保」。革命不革命要以對待毛主席、毛澤東思想、毛主席革命路線為標準，不能以擁護或者反對某一個人來「站隊」。要繼續批判「以我為核心」，「唯我獨革」，「唯我獨左」的錯誤思想。革命群眾組織都要在毛澤東思想旗幟下聯合起來。不准重拉隊伍，另立山頭。進駐公、檢、法的「文攻武衛」，要迅速撤出，繼續加強軍事管制。做好思想工作，撤銷「文攻武衛」組織。公、檢、法原存的敵偽檔案、文書檔案、幹部檔案等文件，「文攻武衛」必須全部交軍管人員接收和管理，不准隱藏、抽出和銷毀，個人私自取去的必須勒令如數繳回。要建立和健全「三代會」，置於各級革命委員會的領導下，與下面不發生垂直領導關係，不准插手外單位外地區的文化大革命。要促進徐海地區革命大聯合，不要插手和干擾。

八、要相信和依靠幹部的大多數。堅決遵照毛主席的教導，「要相信百分之九十以上的幹部是好的和比較好的」，「對犯錯誤的好人要多做教育工作，在他們有了覺悟的時候，及時解放他們」。對已經解放了的幹部要大膽使用。對參加三結合的幹部，要信任、支持，發揮他們的骨幹作用。允許他們犯錯誤，允許他們改正錯誤，不要一犯錯誤就打倒。

九、鞏固和發展革命委員會。毛主席說「革命委員會好」（略去字及標點符號一百四十九個）。

十、切實改進領導作風。要發揚黨的三大作風，繼續貫徹省革委一九六七年六月「關於轉變作風的若干規定」，謙虛謹慎，戒驕戒躁。深入群眾，認真進行調查研究，狠抓典型。在職幹部要輪流下放勞動，群眾代表不脫離基層，不脫離生產。堅決反對驕傲自滿。脫離群眾，聽不得不同意見的不良作風。堅決反對主觀臆斷，隨便表態、胡亂指揮的不良作風。堅決反對愛聽恭維話，不愛聽批評話，喜歡吹吹拍拍、阿諛奉承的不良作風。堅決反對口是心非、玩弄權術的資產階級政客作風。

山東問題，事關大局。我們堅決遵照毛主席和黨中央的指示，一定要向前看、顧大局，以「九大」為一條線，對過去的問題，做為經驗教訓接受下來，大家團結一致，在毛澤東思想指引下，爭取更大的勝利。

為了既解決問題，又不致引起反覆，對這次學習情況，控制傳達範圍，絕對不允許傳到社會上去。學習的基本情況，目前只在省革委常委和濟南軍區黨委中傳達。

對「反復舊」運動遺留的問題，通過貫徹「九大」精神，總結經驗的辦法，逐步加以解決，同時建議中央舉辦解決山東綱通的學習班，學員從各級革委會、群眾組織和參加三結合的軍隊幹部中抽調。第一期主要解決省革委和濟南市的問題。

關於抓革命，促生產，促工作，促戰備的問題，回去再研究具體措施。

以上報告當否，請批示。

王效禹、楊得志、袁升平
一九六九年五月二十四日

聊城地區革命委員會辦事組翻印
一九六九年七月七日

上面的文件，因為有毛主席的批示，在山東簡稱為「批示十條」。「批示十條」改變了山東省文化大革命的局面，也改變了成千上萬個人的命運。

在北京的學習班上，王效禹的親信韓金海、楊保華看到大事不好，都殺了王效禹的回馬槍。

一九六九年六月二十日，山東省和濟南市革委會、群眾組織的部分負責人，以及支左軍代表五百七十多人到達北京，參加中央辦的毛澤東思想學習班山東班，繼續揭發批判王效禹等人。隨後，通知王效禹的嫡系，山東省革委常委張美智（原濟南市無線電元件六廠工人），省革委常委文攻武衛總指揮孟慶芝、王效禹的老婆劉崇玉三人進京。張、孟、劉三人一到北京即被北京衛戍區扣押。

一九六九年年十一月，山東省革委會報請中央同意，在報紙上公開揭發批判王效禹。一九七一年三月，中央正式批准撤銷王效禹的職務，下放到遼寧盤錦墾區的西安農場填鴨廠監督勞動。「四人幫」倒臺後，王效禹回到山東，一九七九年被開除黨籍。

隨後，王效禹的親信孟慶芝被判處死刑；

韓金海和楊保華兩人被判處死緩；

張美智被判無期徒刑。

一九六七年二三奪權後建立的山東省革命委員會主要成員多數都是這樣的下場，大概也創了全國第二，第一個奪權的上海市肯定要當仁不讓地榮獲第一。

山東省文化大革命的這些風雲人物之結局，昭示了臨清炮轟派頭面人物的下場。

一九六九年八月，「批示十條」正式在臨清傳達貫徹，恢復了「反復舊」前的縣革委機構。一年半後的一九七一年二月，中共臨清縣第四次黨代會召開，「反復舊」前的縣革委副主任劉之忱當選為縣委第一書記；張靜軒當選為縣委書記；袁耀明、丁文才當選為縣委副書記；司振東、劉風嶺、馬清晨、陳景強當選為縣委常委。

不斷鞏固勝利的捍衛派揚眉吐氣。炮轟派樹倒猢猻散，一潰千裏，潰不成軍。該烘烤燒餅的另一面了，在鐵鍋上煎熬了兩年的捍衛派翻了身後，把那個革命的爐火燃燒得更加旺盛，炮轟派的首腦們骨幹們一個個都被送入了十八層地獄。

在隨後的三年時間裏，臨清的炮轟派們受到怎樣變本加厲的報復，遭到怎樣殘酷的刑訊，從後面的文字中，可以窺看並想像出許多生動慘烈的場景。

已經畢業離校回鄉務農兩年多的臨清一中學生有二十多名被捍衛派從農村家中揪回了城裏，強行關押進所謂的學習班，多次遭到毆打。關押拷打結束後，有數名學生被確定成「反革命壞分子」壓送回鄉，交由貧下中農監督勞動。除去這數十個重點人物，臨清一中多數的學生檔案裏也都增添了一句話：

「文化大革命在校期間站錯了隊」。

六十四、清查「五一六」與「一打三反」

關於清查「五一六」運動，互聯網上有如下一段文字：

首都五一六紅衛兵團，簡稱五一六兵團，最初只是受極左思潮影響而自發建立起來以炮打周恩來為主要目標的青年學生組織。在清查過程中被升級定性為反革命陰謀集團；進一步簡化為五一六，其成員叫五一六分子。

一九六七年八月十一日，江青等中央負責人宣布「五一六兵團」是陰謀的反革命組織，該組織從政治上、組織上迅速土崩瓦解。八月二十五日，「五一六兵團」的頭頭和骨幹分子全部被抓起來了。

一九六七年九月七日，新華社播發姚文元《評陶鑄的兩本書》，公開提出批判反革命組織「五一六」的問題。毛澤東為此文加寫了一段話：

「這個反動組織，不敢公開見人，幾個月來在北京藏在地下，他們的成員和領袖，大部分現在還不太清楚，他們只在夜深人靜時派人出來貼傳單，寫標語。對這類人物，廣大群眾正在調查研究，不久就可以弄明白。」

一九六八年年，中共中央成立了清查「五一六」專案領導小組，陳伯達任組長，謝富治、吳法憲為領導小組成員。

一九七〇年三月二十七日，中共中央發出《中共中央關於清查「五一六」反革命陰謀集團的通知》。一九七一年二月八日，經毛澤東批准，中共中央決定建立由吳德擔任組長的「五一六」專案聯合小組，用以統籌全國清查「五一六」的步伐。

各地也設置了專門機構，先後開展清查「五一六」運動。定案範圍被擴大為「三指向」，即鬥爭矛頭指向無產階級司令部，指向人民解放軍，指向新生紅色政權革命委員會。而實際上是以追查反周總理為主，包括了涉及「揪軍內一小撮」的、反對「新生的革命委員會」的、打砸搶搞得太厲害了的。如震動全國乃至世界的圍困中南海、火燒英國代辦處，造成死人、傷人的北京百貨大樓、永定門糧庫、琉璃河水泥廠武鬥，都受到嚴厲追查。推而廣之，舉凡影響當時政局穩定、需要排除干擾的，都裝進了「五一六分子」這個筐。

清查「五一六」運動長達數年，一些人被隔離審查，受盡折磨。由於使用逼、供、信手段，「罪行」在反覆交待中，一些細節被編得神乎其神。

「五一六」被描繪成了一個罪大惡極、無孔不入的組織。用辦學習班的方法查五一六的登記表、組織情況（政委、司令）、組織網絡圖，不交代就不讓過關，越查越多。直接遭受誣陷迫害的有數百萬人，受到牽連的人就無法計數了。不過一百五、六十人的東方歌舞團就抓出了「五一六」分子五、六十人，在不足兩千人的外交部清出「五一六」六、七百人，《光明日報》職工中打了一百零八個「五一六」分子。北京市群眾揭發出來涉及五萬多人。還根據抓出人數的多少評先進單位。有一句順口溜：

「五一六，家家有，不是親來就是友」，便反映出清查「五一六」的廣泛性。更為弔詭的是，連解放軍將領蕭華、楊成武、余立金、傅崇碧等，同當時已被隔離審查的原中央文革小組成員王力、關鋒、戚本禹也放到一鍋燴，說是「五一六」的黑幕後。中共九屆二中全會後，身為清查「五一六」專案組組長的陳伯達，竟被列為「五一六」的操縱者。「九一三」事件之後，林彪也成了「五一六」的操縱者，而且名列首位。到一九七三年冬，身任公安部副部長、「五一六」專案領導小組成員、並兼管專案辦公室的李震，也自殺身亡了。

清查「五一六」可以說是文革中最「無厘頭」的運動。北京的陳伯達、林彪既然都成了「五一六」的總頭目，已經倒了臺的王效禹也就難免被「任命」為山東省「五一六」的掌門人了，文革中這樣的黑色幽默比比皆是。

「一打三反」則是貫穿文化大革命中後期，歷時數年，死亡人數很多或最多的運動。一九七〇年一月三十一日，中共中央發出《關於打擊反革命破壞活動的指示》。二月五日發出《關於反對鋪張浪費的通知》和《關於反對貪污盜竊、投機倒把的指示》。三份文件合而為一，便成了「一打三反」運動。

關於清查「五一六」和「一打三反」運動，《中共臨清黨史大事記（徵求意見稿）》中先後有如下記載：

一九七〇年二月，全縣開展「一打三反」運動。中央「一打三反」文件下達後，臨清縣革委黨的核心領導小組迅速進行部署，要求各級革委雷厲風行地認真貫徹中共中央的三個文件，立即掀起一個大檢舉、大揭發、大清查、大批判的「一打三反」運動。至三月十三日，全縣就揭發出有反革命破壞活動的八百零五人；有貪污盜竊、投機倒把行為的七千二百一十八人，其中千元以下的六千七百百十一人，千元以上的四百二十五人，萬元以上的十二人。

八月上旬，臨清縣掀起「一打三反」新高潮。縣革委黨的核心領導小組在對全縣「一打三反」運動進行檢查和總結的基礎上，確定了：「一打」與「三反」，要以「三反」為重點，加深「一打」；農村與城鎮，以城鎮為重點，指導農村；城鎮以財貿系統為重點，帶動其他系統；農村以區直單位為重點，促進生產大隊。進一步發動群眾，充實力量，以「六廠二校」為榜樣，掀起「一打三反」運動新高潮。

九月十六日《情況反映》稱，一個多月的時間，全縣舉辦以「三反」為重點加深「一打」學習班二千一百多個，在前段運動的基礎上又挖出貪污盜竊、投機倒把分子二千三百七十四個，計款七十二萬元。挖出政治領域的階級敵人和有嚴重問題的人二百五十名。

一九七一年四月二十九日，臨清縣清查「五一六」專案領導小組建立。臨清縣委遵照中共中央、省委、地革委黨的核心領導小組的指示，決定建立臨清縣清查「五一六」專案領導小組，由九人組成，張靜軒任組長。

五月二十五日，縣委又下發了《關於清查「五一六」反革命陰謀集團的計劃》，錯誤地發動群眾在縣直機關、工交財貿、文教衛生等一百三十個單位開展了清查工作，使XXX名幹部、職工受到了不應有的審查，後糾正，所有被審查的人全部得到解脫。

一九七二年二月二十二日至二十九日，縣委抽調幹部檢查清查「五一六」、「一打三反」運動中執行黨的政策情況。臨清縣委遵照地革委黨的核心領導小組指示，共抽調幹部一百八十名，經短期培訓後，派往農村一百四十名；派往縣直單位四十名，對清查「五一六」、「一打三反」運動中執行黨的政策的情況進行了全面檢查。在歷時二十七天的檢查中發現，在舉辦各種類型的學習班時，存在審查面過寬，個別單位有打、罵、變相體罰等違背黨的政策的情況。縣委對上述情況採取了措施。

從上面的文字，我們可以知道，臨清縣清查「五一六」和「一打三反」如火如荼的時期，正是捍衛派瘋狂報復清算炮轟派的歲月。清查「五一六」和「一打三反」猶如兩只無比碩大的竹筐，讓捍衛派的棍棒敲打得頭破血流遍體鱗傷好像一堆破瓜爛棗的炮轟派，就順勢悉數被裝進了這兩只大筐裏。

六十五、一份清查「五一六」辦公室的彙報

本節的原件及後面數節的內容都是來自那卷「廢紙」。

《清查「五一六」辦公室的彙報》

毛主席語錄：

當前運動的特點是什麼？它有什麼規律？如何引導這個運動？這些都是實際問題。

＊＊（原文就有這麼兩個圖形）

清查「五一六」辦公室關於清查運動中幾個問題的彙報

一、關於對重點審查對象的審查問題

根據地區「五一六」專案辦公室臨清會議精神，最近辦公室連續召開分析研究會，認真的（地）對前段運動作了分析，肯定了成績，擺出了問題，制定了措施，尤其是對各級在清查運動中審查的對象，一個單位一個單位，一個人一個人地進行了一次分析排隊，經分析需要重點審查的對象有六十六人，涉及三十三個單位。

其中：隔離審查[1]的共八人，涉及七個單位：

范春明（兩大院）[2]；田保池、崔彬（電機）；徐建壯（機床）；王子成（配件）[3]；丁立業（五金）；陳煥民（一中）；呂乾卿（師範）；

（原文中陳煥民、呂乾卿的名字被什麼人——估計是焦與魯主任或其他有決定權的人，用筆劃去，二人可能是被降到了下面「辦全日制學習班審查」的人裏面去了，因此總數六十六人不變）

辦全日制學習班[4]審查的，六十人；

（其中）工業（系統），十三人，涉及八個單位：

洪連全（鑄鍋）；尚艾華（化肥）；靳德義（機械）；王忠昌（印刷）；馮大真、寧子靈（釀造）；丁慶江、張印臺（電機）；劉毅（拖修）；張榮軒、陸子萬、齊方亮、田瑞貞（配件）；

手管[5]，七人，涉及六個單位：

邢樹華（糧棉）；陳維成、李樹春（汽零）；張孟鎖（車輛）；徐春躍（電器）；王蘭君（絲綢）；吳德宏（製線）；

城建（系統），六人，涉及二個單位：

徐世良、馬伯駿、陳化東、李自修（一社）[6]；郭存福、蘇子民（磚瓦）；

商業（系統），二人，涉及二個單位：

王秀昌（煤建）；楊萬青（飲食）；

交通（系統），八人，涉及四個單位：

趙連生、張兆光、劉金生、趙興如、劉維華（臨港）、張德榮（搬運一隊）；王克學（搬運公司）；尹樹嶺（交通局）；

糧食（系統），一人，涉及一個單位：

李維魁（油廠）；

供銷（社），一人，涉及一個單位：

趙楊增（土產）；

縣直，二十人，涉及九個單位：

陳清江、賈均城（公安）；尹培樹、劉文興（水利）；史治華、王振生（二院）[7]；秦長友（郵電）；孫振魯（縣醫院）；張瓊林、馬連丙、陳懷芝（師範）；馬家駿、蔡凱、王玉任、宋來泉（一中）；康健、郭長雲、吳慶玲（城關）；金伯成、李承業（兩大院）；

二、經過群眾性的「四大」[8]，沒有形成重點人的單位七十五個，遵照地區（清辦）臨清會議精神，這些單位將陸續轉入「一打三反」、正（整）黨建黨運動。

其中：（七十五個單位名稱略）；正在進行大批判的還有二十三個單位。

一九七二年四月十日

1 隔離審查，即單獨關押，被隔離人完全失去人身自由。文革期間大凡被隔離審查者，往往會遭到毆打逼供。

2 臨清縣委與縣政府當時在青年路東首的兩個大院子裏辦公。兩大院，是人們對兩大機關簡單而通俗的稱呼。

3 指汽車配件廠；其他單位名稱後面也都應該加一個廠字。

4 辦全日制學習班，文革中普遍採用的一種限制人身自由的形式，參加「學習」者，食宿於斯，一天二十四小時不得隨意離開，因此稱之為「全日制」。辦全日制學習班中，刑訊行為也很普遍。

5 係手工業管理局。

6 建築一社。

7 指聊城地區第二人民醫院，位於臨清縣城北部，原為教會醫院，五十年代初曾為河北省立第二醫院。

8 指大鳴、大放、大字報、大辯論。

"一打三反"政治案件情況統計表

填报单位：临清 一打三反办公室　1972年　填报时间：4月 日

类别 \ 数字 \ 项目	合计	在运动中新挖出来的 现行反革命分子	在运动中新挖出来的 历史反革命分子	未改造好的五类分子	叛徒	死不改悔走资派	备注
合计	4292	580	1326	2256	93	37	
国家干部	224	63	70	45	19	27	
国家职工	253	85	99	61	8		
其他	3815	632	1157	2150	66	10	
其中党员	135	28	49	8	20	30	

1、反革命组织集团 1 起 3 人。2、清出电台　部；枪 59 支；子弹 2616 发。

3、自杀 137 人；拘留 65 人；逮捕 227 人；判刑 186 人。

注①本表各栏均系"清队"、"一打三反"运动以来的累计数字。②"国家职工"一栏系指全民所有制企事业单位中的职工。③"其中党员"一栏系指"合计"栏中的数字。④既有历史又有现行的，可填其主要一种。

蓋有臨清縣革命委員會一打三反辦公室紅色公章的報表上，清清楚楚地記載著：自殺一百三十七人；拘留六十五人；逮捕兩百二十七人；判刑一百八十六人。

六十六、「畏罪自殺」者一百三十七人

這是一份統計報表：名稱是《「一打三反」政治案件情況統計表》，填報時間是一九七二年四月。

填報單位是山東省臨清縣革命委員會一打三反辦公室，蓋有鮮紅顏色直徑六公分的圓形印章。報表是鉛印，屬於在較長時間內的常規性報表。大概是上報給聊城地區一打三反辦公室，並抄報縣革委主要領導的。

報表所列全縣涉及政治案件的共有四千三百九十二人，（約占全縣總人口的百分之一）其中國家幹部二百二十四名；國家職工二百五十三名；其他（農民、市民等）三千八百一十五人；中共黨員一百三十五名。

四千三百九十二個涉案人員裏，「運動中新挖出來的現行反革命分子」五百八十人；「運動中新挖出來的歷史反革命分子」一千三百二十六人；「未改造好的五類分子」二千二百五十六人；「叛徒」九十三人；「死不悔改的走資派」三十七人。

挖出反革命組織一起，涉及三人：清查出槍械五十九枝，子彈二千四百一十五發。

自殺一百三十七人；拘留六十五人；逮捕二百二十七人；判刑一百八十六人。

關於自殺者一百三十七人，另有一份文字說明（鋼筆手寫）：

「一打三反」以來的自殺死亡情況

一、自殺死亡情況：

全縣自從清隊（清理階級隊伍）、「一打三反」、清查「五一六」以來，共自殺死亡一百三十七人。其中二十個（人民）公社一百一十二人，縣直二十五人。

農村死亡一百一十二人中：

古樓公社五人；

金郝莊公社七人；

石槽公社十一人；

老趙莊公社十一人；

松林公社五人；

大辛莊公社七人；

潘莊公社四人；

蕭寨公社八人；

康莊公社十人；
戴灣公社六人；
康聖莊公社七人；
唐元公社七人；
煙店公社一人；
八岔路公社六人；
胡里莊公社七人；
朱莊公社四人；
魏灣公社六人。

縣直自殺死亡的二十五人中：

供銷系統兩人；
城建系統一人；
商業系統五人；
手管系統五人；
輕重工業系統八人；
縣醫院一人；
修防處一人（指衛運河修防處）；
廣播站一人；

教師學習班1人。

全縣自殺死亡的一百三十七人中，屬於清查「五一六」以來自殺死亡的七人：

縣（供銷）社李風成；土產蘇鳳林；縣醫院姜希新；車輛廠宋殿中；紅衛機械廠劉繼成、王凱；教師學習班王清海。

清隊中自殺的十九人；

「一打三反」中自殺死亡的一百一十一人。死亡原因：

一、罪惡嚴重，畏罪自殺。

煙店公社馮圈大隊張少昌，出身偽（軍）雜（牌軍）土匪，解放後混入黨內，竊取了黨支部書記職務。該人歷史上曾殺過八條人命，其中有一名共產黨員，其餘是無辜群眾。在本大隊辦的「一打三反」學習班裏，畏罪上吊自殺。

二、對運動不登底，對黨的政策報懷疑，造成自殺。

康聖莊公社與安集大隊革委副主任，第四生產隊隊長周清水，男，四十九歲，貧農出身，農民成分，曾做過小買賣。四〇年入黨。據該公社調查的材料，周清水的問題主要是：

1、包庇土匪周清起沒進學習班，周清起是周清水的院中兄弟。

2、包庇周清起的兒子周玉岩搞投機倒把，私自放周玉岩出學習班。

3、貪污多占救濟款，高價出售玉米小麥，倒賣牲畜，貪污多占數字不清。

4、常年不參加勞動，工分比誰的都多。因有這些問題，讓其進了學習班。據說該人膽小怕事，聽說街上群眾貼了他的大字報，於舊曆臘月二十八上吊自殺。

三、違反黨的政策，致死人命。

縣手管系統刃具社范登波，懷疑其經濟問題嚴重，在一中辦的「一打三反」學習班上，違背政策，致死人命（詳情另有報告）。

供銷社系統土產站蘇鳳林，有幾千元的經濟問題，犯有「五一六」罪行。該站「非法雇傭打手」（這六個鋼筆字被人用紅色圓珠筆更改為：叫雇傭來的臨時工參加學習班當骨幹）混入壞人，違反政策，致死人命。

蕭寨公社孟東大隊社員顧西榮，群眾揭發有歷史問題，讓其進來學習班。宣傳隊負責人田慶福，縱容支持該村一夥人違法亂紀，加之本人有病，天氣炎熱，讓其出學習班後，治療不及時，五、六天後造成死亡。

一九七二年五月六日

六十七、一份被列為機密的《情況反映》

摘者注：

聊城地革委辦公室一九九七二年六月二十日編寫的《情況反映》，原文是鉛字油印件，內容是反映聊城地區刑訊逼供的嚴重情況。情節詳盡，且當事人都使用了真實的全名全姓，被列為了「機密」文件。因為「機密」，印刷的份數有限，能夠看到它的人數也十分有限，這樣也就增加了它的價值。

一九七二年六月二十日，省革委糾正聊城地區清查「五一六」、「一打三反」中過激行為的「南郊會議」結束已經一個多月，這一期《情況反映》，可以說是對「五一六」、「一打三反」運動的總結與回顧。

關於「南郊會議」，本章第十五節將做詳細的敘說，文中提到的王××同志，時任聊城軍分區司令員，聊城地區革命委員會的主要負責人。

原件：O機密0

情況反映

第三十九號

聊城地革委辦公室

一九七二年六月二十日

我區某些單位刑訊逼供十分嚴重

王××同志和某些縣、某些單位個別領導人，不顧偉大領袖毛主席關於「政策和策略是黨的生命，各級領導同志務必充分注意，萬萬不可粗心大意」的教導，一再鼓吹「逼供合法」、「打人有理」等錯誤理論，對骨幹分子不斷「鼓勁」，不讓「灰心喪氣」。說什麼「違反政策是枝節問題」，「我們的大方向是對的」，「骨幹打對象，一是對象引起的，二是小青年對敵鬥爭沒經驗」，「對他打兩下別大驚

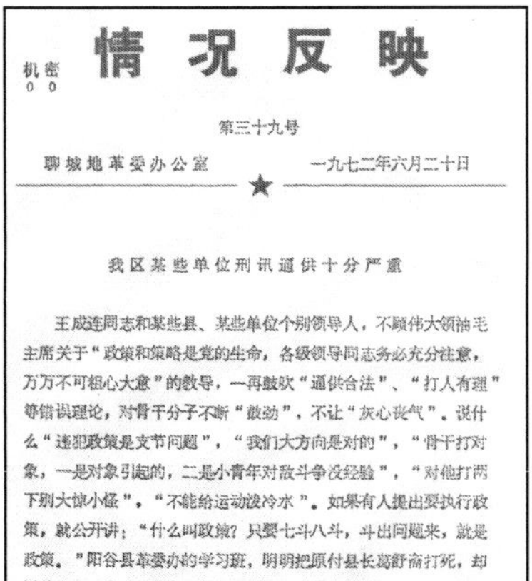

《情況反映》第三十九號第一頁掃描件。

小怪」，「不能給運動潑冷水」。如果有人提出要執行政策，就公開講：「什麼叫政策？只有七鬥八鬥，鬥出問題來，就是政策。」陽穀縣革委辦的學習班，明明把原副縣長葛舒齋打死，卻說什麼是「自殺的」，是年老體弱「內因」造成的。甚至對反對逼、供、信的同志進行排斥打擊，說什麼「你們站在誰的立場上，替誰說話？長誰的志氣？滅誰的威風？」等等。有的本來是學習班的骨幹，由於反對逼供信，竟以「立場有問題」、「右傾」等罪名，又成了批鬥對象，在學習班上遭受了種種毒打與折磨。

為了搞逼供信，有點單位還專門組織了什麼「打虎隊」、「加溫隊」、「幫促小組」等等。臨清手管系統一九七一年舉辦的「一打三反」學習班，專門組織了「打虎隊」，僅磚瓦廠就雇了二十一人，每人每天一元三角錢的工資。「打虎隊」不光在學習班上打人，還常常出差抄家，闖到被整對象家裏，先把鍋、碗、瓢、勺打個稀巴爛，然後以退賠為名。見東西就搶，看中了就拿。僅製鞋社一個單位，就抄了二十多戶。有的說：「打虎隊真像以前的日本鬼子大掃蕩一樣，俺寧願坐監，也不進這個學習班。」

打人的方法很多，手段惡毒，其慘景目不忍睹，耳不忍聞。「自打自」、「互相打」、「摔個子」、「打耳光」、「擰耳朵」、「皮鞋踢」、「棍子砸」等等，這是家常便飯。更不能容忍的是，巧立名目，以打人取樂，甚至草菅人命。如：

1、把批鬥對象的雙手後背起來，捆在木槓上，然後抬起來打，有的膀子被打掉，名曰：「玩單槓」。

2、四、五個人揪住批鬥對象長跑，骨幹換班，批鬥對象不歇，名曰：「接力賽跑」。

3、把批鬥對象架起來，頭朝下，腳朝上，然後搬胳膊，壓膀子，名曰：「倒栽蔥」。

4、拉著雙手，推著批鬥對象，使他用胸膛碰牆，名曰：「醫生治病」。

5、弄一桶水，用鐵絲掛在批鬥對象的頭上，然後把手向後舉起，坐噴氣式，名曰：「海鴨鳧水」。

6、扒光上衣，用四、五股鐵絲抽打，名曰「粉絲拌肉」。

7、把批鬥對象圍起來打，你撞過來，我踢過去，名曰：「過篩子」

8、把批鬥對象用繩子捆起來，長時間吊在樑上，名曰：「思考問題」。

9、骨幹分班休息，輪流揪鬥一個批鬥對象，四天四夜不叫闔眼，名曰：「熬鷹」。

10、冬天讓批鬥對象扒光衣服，到屋外站著，名曰：「清醒頭腦」。

11、夏天，關進不進風度黑屋，大小便也在屋內，名曰：「高度加溫」。

12、把批鬥對象打到在地，踢過來，踢過去，踢得渾身泥血，名曰：「滾肉球」。

13、對老年人，有病的人，只罰站，不動手，一站就是三晝夜，名曰：「特殊照顧」。

為了說明問題，現將臨清手管系統、陽穀造紙廠、聊城飲食服務公司等學習班打人情況摘要如下：

一、臨清手管局系統「一打三反」學習班的情況：

一九七〇年九月初，即省革委八月落實政策會議不久，手管系統舉辦了第二期「一打三反」學習班，這次學習班是以打人最凶出名的，抄家最多著稱的。

（一）人員的組成和組織狀況：

整個學習班共計四百八十多人，分成三個連九個排二十八個班。

（二）學習班的宗旨和口號：

學習班開學典禮的報告時由賈化起草，焦興魯同志在大眾戲院講的。主要意思是手管系統「山高林深老虎多」，「階級鬥爭複雜，壞人多，要狠狠打擊。」第二個報告是聽張靜軒在貫徹憲法草案會議上的講話錄音，其中批了某些人說的打人問題，說什麼：「為什麼你光提現在打人，不提『反逆流』、『反復舊』打人？打的是什麼人？你的立場站到哪裏去了？」等等這些就是學習班的宗旨。根據這些宗旨，賈化提出了：「不說就鬥，跑了就逮，死了就埋；核桃皮也要榨出四兩油；打天津，震北京，殺雞給猴看；鐵疙瘩也要砸個稀巴爛，木頭疙瘩也要劈你個七八瓣」等口號，還不斷給打人已經成風的「骨幹」火上加油，助長了違法亂紀現象的發生。

（三）領導和行動：

學習班一切領導和行動都是賈化親自指揮，韓某某是賈化的主要助手。行動時由賈化召集骨幹分子會議，布置任務，撐腰打氣，說什麼：「你們看哪有骨幹打死人償命的？打時只有留口氣就行。」「出了問題我負責。」「打死一個抬出去，打死兩個擔出去。」「先洗溫水澡，再洗熱水澡，再不行搓搓背，加點鹼麵。」等等，煽動武鬥，然後讓個班整各班的，班裏整不出來就交到排裏揍，排裏不行交到連裏揍，個別大的或不交代的，由營部賈化親自調各連「打虎隊」前去助威，實行白天寫檢查，黑夜打，打時讓各屋用布蒙住窗子，賈化、韓某某就滿院子轉，聽到哪裏打人最凶，第二天就表揚，哪裏打得輕，就批評那裏太右。退賠時，還實行內外結合。曾某某（手管局革委副主任）負責進行抄家，有的連破桌子、爛板凳，臭鞋破襪子都給抄了。結果打人、抄家成風，有些人家被抄一空，給黨造成了極壞的影響。

（四）學習班領導的作風問題

賈化、韓某某夥同田某某、劉某某大吃大喝集體伙食款，常常吃到深夜。此外，還利用集體伙食款請客送禮。如曾某某和上河西去的一夥（指曾經參加「捍衛派」工人游擊隊的人——摘者注）都經常吃吃喝喝，群眾則每天兩角多菜金，早晚兩噸（頓）臭鹹蘿蔔，中午一碗青菜湯。群眾反映說：每天晚上學習班中被打的人叫苦連天，廚房內大擺酒宴，猜拳行令。吃喝完畢再到學習班中聽（打人的）動靜。田某某、劉某某等人還持槍到一中周圍居民家去打狗吃。據初步統計，一中學習班光伙食也得讓他們貪污或變相貪污千餘元，幾千斤糧食，此事需要進一步調查。

（五）刑法（罰）和慘景

一中學習班，打人兇器主要是木棍。打法有打耳光，踢肚子，讓被打的人躺在地上大家踢，但主要是靠木棍，讓人躺在地上，上部下部用兩條板凳壓住，幾個人拿木棍輪流打，或把被打的人放在中間，周圍每人一根木棍，圍著打，木棍搗，也有讓被打的人彎腰，伸直胳膊，手拿著板凳，長時間這樣折磨。他們根據「殺雞給猴看」，「打天津，震北京」的宗旨，將挨打最厲害的人讓有問題的輪流參觀，如：

手管局劉相文多次挨揍，受刑不過，跳牆逃跑了。抓回來以後，用棍子活活打死，救過來後，召集各連有問題的人參觀，大家看人已經奄奄一息，嚇得臉都變了顏色。杜保太看了嚇得出汗。汽零廠劉明鏡看到連裏打人的慘景，嚇得第二天晚上就投井自殺了。劉明鏡死後，三連以為又跑了，賈化、韓某某、劉某某立即掏出手槍，上了子彈，領著人去追捕。

手管局段子建、油漆社靳長清都是被活活打死後，用冷水潑過來的。製革廠張敬雲被毒打時喊毛主席萬歲！共產黨萬歲！結果越喊打的越厲害。皮毛社的王克勤，交代了貪污投機倒把一千四百元（錢）

以後，又多次遭到毒打，受刑不過，服了一百多片安眠片自殺未遂（誤服成營養藥），後來逼他退賠，回家拿贓物，幾個人跟他到家以後，王克勤拿不出東西來，怕回去又挨揍，便拿起一把割皮子的刀子抹了脖子，幸虧後面有人抱住，搶救未死，出院回到一中，馬上又被揪鬥毒打。刃具社范登波被活活打死。打人慘景舉不勝舉。

整個學習班鬧得人心惶惶，賈化高興地說：「棍子一響，黃金萬兩。」「打虎隊一站，嚇得舅子們出汗。」（這句話說得很臨清）

群眾反映說：「一中是榨油廠，賈化是經理。」……。給黨造成了極壞的影響。

二、陽穀造紙廠學習班打人情況：

（約六百六十字，略去）

三、聊城飲食服務總店「一打三反」清查「五・一六」學習班打人、體罰違反政策的初步調查情況：

（約一千二百字，略去）

摘者感言：我的母校臨清一中何辜？六六、六八年兩度血淚，三年後再次血雨腥風，冤魂淒厲。

關於上面的主角賈化（化名）：

據說賈化曾在臨清縣公安局工作，大概是縣裏的領導用其所長，調任手管系統，主政「一打三反」學習班。一九七二年後，清算一中學習班的罪行，賈被判刑。判決當日，賈被遊街示眾。真是：文革風雲莫測，早知今日，何必當初。

細節一：這份《情況反映》裏提到的被打死逼死的幾個人，並沒有被列入前文臨清縣《「一打三反」政治案件情況統計表》統計上報。該報表中「自殺身亡」一百三十七人的數字中不包括這幾個慘死的人。

細節二：本文聊城地革委辦公室編號為三十九號的《情況反映》在那卷廢紙中，共有兩份，首頁上分別有用鋼筆寫上的編號：25與26。大概聊城地革委下發到臨清的，也只有這兩份。當年坐鎮縣革命委員會政治部主任位置的焦興魯同志，沒有讓這份文件「擴散」出去，直至最後變成了「廢紙」，其中不便明言的原因，大概是因為《情況反映》點名批評了焦主任本人。

六十八、「反共野戰兵團」

本書涉及到十幾位臨清文革中的活躍人物。你們在文革中的所作所為，應該說都是相應毛主席「要關心文化大革命」的號召。

整個臨清城的人都知道你們中的很多人都曾經遭受過慘不忍睹的刑訊毒打。我不僅秉筆直書你們在酷刑下的口供，而且還保留了諸位的真實姓名。我這樣做絕無他意，只是為還原歷史的真實。讓後人引以為戒，使得那些殘酷的事情不再發生於我們的土地上。

把這些沉澱日久的歷史「垃圾」再翻騰出來的目的，不是為了噁心大家。也不是為了拿受難者的痛苦來取笑。我相信，聰明的讀者們都會從這些荒唐的「口供」裏，閱讀出你們當年為保全自己而施展的機智聰明。毫無疑問，那個時候行兇者想讓你們說什麼，你們就說什麼，是你們唯一的正確選擇。那個時候，你們瞎編得細節越看似「真實」。擊打你們身軀的強度或許會小一些，起碼你們自己求生的本能會驅使你們這樣做。那個時候，唯一的能拯救保護你們的上帝是你們自己。

田保池是臨清電機廠的職工，中共黨員，一九六八年「反復舊」改組縣革委時擔任過縣革委副主任，是炮轟派中曾經任職最高的人，一九六九年春當選為中國共產黨第九次代表大會代表。當時聊城地區的工業，多數集中在臨清，遴選黨代表時，聊城地區工人階級的代表名額，就給了臨清，時任縣革委副主任的共產黨員田保池自然而然地當選。

去北京參加黨的代表大會，多次見到毛主席，自然風光無限。會議結束後傳達貫徹，更是意氣風發揚眉吐氣。可惜好景不長，「九大」閉幕不到一個月，中央解決山東問題的「批示十條」出爐，王效禹失勢，炮轟派垮臺，「九大」黨代表田寶池被隔離審查。政治運動的擺錘左右搖擺，本是正常規律，只是這次從一側的最高點悠到另一側的速度實在是快了點。

本人不清楚田保池被隔離審查期間遭受到什麼樣的酷刑，受到了什麼樣的壓力，現在也無法對此進行查證。我們現在只能從口供的內容細節中判斷逼供田保池時刑訊是何等慘烈兇狠。留存在田寶池腦海裏的會是一幅幅怎樣可怕的場景。

「廢紙」中有一摞田保池在隔離審查期間寫的交代材料（抄件），八十多頁，三萬三千多字。第一份交代材料寫於一九七二年四月十五日。二十天內，六次補充，內容一次比一次離奇。

清查「五一六」運動中挖掘整理的臨清「五一六組織」所有的罪行罪惡，田保池的交代材料裏幾乎全部都涉及。交代材料的原件，大概準備對其判決處分時使用，送達縣革委政治部焦主任審閱的是原文的抄件，這也足見田保池的坦白交代在當時受到臨清當權者怎樣的重視。

田保池的檢查揭發材料篇幅太長，僅摘抄部分如下：

一九六七年八月二十日晚，在文化宮遊藝室後排中間孟憲剛的住處，召開了臨清「五一六」領導小組會，參加的人員有：田保池、孟憲剛、徐建壯、丁玉泉、范春明、金伯成、王子成、崔彬八個人。

在談到當時的形勢時，范春明在會上說：

「我認為臨清的形勢自八月十號宣布省革委七條後發展變化很快，一天比一天好，越來越有利於我們，造反派揚眉吐氣，全縣局勢我們基本控制，老保組織被摧垮瓦解了，有些老保群眾正在倒轉觀點，殺回馬槍，搞反戈一擊，向我們靠攏，臨清現在是我們的天下了。在現在這個基礎上，我們還要繼續發展這個大好形勢。主要是有省革委和王效禹的支持，我們的形式肯定會越來越好，可以說任何人也阻擋不住。現在還有人想破壞我們的大好形勢，這一點我們必須認識到。張靜軒他不投降，仍不倒轉觀點，他再頑固也不管用了，再想壓我們是辦不到了。還有部分老保堅持頑固立場，不老實認帳，他們不認帳也翻不了天。還有跑到北京去的，一些老保想告倒我們，更是辦不到。中央是支持王效禹的，支持我們的，這一點是肯定的。」

大家都同意范春明對形勢的分析。

接著與會人員討論了組建新的縣革委的問題。

范春明說：

「我們造反也好，建立『五一六』組織也好，目的還不是為了奪權嗎？現在形勢這樣好，我們僅是些群眾組織領導著搞，沒有政權機構是不行的。我們現在是否考慮建立縣革委的問題。」

孟憲剛說：

「有必要考慮建立縣革委的問題，有了縣革委就能行使權力了。現在可以做這方面的準備，（縣革委）得有（由）我們這些人組成。縣革委主任就是范書記擔任了。過去說是黑後臺，現在就要登前臺掌權了。」

金伯成說：

「我的意見縣革委主任當然是范書記擔任合適，他是我們相信的革命幹部，是臨清王效禹式的，水平很高，造反精神強又有能力，威信也高，是我們公認的主任。副主任得找個軍隊的，張靜軒是不行了，高正中（縣武裝部政委——摘者注）可以。按主席教導的，搞三結合的革命委員會，還得有群眾組織的代表參加，我們三個組織（工人造反指揮部、紅衛兵造反指揮部、貧下中農造反指揮部，名稱大概是這樣的——摘者注）一方一個頭頭擔任副主任就行，其他幾個人當常委，抓縣革委的各個部門。」

徐建壯說：

「范春明當主任我同意，副主任叫高正中、丁玉泉、金伯成。工人（代表）這一個我看叫田保池吧，其他人當常委就行，我當常委抓組織部就行。」

我（田保池）說：

「我同意建立縣革委，同意范書記當主任，高正中、金伯成、丁玉泉當副主任。工人副主任我看徐建壯合適，各方面條件都不錯，又是工人中威信最高的。我當個常委抓組織部就行了。」

王子成說：

「范書記當主任我同意，工人的還是叫孟憲剛擔任合適。他是我們縣（『五一六』）領導小組的長，工作也有能力，擔任副主任是可以的。」

崔彬說：

「其他我同意大家的意見，工人副主任我同意徐建壯擔任。」

丁玉泉說：

「工人副主任我同意徐建壯擔任，條件比老孟強，老孟當個常委就行了。」

范春明又說：

「大家討論一致認為有必要考慮建立縣革委，並提出了方案，我同意大家都意見。我們這不是爭權。大家一致叫我當主任，我也就不推了，下決心我要當好。副主任部隊的叫高正中，學生是丁玉泉，貧口是金伯成，工人的我看讓徐建壯擔任比較合適。關於部門的分工，我看組織部田保池負責；宣傳部王子成負責；辦公室崔彬負責；公檢法改成政法部，孟憲剛負責；生產指揮部金伯成負責抓一下，具體（工作）可以讓老幹部抓（做）。張靜軒他們搞的『三湊合』，拉出走資派劉之忱、司振東，把車、王、許（指縣委副書記車一民、王英傑，副縣長許福增）我們這些人打倒。今後咱們就解放這些人，安排他們抓生產。」

范春明接著說：

「縣革委建立以後，應重點抓專政機關和基層革委會的建立。如何抓專政機關呢，縣裏設政法部，基層應設群眾專政指揮部，上下配合搞。一般老保就在基礎（層）搞，頑固的就送政法部。要抓一批，很頑固的就要鎮壓，這是我們能夠掌權的重要一環，決不能忽視這個問題。這是階級鬥爭，你死我活。張靜軒、劉之忱，我們不搞他，他（們）翻過來對我們更厲害。先交群眾狠狠批鬥，然後再逮捕法辦直至最後槍斃。還有司振東，他有高血壓，就狠鬥帶打，叫他活不成，搞死算完。還有張靜軒的黑參謀焦興魯，是最壞的一個，張靜軒就指望他哩，非狠整他不行，先狠鬥一火（通）再抓起來，叫他甭想翻身。還有張靜軒的一些黑幹將，丁文才、張榮階、高會雲、王廣洲等人，必須專政才行。」

到會的八個人，除了丁玉泉外都做了筆記，王子成所寫為「五一六」組織的記錄，會後由孟憲剛保管。關於這次會議的傳達問題，大家決定：除了關一批殺一批的名單之外，其他內容分頭向下傳達。

摘者注：這次八人參加的會議，冠名為「『五一六』領導小組會」無疑是屈打成招的產物。但是會議召開的時間及內容，基本符合臨清文化大革命這個進程的輪廓，到會人員角色的分配，發言的風格，也基本上與真實的人物符合，好像並不完全是憑空杜撰的。真實的解釋只有一個：棍棒之下只有編造得如此逼真生動，才能蒙混過關。

具有諷刺意義的是范春明發言中關於對張靜軒、劉之忱、司振東、焦興魯、丁文才、張榮階、高會雲、王廣洲八個人實施專政直至槍斃的計劃，在田保池檢查交代的時候，正在一步步落實，只是專政與被專政者的位置完全顛倒了過來。八個曾經被計劃鎮壓的人，正領導著臨清縣的清查「五一六」運動，八個五年前所謂參加討論如何嚴懲對手者，全部被當作「五一六」組織的頭頭，遭受著絕不缺少刑訊的審查。

第二天，一九七二年四月十六日，田保池又提供了一份十九頁的交代材料，內容是所謂一九六七年九月十二日「五一六」陰謀策劃會的召開過程。開會的地點還是孟憲剛的住處，會議參加者還是上面說的那八個人。

為什麼非要說是在一九六七年的九月十二日召開過「五一六」組織的策劃會呢？因為中央文革領導小組第一副組長江青同志在一九六七年九月五日的講話中，點了「五一六」組織的名，說「五一六」是反革命組織。於是乎，臨清「五一六」組織的頭頭們在江青同志重要講話發表七天之後，趕忙開會研究對策。荒謬的論點論據，必然得出荒謬的結果，臨清「五一六」組織的領導們最後研究出應對江青同志「重要講話」的對策有好多條，最為滑稽的是：

1、組建一個二百人的反共野戰兵團，孟慶剛任總指揮；范春明任政委；徐建壯、丁玉泉任副總指揮。第一分團由工人組成，徐建壯兼任第一分團司令；第二分團由學生組成，丁玉泉兼任第二分團司令。

2、形勢不好的時候，就炸掉臨清的橋樑、水廠、電廠、油庫，破壞郵電局、糧食局、棉花加工廠。

3、組建兩個暗殺團，由徐建壯、丁玉泉分頭帶領。丁玉泉負責暗殺張靜軒、劉之忱、司振東、焦興魯；徐建壯負責暗殺丁文才、張榮階、高會雲與王廣洲。然後暗殺的範圍進一步擴大。（目標多是各部門各單位正在領導著清查「五一六」運動的負責人——摘者注）。

4、破壞暗殺以後，「反共野戰兵團」三分之二的人馬拉出去，或去山東南部的沂蒙山，山西的太行山打游擊；或去鄭州與河南的二・七公社（文化大革命中河南省最著名的工人造反組織——摘者注）會合。

5、「反共野戰兵團」另外三分之一的人馬由田保池領導著在臨清潛伏下來，並設計了祕密的單獨聯絡方案。

一九七二年四月二十一日，田保池用二十一頁信紙進一步交代了「一九六七年九月十二日策劃會之後貫徹落實情況，涉及到野戰兵團每一個戰鬥分隊的負責人，暗殺團的組長，潛伏人員接頭人的名單。

一九七二年五月三日，同樣的內容，田保池又浪費了十四頁信紙。除此之外，當天田保池又做了三次「補充交代」：

1、補充交代「九一二」策劃會用文字向上彙報的問題。共形成文字十八頁稿紙，一式三份，除留存外，一份送交聊城王貽亭（聊城紅衛兵首領）；一份送交省革委的周茂然，都是由孟憲剛完成的。

2、補充交代「九一二」策劃會後尋求上頭支持的問題。周茂然的指示是：王效禹如果倒臺了，就與中央文革的王力、關鋒、戚本禹以及李廣文、張子石（康生的兒子——摘者注）聯繫並尋得支持。（神奇，早在一九六七年夏天，王效禹如日中天的時候，王效禹的嫡系下級周茂然就能預測出自己的恩師王效禹不久後將要垮臺）

3、補充交代「九一二」策劃會關於退卻後的聯絡問題。「反共野戰兵團」拉出去打游擊的人員與潛伏在臨清的人員祕密聯絡問題，決定奪取郵電局的兩部電臺。

八十頁交代材料就選擇概括這些，摘抄這些吧。

若不是隨後時局發生了變化，田保池這樣坦白交代的後果恐怕是非常嚴重。田保池及其檢查交代中所涉及的人都會「吃不了的兜著走」，逼供過程中危及生命，事後被判處死刑的可能也不是沒有的。

六十九、暗殺張部長

摘者注：

楊萬青是臨清「紅衛飯店」的一名職工，一九六八年「反復舊」時曾擔任臨清財貿系統革命委員會主任，屬於「炮轟」派的基層頭頭，在上一節的《清查「五一六」辦公室關於清查運動中幾個問題的彙報》中被列為了「重點審查對象」。大概是熬不過審查時的刑訊與壓力，於一九七一年十一月二十七日「坦白交代」了他夥同他的「戰友」們在一九六七年夏天，企圖綁架暗殺武裝部長縣革命委員會主任張靜軒的「罪行」。楊萬青的檢查經過歸納整理，被列為臨清「五一六」組織反革命罪狀之一：暗殺黨政軍首長。

楊萬青的供述，出於棍棒之下，但有時間，有地點，有人物，甚至有細節，有對話，很難分辨它是真實還是虛構。

原文：

關於我參加田保池徐建壯一夥陰謀綁架暗殺張靜軒的反革命活動

一九六七年八月三日的晚上，張耀宗在加工部（紅衛飯店後院加工部辦公室那裏）找到我，他對我說：「蘇鳳林通知我說徐建壯叫咱倆今天到鑄鍋廠去。」

我倆到了鑄鍋廠，在路北一排房子的東頭的那間小屋子裏，當時在場的有田保池、徐建壯、孟憲剛、滕丙寅、劉金生、胡懷慶、蘇鳳林、李萬成、齊方亮、王皓明、王子成、洪連泉、周澤遠一共我們十餘人。

我說：「老徐叫我們有什麼事嗎？」

徐說：「沒有事叫你們來啦？下來叫保池給你們說下。」（嚴重語病，原文如此）

這時田保池問孟憲剛：

「咱們定的人都來得差不多了嗎？」

孟憲剛說：

「就這些人，都來了，你說說吧。」

田保池說：

「今天反正就咱們這十幾個人，咱有麼說麼，也不轉彎了。咱們這夥都是什麼人大家心裏都有數，這個我就不必說了。今天說一個事，需要我們在場的人去完成，我相信大家能完成並且幹的利索，祕密。」

劉金生說：

「什麼事呀？保池你就說吧，跟這夥人還有什麼不能直說呢？」

田說：

「好吧！上級指示我們叫把張靜軒幹掉。因為他一貫支持老保，鎮壓我們。縣裏發生的這一系列壓制我們的事件，都是他幕後支持操縱的。他不但鑽進了縣革委，而且直接掌握武裝部，這對我們組織和組織計劃的實現，以及我們這夥人的出路，人身安全都有極大的關係。看他八一擁軍大會上的態度，真夠凶的，沒有什麼轉變觀點的意思，還是和我們死為敵，不除掉他。我們後患無窮，所以上級指示不能留著他。只有除去了他，我們臨清的一切問題都好解決了，今天講的就是這個事，具體行動叫老徐分配一下。」

徐建壯說：

「剛才保池傳達了上級的指示，這是定死的問題，沒有什麼含糊頭，咱們下來分一下（工）。從明天晚上十二點起，我們就開始行動，在半路上劫他。蘇鳳林、李萬成、洪連泉，你們幾個分別丁（盯）住武裝部南面路口和新華池路口，只要張靜軒從縣革委開會或是幹什麼回來路過這兩個地方，我們聽老洪的口哨兩聲就下手行動。

弄一個（輛）汽車，由劉金生、胡懷慶負責，這個車開電機廠保池那裏的就行。你倆開到新華池路口以西沒什麼燈光的地方等，並在上面裝上幾把鐵銑，到時候好用。小滕帶好繩子，我準備毛巾，其他幾個人就跟（著）小滕俺倆。咱們分散在新華池至武裝部的那條路的兩邊，裝做走路的，聽到老洪的口哨，咱們也別亂跑，抓住他（指張部長）就往車上一裝，我們用毛巾堵住他的嘴，咱們開車就走開，到縣醫院南邊的城牆口那裏，你們用車上的鐵銑挖坑，我和小滕用繩子勒住他，等你們把坑挖好，我看連堵嘴帶勒脖子，也就準夠死了，往坑裏一埋，在（再）用汽車一軋，他這個部長就當好了，叫他們老保們不但哭劉之忱，連張靜軒也叫他們哭去吧。怎麼樣？大家記住了吧？明天晚上咱們分散在新華池那條路上，見面暗號是用右腳踩一腳，回一腳就各自在路上轉就行了。咱們都別打招呼，別喊名，切記保密。」

胡懷慶說：

「那來回發動車響怎麼辦？」

徐建壯說：

「車響怕什麼的？他們知道是幹什麼的車？再說抓住就往車上弄，這也用不了多大會（兒），只要咱們配合好，準出不了差。事辦成功以後，任何人不許走漏消息，誰要是洩了密，下場一樣，記住了嗎？」

我們在場的都說：

「記住了！」

……

到了晚上十二點左右，我到了新華池那條路上，見到衛運河管理局西面停著一輛汽車，蘇鳳林在煙酒門市部門口電桿後面站著，我往西去，就見到了滕丙寅、王皓明，他幾個分散在路兩邊，我跺右腳聯絡了一下，滕丙寅也跺右腳回了一下，我們誰也沒有招呼誰。就這樣時而轉轉，時而蹲在路邊的胡同裏，一直到了快三點左右，也沒有聽見洪連泉吹口哨，也沒見張部長從這裏路過，一會（兒）徐建壯從西面走來，用手擺了一下，小聲說：

「今天各自回去吧，明天見，散！」就這樣我們各自散了。

徐建壯、滕丙寅、王浩明、王子成、齊方亮他幾個就坐胡懷慶、劉金生開的車走了。第二天晚上仍是如此，沒有碰到張部長，我們又撲了個空。到了六號（日）因蔡樹榮在工指召開傳達（山東省）十七大組織聲明和省裏的黑七條，所以我們的反革命罪惡目的也沒有實現，就又策劃了其他推（中型廠的）牆、圍攻（中型廠）等罪惡了。

檢查人　楊萬青

一九七一年十一月二十七日

注：三十多年後，楊萬青任職臨清市伊斯蘭教協會會長，還兼任臨清市業餘京劇愛好者協會副會長，依然是縣城內一個比較活躍的人物。

七十、美人計

摘者注：

臨清清查「五一六」、「一打三反」運動中挖掘出一件刺探軍情的案子，當事人于禁是釀造廠的一名普通職工，手段是利用自己妻子勾搭「支左」的一名普通軍人。

下面摘抄了當事人的檢查交代。

所謂的軍事情報不過是那個年代解放軍軍官士兵經常掛在嘴邊，展現解放軍優越地位的一般言談。當事人置自己的尊嚴於不顧，拿一頂或真或假的綠帽子說事，只能讓讀者感覺到對他實施的嚴刑拷打之殘酷，壓力之沉重。他大概是實在是承受不了了。

文中說的「反動組織」指的是所謂「五一六」在臨清的分支組織。把個人行為指證為有組織的行為，把一件充其量也只能算做違反軍紀的小事件，硬提升為兩派政治鬥爭的組成部分，是文革中屢見不鮮的手段。

原文：

關於于禁（化名）刺探軍事情報問題的彙報

于禁接受其反動組織布置的任務，指使自己的愛人貂蟬（假借名，在本縣製線社工作），利用認乾親搞兩性關係的手段，勾結六二〇五部隊幹事劉×友，刺探我軍事情報。現將本人關於這個問題的書面交代彙報如下，請閱。

山東臨清釀造廠「一打三反」領導小組

一九七二年五月八日

關於我搞軍事情報是利用愛人手段來搞定

我搞軍事情報是利用我愛人想盡千方百計與支左辦公室和軍方來搞好關係來進行，把軍事情報搞到手。第一個手段是利用愛人認乾親的辦法來進行拉關係，接近的就是六二〇五部隊的幹事劉忠友，開始和他談文化大革命的情況。我叫我愛人千方百計的找劉幹事，和他接近，經常到他住的地方人委（原縣政府——摘者注），後來到縣委兩個地方，再就把劉幹事叫到我家去，和劉發生不正當關係。第一次我叫我愛人問的劉幹事。他告訴我愛人說：

「我們師是剛從越南回來的，是調回來的。我們到了越南就換了他們的衣服，和他們的軍事人員一樣了，越南人帶領著我們。結束了幾次戰役後就調回青島了。（我們）在青島有兩個團來保衛青島海防。我們這個炮兵師留在青島兩個團有兩千多人，主要力量是保衛海的。我們這個團是在濟南的，無影山和白馬山，共有五十多門炮，六〇炮、步兵炮、山野重炮，還有小炮，主要是保衛濟南市的。我們這個炮兵團有一千多人，有炮兵有雷達兵兩種。」

他給我愛人說了這些情報，我愛人就告訴我這些。後來我告訴張××了。劉忠友還給我軍帽一定（是新的），軍衣一套（上身是舊的，下身是新的）現在已壞了，全交給廠領導了。還送給我文化大革命的書文件五六本。在六二〇五部隊臨走時的那天晚上，我和我愛人一起去的，還有一中的五、六個學生，還有張部，在青年班子裏的一個打字員都去了，把書都拿走了。劉忠友就從抽屜裏拿出五六本關於文化大革命的書、文件給了我。就這樣利用我愛人來收集軍事情報。一共她兩個發生十幾次兩性關係。

于禁

一九七二年四月十一日

七十一、「叛逃到蘇修去」

這是臨清師範的一名教師或員工被關押在「五一六」學習班時的交代材料。大概實在是經受不住刑訊拷打的煎熬，被審查者交代了自己夥同幾個同事戰友計劃叛逃到前蘇聯，去投靠當時與中國交惡的「蘇修」。所說的情節離奇卻有些逼真。

摘抄部分原文如下：

臨清師範重點審查對象

馬連丙關於叛國投敵問題的交代材料

一次在尹壽福屋中閒談，其中有王尊三、張振富、尹壽福、潘貴臣、張善春和我。

王尊三說：

「『反復舊』錯了。『反逆流』錯了，這一回王效禹是徹底垮臺了，咱們也完蛋了。運動初期咱挨整，運動後期還免不了挨整，將來是沒有出路了。我看出路只有一條了，就是找蘇聯老大哥去。」

我說：

「『紅旗』戰鬥隊的主要成員是否集體去？」

張振富說：

「隊長帶隊，咱們緊跟，來個國際大串聯。」

張善春說：

「創造個先例，打破國際界限，進行革命串聯。」

潘貴臣說：

「讓高參（高元恕）帶路，他研究路線研究得熟。」

一九七一年十二月十四日

六九年冬季，一天晚上我和高元恕（談論）當前形勢問題。當時我曾說：

「丁玉泉是個學生，犯了錯誤就逮捕了，不見得符合中央精神。」

我又說：

「通過聽蘇修臺，看來蘇修準支持咱，到實在沒有辦法的時候，下蘇修吧。」

高元恕說：

「只要到蘇修，他們準歡迎，新疆事件咱們的居民不願去，他還搶走那麼多，如果主動去了，他更歡迎。」

又說：

「到蘇修去很容易（沒問題），不過（只是）國境線不好出。」

我說：

「那麼長的國境線，過去一兩個人哪裏去找。」

我又說：

「往蘇修走，是否非從東北走不行？」

高元恕說：

「路多得很，你聽我給你講：

(1)從東北走：從臨清到平原（縣城）然後坐火車可以直達黑龍江省會哈爾濱，到哈爾濱以後，可以換本省的火車就可以到離國境不遠的小縣城。

(2)可以從新疆走，從臨清坐汽車到邯鄲，首先坐火車到西安，再坐火車到新疆省會烏魯木齊，然後可以坐本省的火車到離國境線不遠的小縣城。

(3)從海上走，坐船在沿海的城市走，不過上船上不去，坐國際客輪沒有護照上不去。要想從海上走，先得坐小橡皮艇，偷渡到十二海浬以外的公海，然後再想法（攔）截國際客輪，也可以到達蘇修。」

我說：

「你說的這些路，東北新疆倒可以，從海上走沒門，一個是沒有橡皮船，一個是在大海裏，那樣的小船翻了船，誤不了得淹死。」

高元恕說：

「我聽說的這是一條路，至於是否能行那是另一回事。不過坐小橡皮船不至於翻船，你沒見電影上凡是偷著登陸地都是坐小橡皮船，不用的時候，把氣一放，多輕便。」

一九七一年十二月十五日

六九年冬，我和潘貴臣、王尊三、張振富曾在一起談論過「關於蘇修支持咱這一派的問題」。

我說：

「蘇修對把王效禹揪出來是不滿意的，看來蘇修是支持王效禹的，在目前我看只有蘇修支持他，全國是沒人支持他了。蘇修支持王效禹，也一定支持咱。如果蘇修打進我國來，到了我們這一派翻身的時候了，除此之外是沒有辦法了，唯一的希望是等蘇修打進來，否則是沒有翻身的時候了。」

王尊三說：

「珍寶島蘇修吃了虧，他一定不能白白地吃虧就算完，他一定得想辦法報復。中蘇戰爭打起來的可能性大有可能。你看咱們目前備戰多緊張，真的一旦打起來，我看咱們是打不過他們，到時候（蘇修）打進來，咱們這一派也到了有（出）頭之日了。咱們現在的處境也只有盼蘇聯打進來支持咱們。除此沒有指望了。」

張振富說：

「蘇修對中國的文化大革命是很有意見的，他們對文化大革命受壓的一定是支持的。別看咱現在受壓，蘇修真的打進來，咱們就成了響噹噹的革命派了。」

潘貴臣說：

「從張美智（山東省革委常委）向蘇修大使館跑，可以看出蘇修是支援咱這一派的，否則張美智為什麼不向別國大使館跑？我看想翻身，只有把希望寄託在蘇修身上了。」

一九七一年十二月二十九日

摘者注：以上的摘錄只是數百頁檢查交代材料中的三段。馬老師寫下這麼多以後，文字中涉及到的戰友（紅旗戰鬥隊）、同事、朋友、酒友們的處境肯定是另一番的慘烈。

七十二、一份關於家屬鬧事的報告

摘者注：下文中的蘇鳳林，係臨清供銷社所屬土產站的職工，楊萬青「暗殺張部長」的坦白交代材料中曾涉及此人。蘇鳳林在「一打三反」學習班中遭受毒打而身亡，上一節所述一百三十七名自殺身亡者，蘇鳳林名列其中。

不清楚蘇鳳林之死是否與楊萬青的坦白交代中「暗殺張部長」的內容有什麼因果關係。

報告反映的是一個在當時屬於微不足道的小事件，報告之後，事件的發展已經無從考證，也不值得考證了。它只是臨清清查「五一六」、「一打三反」運動，一百多起致人死命事件之後的一個小場景，它從一個側面，反映了血雨腥風的運動中，人與人，同事與同事間的關係變化。

原文：

毛主席語錄：

有錯誤就得批判，有毒草就得鬥爭。

互通情報

供銷社系統一打三反領導小組

關於土產站家屬蘇鳳林之子蘇安東糾集院中叔父蘇鳳奎大鬧土產站行兇打人致傷事件的報告

中共臨清縣委：

於七二年五月六日五時（很可能是下午）左右，蘇鳳林之子蘇安東糾集其院中的叔父蘇鳳奎（係臨清刃具社工人，現調入邢臺鋼鐵廠幫助工作），兩人騎一輛自行車闖入土產站院內，遇到該站幹部閻成華同志。蘇鳳奎氣勢洶洶大聲詢問說：「你們主任呢？」閻答：「不知道。」反問蘇：「你是哪裏的？」蘇答：「我是臨清市的。」蘇叔侄二人繞過南院貨場直奔業務保管室，該站保管員鄧寶泉同志正在屋內過帳。蘇安東指著鄧寶泉對蘇鳳奎說：「他就是鄧寶泉。」蘇鳳奎當場脫掉衣服，指著鄧寶泉說：「你就叫鄧寶泉？」鄧說：「是。」蘇鳳奎走近桌前，一掌拍碎了玻璃板。「今天我來找你算帳！」右手用力狠狠地向鄧寶泉同志臉部打去。鄧寶泉當時鼻口出血，面部青腫。又狠狠一拳擊中鄧寶泉的前胸，隨即又一拳打中鄧後腰，鄧當時昏倒地下，幸被該站清財人員王澤運等四同志發覺，進行勸阻。蘇鳳奎野蠻地指著鄧寶泉同志說：「你打死了我哥哥，今天揍你是好的，揍死你我抵償，反正蘇家有的是人。今天不光要揍你，（我）還要揍那個娘們（指該站清查「五一六」骨幹李秀蘭）。蘇鳳奎還說：「今天便宜了她，若我的小友們來了，就得揍死她。」

對其野蠻行為，在場人員無不氣憤，當場說理辯論。該站革委主任王澤民同志到後對其行為進行嚴肅批評，該人理屈詞窮，無話可說，竟大耍無賴大哭大鬧，後被其侄蘇安東領走。鄧寶泉同志致傷後口吐鮮血，送二院治療。

根據以上情況，我們認為蘇鳳奎叔侄實屬行兇，恐嚇群眾，毆打清查「五一六」骨幹分子，給土產站領導施加壓力。故意干擾破壞清查「五一六」運動。如不及時處理，影響運動向縱深發展。至於蘇鳳林在運動中之死對我們教訓是深刻的，給全縣造成不良影響，我們應承擔責任，並要求上級儘快給我們適當處理，但對蘇鳳奎叔侄行兇打人，特別是對蘇鳳奎身為國家工作人員，目無組織，違法亂紀，干擾破壞清查「五一六」運動，要求領導酌情處理。

＊　＊　**（原件有兩個這樣的圖案）**

蘇鳳林死後，土產站領導多方面照顧他的家庭生活，其子蘇安東一直在土產站幹臨時工，日（工）資一元；其女兒也在土產站幹臨時工，日資八毛（角）；蘇鳳林的妻子劉玉芳和小女兒在土產站撿廢布條，（兩人）每月收入三十元左右，總收入八十元。但蘇安東無視該站對他的生活照顧，不遵守勞動紀律，經常謾罵尋釁挑起事端，特別是對清查「五一六」骨幹牛玉仁等同志挑釁謾罵。劉玉芳破口大罵骨幹張寶方同志，對其無法管理。這次行兇打人又係蘇安東操縱。如不及時處理，今後還會引起類似事件的發生，故報告縣委迅速解決，以利清查「五一六」運動順利進行。

一九七二年五月七號

（加蓋了「中國共產黨山東省臨清縣供銷社支部委員會」紅色圓形印章，直徑約六公分）

抄報：軍管組、手管局

七十三、袁英之死

袁英是縣委的會計，因為他和我父親同屬於縣委辦公室的人，所以我和他也熟悉。以我這樣一個中學生的眼光看，袁英為人做事精明幹練，人長得也帥，衣著整潔，鑲著金牙，穿皮鞋時擦得光亮；穿布鞋則是牛皮鞋底，嗶嘰呢鞋面，作工考究的那種。他還吸煙喝酒，不像當時多數機關工作人員那樣艱苦樸素。

一九七二年，袁英死在招待處的「一打三反」學習班上，是縣委機關文化大革命中唯一非正常死亡的人，死時剛過四十歲。

我曾問過縣委的一些人，他有多大的經濟問題？竟然被關進那嚇人的「一打三反」學習班裏去？熟悉袁英的人說：也許有些問題，但肯定不大。縣委機關的經費是有數的那些錢，基本無法做手腳。他若作弊，也只能是利用縣裏開大會的時候，例如五天的會議，共用煤炭三百斤，報帳的時候變成了五百斤，僅此而已。

那袁英是因為參加了炮轟派嗎？也不是。縣革委機關的人多數人都「捍衛」，袁英自然隨大溜，他只是炮轟派勝利期間沒有逃亡，繼續留在崗位上工作。不管誰坐鎮縣革委機關，都需要吃喝拉撒，都需要紙張筆墨。

袁英（一九三〇—一九七二），照片拍攝於一九六四年。

袁英是怎麼死的？他是被拷打致死的。因為身體以前曾檢查出有病，主持學習班的人就說袁英是因病而亡。所以袁英死後，沒有被列入「一打三反」辦公室上報的「自殺身亡一百三十七人」的人數中。

袁英死前曾對妻子夏懷芳說過，打他的人主要是張飛（化名）與郭淮（化名），出手非常兇狠。張翼德原是某工廠的工人，後任縣革委常委，袁英死時主持設在招待處的「一打三反」學習班。郭淮是原縣委農村工作部的幹事，親自出手毒打以往的同事，只能讓人懷疑他與袁英曾有積怨私仇隔閡。夏懷芳去關押袁英的房間給他送換洗衣服，血衣黏貼在袁的身上都扒不下來。夏懷芳對我母親哭訴時說：

「好好的一個人，說沒就這樣沒了！」

為什麼會對袁英這麼一個好像對誰都不會有什麼妨礙的人下手如此兇狠，非要置其於死地呢？

這要從一九六八年前後的一件事說起：

那時，捍衛派的工人游擊隊還流亡在河北省臨西縣。友好的鄰居提供地盤，提供住所，糧草卻要自己解決。於是，臨清縣革委主任武裝部長張靜軒悄悄撥了一筆錢款，指派袁英經手轉到那些急需糧草的人手中。具體如何轉送，中間是哪一位經手，現在已經難以考證。數量大約在三千至五千元人民幣之間，那時這是一個大數目，袁英還另外給捍衛派的戰士們籌集了數百斤糧票。炮轟派執掌縣革委的大權期間，在如狼似虎的「青年班子」眼皮底下完成這樣的地下活動，袁英承擔了很大的風險。

一年後，捍衛派勝利了，這些得到過糧草補充的游擊隊德勝回城，該提拔的提拔，能入黨的入黨，工資全部補發，甚至夜間和節假日按加班對待，加班費、假日補助都全額領取，政治經濟雙豐收。

按說這時他們應該回頭感謝一下在困難的時候支援過自己的人，即便不提拔，起碼也該請袁英喝壺小酒什麼的。結果是袁英被請進了「一打三反」學習班。

那會兒的財務制度非常嚴格，張靜軒部長籌集，由袁英經手的那筆錢款，即便是為捍衛紅色政權開銷了，吃喝了，買服裝，買藥品繃帶了，也只能算是借款，需要償還。免除還款的最好辦法就是讓袁英消失。最終袁英就真地消失了。

幾十年後再回顧這件既象西方黑手黨的行徑，也好似中國古典演義裏的故事，我並不期望能有主持正義的執法人員再將其審理清楚。那些恩將仇報，心狠手毒害死袁英的人，多數也已作古。還活在世上知道內情或參與策劃這起冤案的人，完全可以把責任推給已經病故了的人。但任何人犯下這樣卑鄙的罪惡，在上帝面前，在菩薩面前，在老天爺面前，在中國人的良心面前，是推不掉的。

七十四、南郊會議

南郊賓館位於濟南市區南部的山腳下，當時是山東省最豪華的賓館，也是省級機關召開重要會議的地方。

一九七二年四月二十一日，中共山東省委，山東省革命委員會責令聊城地區革命委員會黨的核心領導小組在南郊賓館召開擴大會議，糾正運動擴大化、搞逼供信、違規違紀造成眾多非正常死亡的問題。這是對聊城全區五百多萬人口產生了重大影響的會議，聊城八個縣的人都稱之為「南郊會議」。

政治運動的擺錘擺向另一個方向，並且悠過了頭的時候，擺錘就又開始往回悠了。自然界的物理原理有時候也適用於人類廝殺的過程。

山東省委、省革委的負責人對聊城地區召開一次這樣的會議很重視，楊得志司令兩次到會講話。會議召開半個多月後，一九七二年五月十三日，對上述問題負有主要責任的聊城地區革命委員會主要副領導，聊城軍分區司令員王××、政委衣××在會議上檢討了自己的錯誤。

臨清縣清查「五一六」與「一打三反」運動中不完全統計的死亡人數是一百三十七人，聊城地區管轄的八個縣加上地區直屬單位一共非正常死亡了多少人呢？一百三十七乘以九，等於一千二百三十三。王××司令、衣××政委的錯誤的確嚴重。

一九七二年八月五日，山東省委對臨清縣委、縣革委進行了改組：縣委第一書記劉之忱全職休養；縣革委主任、縣委書記張靜軒撤退返回縣武裝部；從省城新派來一位新的縣委書記主持工作。

一九六七年春天，炮轟派與捍衛派誕生。五個月後，以王效禹為首的山東省革命委員會炮製了一個「七條」，兩派鬥爭的第一個回合以捍衛派的失敗而結束。隨後，捍衛派的組織被解散，人員被驅趕，捉拿、遊街、批鬥、毆打、叼著稻草遊街，炮轟派儼然如同取得了軍事勝利的占領者。

軍事占領維持了兩年，毛主席批示了一個「十條」，炮轟派因為王效禹的失勢而潰敗。捍衛派對炮轟派實施了三倍、五倍、甚至十倍的報復，報復的結果是一百三十七個生命的結束（實際死亡者比這個數字要大很多）。

三年以後，又有掌控局勢的人物施加了影響，捍衛派的報復行為也是不對的。不管是清查「五一六」還是「一打三反」統統錯了，臨清縣的城鎮鄉村，所有被逮捕、被關押、被隔離、被辦學習班的人全部釋放，全部解除。所有的檢查材料，案卷案宗全部作廢。

中共聊城地革委
核心領导小組文件

聊核发（72）第42号

中共聊城地革委核心小組关于
貫徹南郊扩大会議精神第二步的实施計划

为了积极而稳妥地解决好聊城地区的问题，把南郊扩大会议精神貫彻落实到基层，现提出第二步的安排意见：

一、指导思想。

要以党的"九大"路线为纲，以毛主席的重要谈话为武器，以"谈话"中提出的三个基本原则为重要内容，自始至终突出思想和政治路线教育，提高觉悟，增强党的观念，增强路线观念，增强政策观念，增强组织纪律观念，把各级领导和广大党员、干部、群众的思想统一到党的"九大"路线上来，统一到中共中央十二号文件

南郊會議後，聊城地區革命委員會黨的核心小組的一份貫徹會議的文件。

「老二」犯了一回錯誤之後，「老大」也錯了，你打了我一拳，我踢了你一腳，勝負找平。恩怨找齊，除了那些被毒打致死的人，以及他們周圍悲傷的親友，一切好像又都回到了最初的起始點。

活生生的現實生活和人際關係，不能用體育比賽中的數字來計算。一場沒有勝負的戰爭，交戰雙方的個人恩怨，往往會一代一代遺傳下去，無論什麼職位，有著怎樣權威的人站在多麼莊嚴的講臺上宣布：文化大革命結束了，曾經的誣陷咒罵拳腳相加誰也不會忘記。恩仇相報是每個人的首選，能夠磨滅仇恨怨

氣的只有時光日月。

有關「南郊會議」的文件不難找到，我手裏就有聊城軍分區司令員王××，政委衣××，在聊城地區落實南郊會議幹部大會上的檢查。但我認為這些文字沒有必要在這裏轉抄了。

七十五、康聖莊人民公社

文化大革命前，臨清縣委機關的人都稱呼縣委書記為政委，大概是沿用共產黨還沒有奪取政權之前的習慣。這樣的稱謂，讓人感到親切，領導與部下間的距離感縮小了很多。那時，縣委書記都沒有貼身祕書。寫材料，要數字，擬報告都由縣委辦公室的幹事們承擔。縣委書記個人的一些事情，也都是幹事們協助。縣委辦公室的幹事們想的都是如何寫好材料，加班加點，任勞任怨，圓滿完成政委交給的任務，以期得到政委的信任。我父親也不例外。

一九六七年三月，臨清縣革命委員會成立後，縣委辦公室的幹事們都成了縣革委辦事組的辦事員，辦事員們與縣革委的主任張靜軒，副主任劉之忱間的工作關係還是一如既往。我的父親繼續抱著為舊縣委服務時相同的工作態度，開始為新政權縣革委工作，直至參加兩派辯論團赴省城濟南辯論，辯論現場被人用茶杯蓋襲擊；在濟南的大街上被人用西瓜皮圍攻；中型廠失陷後身背一大包袱材料出生入死逃亡他鄉；後又去北京國務院上訪；藏匿在臨西印傳單「築長城」，為捍衛新成立的無產階級政權，為捍衛毛主席的革命路線立下了汗馬功勞。

捍衛派勝利後，父親於一九七〇年擔任了縣革委辦公室副主任，和父親並肩參加濟南辯論的邢希梅被任命為宣傳部副部長；閻廷琛的職務與父親相同。三個曾經在捍衛派的危急關頭被委以重任的人同時被提拔，也算是是論功行賞。

隨著捍衛派對政權的控制日益牢固，報復炮轟派的行為也逐步升級。縣城內外，各級革命委員會主辦的各種名堂的學習班裏血肉橫飛哀鴻一片。父親看到這種情景心裏很不是滋味。父親不贊成用毆打刑訊對炮轟派進行報復。不贊成的原因並不是父親同情那些被關押的炮轟派們。

在與炮轟派較量的過程中，捍衛派裏沒有幾個人受到的攻擊羞辱能超過我父親。對炮轟派，父親不僅有「深仇大恨」，還看不起炮轟派為達到目不擇手段，經常使用「下三路」的做派。每當提到炮轟派的時候，父親使用最多的兩個詞是「山貓野狗」和「痞子夷子」。「痞子夷子」一詞是臨清方言，泛指來路不正行為不端之人。

父親不贊成報復炮轟派的出發點是為了捍衛派的根本利益，父親認為：不執行「黨的政策」，掌權是不能長久的。據我的判斷：在這個問題上，除了比較理智的思考之外，父親從小受到的「與人為善」、「己所不欲，勿施於人」的傳統教育大概也有些關係。

父親把自己的想法直接面陳縣革委主任張靜軒和恢復了職務，元氣也日漸恢復的縣革委副主任劉之忱。張主任劉副主任對父親的意見既沒有否定也沒有肯定。其實是父親沒有揣摩透兩位領導的心情與心事。炮轟派首領們被關押審查時的交代材料表明，早在一九六七年夏天，「黑七條」出籠不久，炮轟派就制定了一個要置張靜軒主任、劉之忱副主任等八個人於死地的計劃。幸虧有了毛主席批示的「十條」，王效禹倒了臺，否則張劉二人早晚都會被「老二」們關進監獄，甚至槍斃殺頭。不管這個所謂計劃是否真實地出現過，起碼是炮轟派頭子們的口供裏確確實實地這麼寫了出來，仇恨的種子是種植下了。

張靜軒曾被撕去帽徽領章，多次品嘗「噴氣式飛機」的味道；

劉之忱被臨清一中的學生強行劫持關押了一個多月，毆打審訊，過激地批鬥，威嚴不再，顏面盡失。他的妻子去醫院分娩，死在了手術臺上，據說也是幾個參加過炮轟派的醫生報復的結果。真可謂家仇國恨悲憤交集啊。

中國的古訓是「有仇不報非君子」，現在我們以其人之道還治其人之身又有什麼不可呢？父親的建議規勸，對張主任劉副主任來說，顯然非常不近人情，十分不合時宜。

還有幾次，縣革委機關一起辦公的人，晚上加班開會寫材料。事畢，有人提出：

「走！出出氣去！」

三五個同事好友騎自行車到關押范春明的臨清港務局，巴掌、拳頭、皮鞭、皮鞋一齊上手，招呼一通正在落難的前縣委副書記。就如同當今城市的白領，晚上加班後一起用餐，餐後再驅車光顧娛樂場所或健身俱樂部一樣。去「出氣」的人多是曾經遭受過炮轟派工人、學生毒打的捍衛派戰友。

同事們多次邀請，父親或婉言謝絕，或找其他的因由爽約。私下裏和母親說及此事，父親說：

「那時候咱們的人挨打都知道疼，現在打人家也一樣地疼啊！」

母親附和道：

「人身都是肉長的。」

父親和母親都多次用一句俗語教誨我和弟弟們：你種下了蒺藜，早晚會扎自己的腳。

父親一次也沒有去「出氣」，便有昔日的戰友說他是因為不曾挨過「老二」們毒打的緣故，志同道合的味道漸漸淡去，隔膜分歧日見萌生。

工人游擊隊的副隊長華雄在縣革委的大院裏打人，被毆打者的哭嚎聲傳遍整個院落。父親去亮著燈光的辦公室找到正在閱讀文件的劉之忱書記。父親說：

「劉書記，華雄在這裏打人影響多不好，您去管一管吧！」

劉書記反問父親：

「有這樣的事嗎？」

同樣的對話發生了數次，父親的行為顯得很不懂規矩，甚至有些迂腐呆傻。一天晚上十點多鐘，父親離開縣革委機關往家走，在縣體委的門前，遭遇到了華雄。華雄帶領著幾個打手，攔住了父親的去路。父親停下自行車，往路邊一閃，大聲呵斥道：

「華雄！你小子想幹什麼？扒了你的皮，我認識你的骨頭！你小子敢動我一指頭，吃不了的你兜著走，看我以後怎樣收拾你！」

打人成性的華雄被父親的威嚴鎮住了，趕忙自我解釋道：

「我們哥們幾個在這兒玩呢，正好遇到了你。」

我父親一直認為劉之忱書記是一位作風正派的好上級，所以才忠心耿耿地多次進諫。是誰把父親與劉書記的對話告訴給華雄的呢？

父親還做出了一件更違反內部規則的事情：

臨清縣革命委員會要進行一次改組，領導人逐個徵求對組閣方案的意見，本屬於例行公事，父親對此卻十分地認真。張靜軒主任、劉之忱副主任、縣革委政治部負責人焦興魯、縣革委辦公室主任張松集體找父親談話。父親對四位領導說：他反對劉備繼續擔任縣革委常委，理由是劉備在對敵鬥爭中立場不堅定，率團參加濟南辯論時當了逃兵。

四位領導問父親：

「你認為讓誰接替他的縣革委常委合適呢？你自己怎麼樣？」

父親回答說：

「我不夠格。我推薦葉小龍同志，他大敵當前的時候總是衝鋒在先。」

在官場上還十分幼稚的父親心裏怎樣想就怎樣說，根本沒有顧忌說真話的後果。在場的張松是劉備常委的鐵哥們，百分之百會把父親的話原封不動地告訴劉備。父親得罪了擔任著組織部長的劉玄德常委，後果將非常地嚴重。

一九七一年元旦過後，臨清縣的行政區劃進行調整：原先的十一個區和五十六個人民公社同時取消，重新組建成二十個人民公社，是謂小公社改成大公社。有四十八名縣直機關的幹部要充實到新組建的人民公社去工作。縣革委組織部把起草後的人事任命名單送到辦公室去列印，父親在校對文字的時候，發現名單中的人數只有四十七名。父親懷疑是組織部的人出了紕漏，拿著底稿去組織部詢問，得到的答覆是：沒有出差錯，就暫先按這四十七個的名單列印吧。

一月五日，充實基層人民公社的名單公布，父親就是那第四十八個人。組織部為了保密到最後一分鐘，交由辦公室列印的任命狀中，留下了一行空白。

捍衛派最困難的時候，指揮著父親衝鋒陷陣的張靜軒主任、劉之忱副主任如今不再需要父親了，任由劉常委們為我父親安排了新的去處。也許張主任劉副主任並不懷疑我父親的忠誠，把我父親調離出去，起碼身邊少了一個不懂規矩不知趣，經常讓人心煩的人。

父親離開縣革委辦公室的時候，劉之忱政委對我父親說：

「全祿，我希望你能夠正確對待新的工作。」

父親的新職務是康聖莊人民公社黨的核心小組副組長，主持公社的工作。和父親同時去公社任職的其他人，原先的職務是副科級的都由副轉正，任職公社黨組的組長。唯獨父親的職務仍舊是副職，副職幹正職的活，承擔正職的責任。

康聖莊位於臨清縣的東南角，土地鹽鹹，是全縣經濟最落後，距離縣城最遠的一個人民公社。原先康聖莊既不是區政府所在地，也不是小公社所在地，沒有配套的人馬，沒有辦公的房舍，一切都要從零開始。縣革委常委組織部長劉玄德操作打擊報復的事項真是太有才了。

寫到這裏，我提醒讀者，一定要記住這位縣革委的劉常委、組織部劉部長的才能，本書要結束的時候，我還要展現一份玄德大師的作品。

父親給我講過一個故事：康聖莊公社機關開辦之初，臨時徵調了一名炊事員。一天中午，食堂吃包子，結果包子蒸熟後卻沒有人敢吃，原來那新聘的伙頭軍是一位在集市上賣包子的小販，以往攪拌包子餡都是一斤肉放一斤鹽，那天，司務長買了十幾斤肉，如法按照習慣比例操作的炊事員把包子蒸成了鹹菜團子。

父親在康聖莊工作了二十個月。一九七二年八月，「南郊會議」開過後，父親奉命調回臨清城裏，仍擔任縣革委辦公室副主任。

清算捍衛派執政期間以「清查五一六」和「一打三反」為名，刑訊逼供，全縣一共打死一百多人的錯誤，縣委書記，縣革命委員會副主任劉之忱和縣革命委員會主任，武裝部長張靜軒，負有主要責任。在批判他們的大會上，我父親發言時追問劉之忱：

「劉書記，華雄在縣委大院裏公開打人，我向你彙報，你置之不理，有這麼回事嗎？」

劉之忱點頭承認。

不久，臨清縣委改組，劉之忱調往省城濟南工作。

劉之忱的兒子劉魯峰，年幼時調皮搗蛋。他和我父親的關係密切。縣委書記的兒子和縣委辦公室幹事，或者說是祕書的關係好，是很正常的事。後來，劉魯峰當兵去了三十八軍，駐地就在保定。一九七二年，我們回劉口村過春節。返程在保定候車的間隙，我曾陪父親去軍營裏看望過劉魯峰。

劉魯峰退役後，安排工作在外地。他的女朋友在臨清工作。大概是在一九七七年，劉魯峰想調回臨清，找我父親幫忙。我父親想，劉書記兒子的事，去找那些曾經和劉書記關係好的人辦可能會暢通一些。沒想到一連找了幾個，都頂著不辦，還製造一些障礙。我記得父親曾經很氣憤地給我說這事：

「劉之忱在的時候，這幾個傢伙只想跟在屁股後頭喊劉書記親爹。現在魯峰的事他們卻變著法子搗亂，真他媽的不是東西。」

人走茶涼也好，冷暖無常也好，人與人之間的關係如此波動起伏顛倒，也符合人間的基本規律。

魯峰的工作安排好以後，我父親去濟南開會，在會場裏遇到了劉之忱。劉之忱握住我父親的手，十分真摯熱情地說：

「全祿，魯峰的事沒少讓你操心。」

我父親和他的老上級臨清縣委第一書記劉之忱十幾年的恩恩怨怨，有始有終，算是畫上了一個句號。

七十六、「勒令你把它喝下去！」

母親是一名普通工人，而且是一名基本沒有文化，小型集體企業——臨清織毯廠的操作工。即便這樣，文化大革命還是要參加的。

概括起來，母親參加文革的內容有三：

一是跟著父親的節奏為他提心吊膽；

二是看大字報；

三是參加廠裏的批判會慶祝會誓師會，跟著喊口號，背或念毛主席語錄。

為父親提心吊膽，前面已經說過不少，不再贅敘。

母親上班的路途，經過縣革委門前。縣革委和對面師範學校的牆上，每天都有新的大字報貼出，爆炸性的新聞屢屢出現。母親上下班路過，經常扶著自行車觀看。遇到不認識的漢字，用心記住形狀結構，回家請教我和兩個弟弟。日子一久，生字變成了熟字，對於大字報的內容，知曉理解的也就切實了許多，不僅自己知道了全縣發生的大事，還可以回家和父親和我交流。

文革結束後，我們都和母親開玩笑，說她看了幾年大字報，文化都快達到初中畢業了。別人文革中受害，她卻收穫頗豐。母親說：

「那倒也是。」

母親在廠裏參加文革，僅限於參加全廠的大會。發言沒有她的份，最激進的行為，也只是隨大溜舉胳膊呼口號而已。

母親所在的織毯廠，工人群眾也分為兩派。父親是全縣捍衛派的名人，母親沒有參加群眾組織，織毯廠的炮轟派便以「黑老保家屬」相稱。母親對此相當坦然，心裏尋思：納們寶興他爸爸是「鐵桿黑老保」你們也無可奈何，做一名「黑老保家屬」那又何妨？

「炮轟派」掌權那一兩年，織毯廠裏的「老二」頭頭最囂張的時候，也僅是吆三喝四，旁敲側擊說幾句嘲諷我父親，嘲諷「黑老保家屬」的言語給母親聽。母親一笑了之。

一九六九年秋後，捍衛派得勢，炮轟派落敗，織毯廠捍衛派的群眾組織開始批鬥炮轟派的「壞頭頭」。批鬥逐步升級，體罰自是難免。

一九七〇年夏季的一天，織毯廠的幾個炮轟派「壞頭頭」和傾向炮轟派的廠領導、車間主任正在享受批鬥。天氣炎熱，被批鬥者低頭彎腰撅屁股恭恭敬敬地站立在會場主席臺上。體罰的強度勝似在烈日下的搬運工人，所有被批鬥者無不大汗淋漓，衣衫濕透。

車間主任高百祿的年歲稍大，體力最差。母親怕他跌倒虛脫，端著一大茶缸白水，走到主席臺上老高的身後，用手推了他的後背一下，大聲喝道：

「站直了！」

高百祿趁勢休息了一下腰椎。

母親又高喊一聲：

「現在我勒令你把它喝下去！」

隨手把茶缸遞給了高百祿。沒等會場上的人回過神來，高百祿已經暢飲了一通。震耳欲聾的口號聲響起，批鬥會繼續進行。

事後，高百祿自是由衷地感謝。

很多年後，織毯廠的老工人們回憶往事，還把那一「勒令」當做聊天的笑話。

文化大革命是國家民族的「亂世」。人處亂世，難以掌控自己的命運。即便隨波逐流，良心與慈悲總還是不應該忘懷的。良心好比是做人的秤砣，慈悲則是秤桿上定盤的準星，失去了二者，人也就沒有了份量。

父親和母親在文化大革命中，始終都是這樣做的。他們無有害人之心，還時刻不忘關照他人。這樣處事，世道再亂，自己受到的傷害也會縮水，起碼內心裏坦然。

俗話說：「惡有惡報，善有善報」，並不完全是迷信之言，世間萬事，都是有因果關係的。

七十七、清理三種人

清理「三種人」是文化大革命的最後一幕演出。

一九八二年十二月三十日，中共中央發出《關於清理領導班子中「三種人」問題的通知》。《通知》指出：

在中央提出對追隨林彪、江青反革命集團造反起家的人、幫派思想嚴重的人、打砸搶分子這「三種人」不可重用以後，對「三種人」進行了初步清理。但由於多方面的原因，在少數地方和部門，仍有一些「三種人」留在領導班子中或要害崗位上，繼續受到重用，有的還被作為接班人已經提拔或準備提拔。這些人為數不多，活動能力很強，活動範圍很廣，是一種不安定因素和不可忽視的潛在危險。必須堅決把他們從領導班子中清理出去，調離要害部門和要害崗位。對清理出領導班子的「三種人」，應加強對他們的思想教育工作，給以改正錯誤、棄舊圖新的機會。

一九八四年七月三十一日，中共中央再次重申，清理「三種人」要抓住重點，關鍵是防止「三種人」進入各級領導班子、要害部門和第三梯隊，已進入的要堅決清除出去。已經查清核實的「三種人」要清理出去，更要特別注意清理那些在文化大革命中表現積極、幹了壞事、造成嚴重後果，現在比較年輕，隱藏下來，對黨危害大的人，以及在幕後操縱的人。

從上面的文字，我們可以知道所謂「三種人」指的是：

追隨林彪、江青反革命集團造反起家的人、幫派思想嚴重的人和打砸搶分子

文化大革命結束的時候，臨清縣有多少「三種人」被清理，大概沒有詳盡的統計數字。甚至連被清理了的是否屬於「三種人」，也都很難說個清楚。其中知名度比較高的有如下幾個：

田保池被開除黨籍；

徐建壯被開除黨籍；

滕丙寅早已為其他事由被判處了有期徒刑；

丁玉泉解除關押後已經回鄉當了農民；

尚艾華被免除縣工會主席的職務，回化肥廠當工人；

崔彬早已被強行調離了臨清；

路常青被免除縣共青團副書記的職務，回鄉當農民；

以上幾位除路常青外都是臨清炮轟派的知名人物。捍衛派被真正清的只有工人游擊隊的兩員武將：

呂布被開除黨籍；（注：呂布是一九七一年一月七日，捍衛派勝利後才加入共產黨的）

華雄被開除黨籍；（華雄也是捍衛派勝利後突擊入黨的）

清理「三種人」沒有各打五十大板，捍衛派被打了三十竹竿；炮轟派挨了七十軍棍。

這些被清理者不是工人就是學生，沒有一個國家幹部，內外有別，官民有別的規則非常明顯。

正如主導全國文化大革命的是坐鎮北京的共產黨高層要員們一樣，左右臨清縣文革全過程的核心人物是臨清縣原縣委的書記和武裝部的首腦們。那些走上檯面或接近檯面的工人學生們只是戲劇的配角。在文革結束後的人事清理中，臨清縣委的四個書記、副書記，縣政府的四個縣長、副縣長，縣武裝部的部長、政委、主任、幹事們，在十多年的文化大革命中，不管他們領導過的各式各樣的「革委會」、「工作組」、「學習班」；都曾經批判過誰，整過誰，關押刑訊過誰；也不管他們曾經策劃過什麼事件，有過多大的錯誤失誤甚至罪惡；他們的結局最不濟也是官復原職。

文化大革命本來就是一本糊塗帳，誰個又能算得清？

臨清一中的同學們，絕大多數根本不需要被清理，他們被逐回農村家中或進了那個工廠當工人，幾乎全都生活在社會的底層了，還能給清理到何處去呢？

據不完全統計，臨清一中老三屆不到九百名在校生，後來有二十多個成為精神病患者或疑似精神病患者。

很明顯，上蒼對我們老三屆學生是最不公平的。

七十八、兩個縣委副書記

前面我用差不多四章的篇幅介紹了臨清一中和臨清縣文化大革命的概況。

如果有人要問：文革中臨清全縣哪個人挨批鬥最多，遭受毒打的次數最多？瞭解情況的人都會說是縣委副書記范春明。很多年以後，人們憶及此事，仍然都對范副書記的承受力、忍耐力讚嘆不已。

范春明到臨清擔任中共縣委副書記之前的職務是中共聊城地委宣傳部理論科科長。因為中共聊城地委書記朱永順的夫人路衣也在宣傳部任職，所以文革初始就有范春明是朱永順的黑幹將之說，並依次把范與山東省委書記譚啟龍以及黨中央的劉少奇聯繫在一起，論證出他所執行的資產階級反革命路線是直通天庭的。

這些內容在范春明為組長的工作組撤出臨清一中後，在一中的校園裏，在縣委大門對面的牆壁上都先後以大字報的形式張貼過。

實際上所謂的黑線根本不可能存在。范副書記為此挨過批鬥，但不至於挨如此多，如此兇狠的批鬥，更不至於為此而被毒打。

范春明那時四十多歲，年富力強，仕途開闊，幹勁自然十足。在臨清縣委的書記副書記中，范排在第一書記劉之忱、第二書記車一民之後，分管文化教育衛生，這也是他一九六六年夏天，臨危受命擔任臨清一中文化大革命工作組組長的原因。

做為文化大革命工作組的組長，從耀武揚威到戰戰兢兢在臨清一中度過了短短的五十四天回到縣委以後，范春明就再也沒有安寧的日子。臨清一中的學生們，一直揪著他的所謂執行劉少奇資產階級反動路線，瘋狂鎮

一九六五年七月臨清縣委主要負責人歡送縣委副書記謝惠玉（左二）時的工作照。中為縣委第一書記劉之忱；左一為第二書記車一民；右二為副書記兼縣長司振東；右一為副書記范春明。
一年後風雲突變；兩年後視同水火；三四年後你死我活。

壓文化大革命的問題不放；經常有一些被工作組整過的教師學生到縣委找他要求平反，要求落實政策。但這也不是他墜入深淵的原因。

一九六七年三月二十三日臨清縣革命委員會成立的時候，范春明副書記沒有能夠進入新的權力機構，也就是說他沒有成為革命領導幹部，而依然被留在了走資本主義道路當權派的系列。原縣委第一書記劉之忱，副書記縣長司振東開大會的時候端端正正地坐在主席臺上，而范副書記等人只有繼續彎腰低頭撅著屁股挨批判的份。縣革委劉副主任、司副主任看文件發號施令的時候，范副書記卻還在寫檢查，這反差實在是太大了。

一九六七年四月三十日，臨清縣革委成立一個多月後，范春明給山東省革命委員會主任王效禹寫了一封信，這封信內容現在已無從得知。王效禹百忙中回信說：當前有一股反革命逆流，要范春明解放思想大膽幹。

根據隨後的行為舉止，范副書記在做出與新成立的縣革委、與原縣委第一書記劉之忱分道揚鑣的決定之前，除去和王效禹的書信來往之外，肯定還有其他的渠道、其他的行動摸清省裏、地區文化大革命的格局，判斷運動的趨勢。就像如今的股民，通過私人關係和非正式渠道，打探一些內部消息一樣。最後，范副書記決定了投資方向，傾囊買進了王效禹的莊家股。

一九六七年五月四日，臨清一中的學生們借著紀念五四運動為名，敲鑼打鼓到縣革委的機關大院裏張貼大字報並遊行示威，高呼「炮轟縣革委！」的口號。鬧騰了一陣，將要撤退的時候，只見范春明從他的宿舍兼辦公的屋子裏走出來，手裏舉著一本紅色的《毛主席語錄》，高呼了幾句應時的口號：

「向紅衛兵小將們學習！向紅衛兵小將們致敬！」

「堅決支持紅衛兵小將們的革命行動！」

范副書記的行為很突然，完全出乎紅衛兵小將們的預料。這些小將們可是一直和范春明過不去，一直把范副書記當作資產階級反革命路線的代表人物來著。

據一中那天帶隊去縣革委鬧騰的同學回憶，那是范春明第一次向革命造反的學生們暗送秋波。從時間上計算，范副書記「暗送秋波」時，他給王效禹拋石問路的信已經發出，但還沒有收到王大主任的回信。那時候沒有電子郵件，臨清到濟南，即便省革命委員會主任王效禹連夜秉燈書寫，五天的時間，信件也不可能往往返返。

隨著形勢的發展，炮轟派力量的壯大，炮轟派群眾組織的首領們開始考慮自己一派奪取權力後，如何建立新的「三結合」革命委員會機構，建立機構時由誰充任「革命領導幹部」的角色。這個時候，原縣委縣政府的領導人，只有范春明副書記明確表態支持炮轟。共同的需求，使范副書記與臨清一中起勁造反的學生們盡釋前嫌。曾經的恩怨讓位於眼前的共同利益。

接下來，臨清一中「東方紅」的小將把縣革命委員會副主任劉之忱劫持到一中。捍衛派則把范春明關押至拖拉機修理廠。隨後，學生又從拖拉機修理廠把范搶到一中保護起來。從此，范副書記在一中校園裏安營紮寨，開始介入炮轟派的具體活動。七三事件，濟南辯論，圍攻中型廠，攻打五里窯，搶劫武裝部軍械庫，好像都有范副書記的身影或建議，范副書記成為臨清炮轟派的一個重要人物，甚至有人把他當作該派的代表人物，這些過程場景前面幾章的文字已有記述。

一九六七年八月，炮轟派在王效禹的支持下取得勝利後，范春明的表現猶如買到了一隻漲停板股票的股民，得意洋洋甚至有些張狂。

據縣委機關的工作人員回憶：有工人、學生在機關大院裏打人，農村工作部幹事張銀旭去找范春明，希望他能施加影響予以制止。范不以為然，說：

「現在你們可都知道誰是革命的了吧！」

這句話用現在的語言可以翻譯成：

「怎麼樣？我手裏的股票漲停板了，你們買的都賠了吧？活該！」

一天晚上，工人學生毒打刑訊縣委一工作人員，范春明還邀人一起到現場觀看。他還親自向整過他材料的鄭某某追討材料，並對其訓斥謾罵數小時。他甚至對曾經冒犯過他的縣委通訊員、炊事員都不放過，豎鼻子橫眼地訓斥。

范副書記最著名的發言是在機關大院的一次小型會議上，他粗魯地說持捍衛派觀點的機關工作人員：

「你們是他媽的什麼共產黨員，簡直是一夥蠢驢！」

這句粗魯的語言成為那幾年臨清縣直機關的「名罵」。

面對高壓，縣委機關有多人向范春明副書記口頭或書面請罪。

宗上所述，范同志在那一段時間裏的表現，的確大失縣委副書記的水準。

我完全相信他那期間的失態是真實的，因為一九六六年七月二十一日上午，在臨清一中高三一的教室召開的右派學生大會上，身兼工作組組長的范副書記洋洋自得手持蒲扇橫掃一切牛鬼蛇神的時候，就充分展示了他的自負與淺薄。

這期間，縣委機關大約有三十七名工作人員被揪鬥、遊街、並遭受刑訊毒打。受害者幾乎都不清楚行兇者是誰，即使知道了是誰，也不可能去找某工人或某學生算帳，因此，大家都把所受屈辱之帳記在了范副書記身上。

令人感到奇怪的是，炮轟派勝利後，王效禹發動「反復舊」前，臨清縣革命委員會改組，劉之忱、司振東、丁文才都被免職，縣革委又換上三名副主任：劉文傑（軍人）、李秀英（農民）、田保池（工人）。改組的結果是縣革委的正副主任裏寧肯缺少革命領導幹部的代表，達不到毛主席說的「三結合」要求，也沒有把范春明副書記增補進去。

相反，這期間縣革委卻還召開了揭發批判范春明、王明順（當選縣革委委員後不久即轉變為炮轟派的一位原副縣長）的專題大會。范副書記謙恭地接受了一場又一場的批判，這時在兩派權力鬥爭中占盡上風的炮轟派並沒有人出來拉他一把。

范春明在臨清縣炮轟派陣營中處於怎樣的地位呢？帶著這樣一個讓我思慮了四十多年的問題，二〇〇八年五月的一天，我問臨清一中「東方紅」的司令丁玉泉。丁司令說：

「嗨！他呀，他是個『周打猴』。他不當家。」

「周打」（諧音詞）是臨清方言，把物品用木棍、竹竿一類器具挑起來高舉著的意思。「周打猴」是一種用木棍、竹竿操縱舉著玩的木偶。

我基本上相信關於范副書記是一個「木偶」的說法。他從來沒有進入過炮轟派的真正決策層。一九六九年中國共產黨第九次代表大會結束後，王效禹倒臺，范春明手中的股票一個跌停接一個跌停。股票爛在手裏，最大的損失也只能是個零。范副書記的押寶最後變成了負數，變成了閻王爺的索命詔書。

在康莊學習班上得知王效禹倒臺，局勢發生巨變的范春明，自知厄運難逃，便於那年的七月二十八日悄悄溜回了齊河老家。隨後，捍衛派四次去人抓捕，范春明藏身於岳父家，直到八個月後方才被押回臨清。

從一九七〇年三月到一九七二年六月「南郊會議」結束，兩年多的時間裏，范春明挨過多少次批鬥，遭到多少次怎樣的毒打，現在已經無法找到有關的記錄與詳實的資料了。我所知道的是：

1、臨清縣所屬各系統各單位各區各個人民公社的人輪流把范副書記揪到他們組織的大會上去批鬥。彎腰、撅屁股、坐飛機是最文明的；拳打腳踢，揪頭髮，搧耳光是毛毛雨；皮鞭棍棒是家常飯，每次批鬥幾乎都沿途遊街示眾。

2、在我認識的縣委機關工作人員中，最少有二十人多次去關押范春明的地方去「出氣」，除巴掌、拳、腳、口水、濃痰以外，還有使用皮鞭棍棒的。

3、被關押審查的炮轟派首領們忍受不了嚴刑拷打，在檢查交代材料中不僅檢舉說兩派爭鬥中，他們所幹的那些事，都是范春明指揮策劃的，而且還揭發范春明是臨清縣五一六組織的總頭目，是「反共野戰兵團」的政委。曾經多次和他們一起開會密謀要殺害張靜軒、劉之忱、司振東、焦興魯、丁文才、張榮階、高會雲與王廣洲等八個重要人物。幾乎把所有能回憶起來的，能想像出來的孽帳、黑鍋全都扣到了范副書記的頭上。

4、一九七二年夏天，范春明解除關押的時候，他的腰已經變形，再也直不起來了。

最高指示

在拿枪的敌人被消灭以后，不拿枪的敌人依然存在，他們必然地要和我們作拚死的斗爭，我們决不可以輕視这些敌人。

必須懂得，沒有肅清的暗藏的反革命分子是不会死心的，他們必定要乘机搗乱。……不管什么地方出現反革命分子搗乱，就应当坚决消灭他。

憤怒揭發現行反革命分子 范春明、王明順破坏揚水站的滔天罪行

范春明、王明順这两个坏家伙，不仅是破坏我县文化大革命的罪魁禍首，而且也是破坏我县水利建設的現行反革命分子。去年炮轟胜利后，范、王这两个坏家伙反动本質更为暴露，反动气焰更为囂張，他們打着支持造反派的旗号，披着“革命干部”的外衣，为了实現“反夺权”搞复辟的罪恶目的，首先摧垮了县生产指揮部，揪斗了县武装部付部長楚保元等同志，赶走了解放軍代表，篡夺了县生产指揮部的領导大权。繼而，利用已窃得的权利，大刮反革命經济主义妖风，疯狂地破坏集体經济和社会主义建設。去年九月現行反革命分子范春明、王明順及別有用心的人經过多次密謀，精心策划，置中央政策于不顧，置广大革命羣众要求于不顧，明目张胆的砍掉了头閘口 揚 水

當年捍衛派整理的關於范春明破壞水利設施的鉛印材料。

因為結怨太深，范春明被關押期間，縣革命委員會的領導和幾個被炮轟派毒打過的人曾經謀劃要殺掉他。殺他的方式，不是在密室刑訊時悄悄取他性命，那樣會被上級追究責任，而是要名正言順地槍斃他，讓他死後還身負罪名。

專案人員把范春明的罪行整理成冊，除去參加五一六反動組織，組建「反共野戰兵團」，搶劫軍械庫，策劃武鬥等可以列入「滔天」系列的罪行外，還加了一項：破壞頭閘口水利設施。因為當時中央下達了一份和著名的《公安六條》相似的通令，其中一條是對破壞水利設施的階級敵人可以判處死刑。范副書記的罪行上增加這麼看似微不足道的一宗，是為了給他對號入座。

一九七〇年底，山東省革命委員會主任、濟南軍區司令員楊得志到臨清視察，在縣革委的小會議室裏，張靜軒主任彙報完工作後，就范春明是否可以判處死刑的問題，請示楊司令員。

張靜軒介紹了范的一樁樁罪行後，楊司令光說壞，不說殺，始終沒有對死刑的請示點頭同意。

楊得志司令文化不高，處事的經驗卻非常老到，不然怎麼能在戰爭時期獨當一面，文革中旗桿不倒，官職穩穩地只升不

降呢？

楊司令的沉穩保住了范春明的性命。張部長請示楊司令的時候，我父親在現場負責文字記錄工作。

范春明解除關押後，要求調離臨清。不久他被安排到山東師範學院聊城分院（今聊城大學）政治處任職，直到離休。

范春明離開臨清前，我父親曾和他有過一次交談。父親問他：

「范書記，那一段時間，你想到過死沒有？」

范副書記說：

「想到過一次。」

他對我父親敘說了當時的情形：他關押在臨港時，一天夜裏，縣委機關的幾個人去找他「出氣」，狠狠地揍了他一通，拳打腳踢下手很重。打他的人離開後，他趴在地上喘息著，神智還算清醒。這時，剛才打過他的夏侯霸（曾被臨清一中的學生關押毒打並遊街示眾，范那時正住在一中）獨自一人返了回來，踢了他兩腳，順手撈起地上的一塊磚頭，用力朝范的頭顱掄了過來，並大聲喝道：

「范春明，你個舅子，我結果了你吧！」

范心想：這次我是真的完了，就閉上了眼睛等候生命結束的那一刻。結果是夏侯霸的磚頭並沒有擊打在他的頭上。夏侯霸只是想逼真地恫嚇一下范副書記。

若干年後，我在聊城遇到過范副書記幾次。他的腰椎胸椎彎成了一個弧，若抬頭看人時，頸椎與胸椎的結合部須折成九十度到一百二十度的角。

他自然不認識我，一個差一點兒被他打成右派的中學生。

車一民是臨清縣委第二書記，開始批判縣委領導們的時候，他彎腰低頭站在第一書記劉之忱的旁邊。會場上呼喊和大街上張貼的口號是：

「打到劉（之忱）、車（一民）、范（春明）、王（英傑）、司（振東）！」

呼喊口號，書寫標語，只用姓氏，略去名字，省時間氣力，節約紙張筆墨，符合毛主席「節約鬧革命」的最高指示，反正人們都知道要打到的是誰。

革命委員會成立後，劉、司榮任副主任，標語口號變成了「打到車、范、王！」

再後來，炮轟、捍衛兩派的口號各不相同，捍衛派依舊高呼：「打到車、范、王！」炮轟派則說：「打到劉之忱！打倒司振東！」兩派一塊開會，共同呼喊的口號是：「打到車、王、許（副縣長許福增）！」

一九六七年八月十日，范春明、王明順等三人曾聯名發表過一封《給全縣各級革命幹部的公開信》。內容與范的那片著名的《嚴正聲明》相同，這裏不再摘抄，僅把《公開信》最後高呼的口號羅列出來，算是一段頗具時代印記的小品文：

最後讓我們高呼：

打到劉少奇！打到鄧小平！

炮轟縣革委！砸爛三湊合！

打到劉之忱！打到車、王、許！

打到資產階級保皇派！

無產階級文化大革命勝利萬歲！
毛主席的革命路線勝利萬歲！
無產階級革命派大聯合萬歲！
無產階級專政萬歲！
偉大的中國人民解放軍萬歲！
革命的紅衛兵萬歲！
偉大的中國共產黨萬歲！
偉大的領袖毛主席萬歲！萬歲！萬萬歲！

摘抄這段文字，話題扯得就遠了一些。我要表達的原意是這些口號中都要打倒車一民。若當時分析縣委每一個書記副書記的處境，好像誰都比第二書記車一民有希望。車副書記參加的批鬥大會最多，每一場批鬥會，車副書記都彎腰低頭站在臺子上，筆記本放到膝蓋上，用鋼筆一字一劃地記錄自己的「罪行」。批鬥會之後，一遍又一遍地寫檢查。

炮轟、捍衛兩派的爭鬥日趨激烈，所有縣委書記、副書記，縣長、副縣長都先後表態，不是支持炮轟，就是支持捍衛，兩軍對壘，涇渭分明。唯獨車一民始終沒有表態。有群眾組織追問於他，他便檢查自己的錯誤罪行，誠懇地承認自己只有被群眾革命的份，現在還沒有成為革命動力的資格。

一次批鬥會的歇息期間，一同挨批鬥的還有縣委副書記王英傑，王副書記這時已經表態支持炮轟派。王英傑不無諷刺地說：

「人家車書記爬（趴）在那裏是在等巧呢。」

車一民慍色喝斥道：

「老王，你不要瞎說！」

等巧，可能是王副書記家鄉的方言，但很容易聽懂，意思是靜心等待更好的機會或好的結果。就好比如今股市中抱住自己的資金，沒有十分把握絕不進場的股民，股市中盈利的往往是這樣沉著穩健的人。

車副書記低調忍耐了四年。局勢相對穩定後，他被「解放」出來，在縣革委生產指揮部裏工作，結束了被批鬥的日子。文化大革命過後回頭總結，臨清縣八個正副書記、正副縣長，車一民遭受的非人折磨最少，車一民也沒有傷害過其他的人，縣委大院裏從上到下，無不讚嘆車一民的為人，讚嘆車書記的水平。

車一民調離臨清後，我父親曾去看望他。倆人談及文革舊事，我父親非常佩服這個老上級的沉穩，很想請教一些心得。車一民說：

「像文化大革命這樣的運動，誰能看得清楚？看不清楚時就不能亂講。」

看不清楚就不要亂講，此乃為人處世之道，每逢亂世尤其切記。

范春明副書記飽經磨難之後，是否也總結出來一些類似的經驗教訓？

七十九、王澤國

王澤國是臨清一中高三一班的學生，臨清城東牛八里村人，「東方紅」五首之一。

王澤國身材魁梧，濃眉大眼，嘴也大，紅臉膛，說話聲音洪亮，標準的山東大漢。

查閱一九九二年編撰的《臨清一中校友錄》上面沒有王澤國的名字，究其原因，可能因為他是被槍斃的。

我和王澤國不熟悉，文革期間也沒有過接觸。他在「東方紅」大概屬於一個衝鋒陷陣的角色，很活躍。

一九六八年「反復舊」時他成為「青年班子」的一員，進駐到縣革委辦公，耀武揚威了一陣。王同學稍一顯赫便腐敗起來，公開帶著女朋友住宿在縣革委的大院裏。許多同學都知道此事，議論起來唾棄義憤之聲不絕。因為王澤國早已經結婚，家裏有老婆孩子，再偷雞摸狗就不是男女同學戀愛偷嚐禁果，而是道德敗壞，玩弄女人的惡行了。

據捍衛派人士回憶，還有王澤國多次參與毆打機關幹部和工人的記載，我相信他能做得出來。

王澤國家裏沒有父親，十幾歲時，母親就為他張羅著娶了媳婦，還有了孩子。

一九六九年以後，王澤國和一中的大多數同學們一樣，含辛茹苦讀了十幾年書，灰灰溜溜回了家。

按說王同學家裏上有老母，中有妻子，下有小孩，你就老老實實辛辛苦苦扎根牛八里村當農民，老婆孩子熱炕頭，也是人生的選擇與歸宿。臨清一中的老三屆多數同學不都是這樣的結局嗎？王澤國不甘心在農村生活一輩子，他選擇了去外面闖蕩。

王澤國去的地方是山西長治，如何去的沒有具體考證，不外乎投親靠友，他在長治的一家工廠裏做了汽車修理工，幾年下來便有了一些根基。

臨清牛八里村有一遊走江湖的牙醫，見王澤國在長治站住了腳，也投奔他而去，在那裏開了一間治療牙疾的診所。

憑著魁梧的身體，不錯的長相，學手藝幹工作也都出色，愛情再次降臨到王澤國的頭上。他那時還不到三十歲。新的女友據說很不錯，她的父親還是某一個單位的領導。

愛情是甜蜜幸福的，經營不好卻會要人的性命。新女友的愛情攻勢凌厲，離婚再娶成為王澤國的決定。這時王同學老家已經有了兩個女兒一個兒子，離婚的意向回家提出了數次，自然遭到一致的拒絕，連王澤國的母親都堅決反對。王母說：就是不要兒子了也要自己的兒媳。

王澤國最後一次回家開展離婚談判大約是一九八〇年的秋天。長期感情的糾葛讓王同學的精神極度疲勞，極度的精神疲勞使王同學變成了一個喪心病狂的惡魔。據說他行兇前喝了一些酒，但還沒有達到喝醉的程度。他用一把錘子砸死了阻撓他離婚的岳母；用刀子殺死了妻子；只有幾歲的兒子嚇得鑽進了被子裏，他一刀捅透了被子。被子的破洞立即噴出一股血水。

王澤國一直認為兒子不是自己的，他懷疑妻子與大隊（村）支部書記有染，便拿著刀子去找支部書記。也許是該著那支部書記命大，也許是支部書記聽到風聲躲了起來，殺紅了眼的王澤國在村子裏找了一遭，也沒有尋到仇人的身影。

看著天色不早，王澤國不敢久留，連夜趕到臨清城裏。到一知己的同學某某某那裏一說，某某某也知干係重大，自己囊中沒有錢糧，伸手摘下手錶送給了王澤國，說一句兄弟快走。

不等天亮，王澤國展轉到河北換乘汽車，下午到達山西長治，把禍事說與女友，哭泣悔恨埋怨都無濟於事。女友知道事情的嚴重，再見面對兩人都非常危險，叮囑王澤國說她準備些錢和糧票，晚上放到某處的一個窗臺上，讓王澤國拿取後遠走高飛。王澤國乘夜色到約定的地點取了錢糧，快馬加鞭一路朝南方飛奔。

等到報案立案偵查分析一番之後，臨清縣公安局的刑警也抵達長治。王澤國早就沒有了蹤影。依照程序，兩地公安傳訊了王澤國的所有熟人，那女子和牙醫都成了與此等大案有牽連者。公安反覆對他們訓示，但凡知道王澤國的去向音信，立即報告公安，否則以同案犯論處。

再說逃犯王澤國一路奔波，數日後來到廣東寶安蛇口附近。王同學心知肚明，犯下這樣的罪行在共產黨管轄的地域是無法隱藏下來。他在遙望香港的海邊盤桓了幾日，身上的錢糧已經不多，決心孤注一擲渡海去香港。這天，他在一處茶館坐了一晌，見一喝茶的老者容貌衣著舉止頗有俠義古風，上去行了一個磕頭大禮，三言兩語說明瞭自己的處境打算，懇請老者指點路徑。

老者是個經多見廣之人，問過王澤國水中的本事，告訴他可以幾時幾刻何處下海，乘著潮水遊向某某目標，能否成功就看自己的能耐與造化了。王澤國把身上的錢糧悉數送給了老者，再次磕頭感謝。

到了晚上，按照老者的指點，王澤國從蛇口下海使盡渾身的力氣游泳到了香港，據說差一點淹死。身無分文，語言不通，沒有一個認識的人，接下來只能憑借自身的氣力，陪著小心，掙錢吃飯棲身。這些經過都是王澤國被捕後審訊時交代的，至於他在香港都幹過一些什麼，他交代的不多，只是說給修車行幹活。有一點可以肯定，王澤國在香港混得不好，起碼是不適應那裏的氣候習慣或規則，還有那聽不懂的粵語和英文。兩年後，王同學悄悄地潛回了內地。

在返回北方的火車上，王澤國又認識了一個年輕的女子，大約是陝西四川一帶人氏。一表人才的王同學就有這樣的本事，十幾個小時的火車，兩人就把關係溝通到一起生活了。一九八二年全國已經開始流行做生意了。王澤國搞定女朋友的技巧嫺熟，做生意卻是一個生手。兩個人忙活了一年多，張羅的生意賠了錢，實在是走投無路，王澤國冒險回長治找牙醫老鄉借錢。

到長治見到牙醫，小敘別後經歷，開口言說借錢。牙醫答應下來，約定某時某刻某處取錢，下來立即到公安局報告。公安局的員警在牙醫與王澤國約定的取錢處埋伏好，王澤國一出現，立馬逮了個正著。

還有一個版本說報案的是王澤國曾經的女友，過程與前面說的相同。同學們談及此事多用「出賣」二字，那是從王澤國生命角度的用語。如果從國家法律，正義與罪惡上思量，牙醫也好，女友也好，把王澤國交給公安是唯一的正確選擇。

以王澤國的智商和社會經驗，應該對自己的處境有一個清醒的判斷。中國的公安機關，事情要麼不做，要麼做到極致。三條人命的大案，各級首腦督辦，搜羅要犯的網一定是密不透風。王澤國的案子發生不久，軍營裏幾個與王熟悉的同學處，都有臨清的刑警光顧，你王澤國怎麼敢冒險再回長治？

王澤國被押回臨清，時間是一九八三年的夏天，案子還沒審理完畢，就趕上了那年八月開始的「嚴打」。王澤國對所犯罪行供認不諱。他也知道自己即便不是趕上「嚴打」，也難逃死刑的懲罰。

法庭審理的時候，王澤國還是懇請法官繞他一條性命，他說自己從資本主義的香港回內地來，說明自己愛國，愛社會主義；他還說自己還年輕，身體好，會修理汽車，會開車，還能為國家出力。期間，王澤國還寫下一份篇幅頗長的《自悔書》，其中有「一失足成千古悔」之類的文字。

王澤國被關押期間，一中的同學們也都知道他必死無疑。尤其是原先「東方紅」的戰友們，很想再見王澤國一面，送最後一程。因為王同學的案情重大，公安局不准任何人會見，同學們都沒如願，只是買了一些好的吃食，交由在公安局做刑警的蘇登波送了進去。蘇登波也是臨清一中高三年級的同學。

死刑如期執行。因為是「嚴打」期間，場面弄得有些隆重。

第二天，工人俱樂部門前宣傳欄的玻璃櫥窗張貼了兩張照片。照片展示期間我多次光顧那裏細緻地觀看，五吋的彩照很小，卻也看得清楚。兩張照片記錄的都是死刑執行前一刹那間的細節：

一張是王澤國跪在地上，槍口已經對準了他的後腦。令人稱奇感歎的是王澤國的面部表情是那樣地平靜，一雙大眼睛平視著前方的遠處；

另一張是幾秒鐘之後或幾分鐘之後，槍口距離王澤國的後腦更近了一些，步槍的扳機即將扣動，王澤國閉上了雙眼，面部的表情仍然是那麼平靜。

王澤國死的時候三十六歲。他是一個壞人，一個惡魔，一個極端自私而且殘暴的人，但他是一條漢子。如果他生在大宋宣和年間，水泊梁山上的頭領一定會是一百零九個。

八十、丁司令

丁玉泉是臨清一中高三四班的學生，一九四五年出生，臨清城南李堂村人。高三四班是文科班。

丁玉泉是臨清文化大革命中最出名的造反人物，丁司令的大名在臨清城鄉家喻戶曉。

文革一開始，丁司令是臨清一中最早給學校領導寫大字報的人；

丁司令是一中最早要求學校工作組做檢查的人；

丁司令成立「紅色聯絡站」，是全縣最早要「揭開舊縣委階級鬥爭路線鬥爭蓋子」的人；

縣革委成立以後，丁司令又是最先帶領學生炮轟縣革委的人。成為臨清最大的紅衛兵組織「東方紅」造反兵團的司令。

丁司令的經歷，就是臨清文化大革命的全景寫照。如果他寫一部回憶的書籍，內容一定跌宕起伏精彩紛呈。我與丁司令接觸並不多，對他的瞭解只是點滴與皮毛，所以我只能記述他的一些枝枝杈杈。

一九六四年，發表了一段毛主席關於教育改革的談話：

今天想談談教育問題。除中央的幾位同志以外，還邀請幾位黨外人士參加，還有科學院長、教育部長、北大、清華的同志和新華社的同志參加。教育的方針、路線是正確的，但是辦法不對。我看教育要改變，現在這樣還不行。現在課程就是多，害死人，使中、小學生、大學生天天處於緊張狀態。中小學生近視眼成倍增加，這樣不行。課程可以砍掉一半。學生要有娛樂、游泳、打球、課外自由閱讀時間。孔子教學生只有六門課程：禮、樂、射、御、書、數，教出了顏回、曾參、荀子、孟子四大賢人。顏回二十四歲死了。

現在的考試辦法是對付敵人的辦法，而不是對人民的辦法。實行突然襲擊，出一些偏題、古怪題，使學生難以捉摸，還是考八股文章的辦法。我看這種考試要徹底改革。我主張公開出考題，向學生公布，讓學生自己去研究，看書去做。譬如，對《紅樓夢》的研究，出二十道題，讓學生自己去研究解答。有的學生答出一半，但其中有幾個題目答得很出色，有創造性見解，這樣的試卷可以給一百分。另外有些學生二十道題全部都答了，是照書本上背下來的，按老師講的答對了，但是平平淡淡，沒有什麼突出的地方，這樣的試卷就可以給五十分或六十分。考試我看可以允許交頭接耳，甚至冒名頂替。自己不懂，問懂了就有收穫。交頭接耳、冒名頂替，過去不公開，現在讓它公開。這無非是你會我不會，你寫了我再抄一遍，也可以，抄會了也是一次學習。總之，考試的方法要改變，要搞得活一些，不要搞得太死，具體如何作法，可以試點。

還有，先生講課有的囉囉嗦嗦，要允許學生打瞌睡。你講的又臭又長，還一定讓人家聽。與其睜著眼睛聽著沒味道，不如打瞌睡，可以休息腦筋，養養精神，對身體有好處。

現在我們搞得太死了，課程太多，考得太死，我們不贊成。現在這種作法是摧殘人材，摧殘青年！我不贊成讀那麼多書。考試用對待敵人的辦法對付學生，害死人，要改變。

毛主席的這段談話傳達到臨清一中，引起了一陣子討論。給人印象最深的是丁玉泉和教導主任榮樹嶺關於上課的時候，學生是否可以不聽老師講，可以打瞌睡、可以看課外書的爭論。爭論的結果如何，現在已經記不得了。丁玉泉因為敢想敢幹敢說，思想活躍激進成為了全校的名人。

大概是一九六六年春季學校召開的體育運動會上，丁玉泉扔手榴彈時右胳膊受了傷，可能是關節脫臼一類的小傷痛。丁玉泉卻不去治療，老師同學多次催促他，他堅持不去醫院。從那以後，他的右胳膊只能彎曲著，不能伸直。能寫字，不能做需要用力的動作。他私下裏和同學說：

「周總理的右胳膊就伸不直。」

從上面兩件事既可以看出丁的抱負不淺，也可以看出他的迂腐。文化大革命還沒有開始，一個註定要在將來革命造反的群眾運動中刮起一陣風雲的人物已經具備了雛形。

一九六六年夏天，丁司令五個人給工作組張貼大字報的時候，我和邱衍平同學也曾經「支持」過，當時支持的人太多了，丁司令不一定能記住我。後來兩派紛爭，丁司令成為主要的角色，神龍見首不見尾，就再也難以見到老丁的身影。

只記得一次捍衛派在大眾公園裏召開萬人大會，會議的主題是批判劉少奇什麼的，目的是為本派造勢。各路人馬剛剛進入會場，主持大會的人還在指揮著調整隊形。只見丁司令單槍匹馬一個人闖進了會場，維持秩序的人沒有能把他攔住。丁司令爬上主席臺，雙手叉腰站在臺子的中央。會場一片混亂，這樣的場合又不能使用武力，臺上臺下的人都拿他沒法。丁司令乾脆脫掉了上衣，赤裸著身體的上半部分，演說加口號，硬是把一場精心安排的大會攪黃了。這件事，讓丁司令威名大震，那一年丁司令年方二十二歲。

丁司令的名氣日漸響亮，民辦中學一楊姓女生大膽吐露了對丁司令的愛慕。英雄美人的佳話，很快傳遍了臨清的大街小巷。

楊同學整日忙於造反事宜，好奇的人們無法目睹其芳容。楊同學的父親是百貨大樓布匹銷售櫃臺的售貨員，男女老少便紛紛前往百貨大樓觀看丁司令的準丈人。去的人多了，指指點點，說說道道，以至於讓那一向敬業的楊先生無法正常工作。楊先生的背有點駝，喜穿一件藍色的上衣，雙臂經常佩戴套袖。我上小學的時候就知道他是百貨公司布匹櫃臺的一名售貨員。

丁司令為炮轟事業征戰的過程，前面已經披露過一些，本章不再贅述。王效禹垮臺，炮轟派失敗，丁司令逃離臨清。不久這位名氣最大的學生領袖，被從他在夏津工作的姐姐家抓捕回來，時間大約是一九六九年底。

細心的讀者可能已經注意到：怎麼前面一節《一份清查「五一六」辦公室的彙報》裏，羅列的六十六個重點審查對象的名單中唯獨沒有名氣最大的丁司令？

請放心吧！勝利後的捍衛派們，絕不會輕饒了這個曾經讓他們頭疼無比的丁玉泉。正如前面師範幾個老師閒聊形勢時說的，丁司令被抓獲以後，直接投入了臨清縣公安局的監獄。丁司令是全縣唯一被公安局逮捕並關押在公安局的監獄裏的炮轟派首領。從一九六九年底到一九七三年初，丁司令在監獄裏關押了三十九個月，從二十四歲關押到二十八歲。老丁在監獄裏的情況，是後來當面聽他回憶的，所以也放到後面敘說。

大約是一九七四年的六月的一天，我和同學張善欣站在張家門口馬市街的路邊說話，只見丁司令騎著自行車從南邊過來。老丁下車說是大隊（村裏）的擴音器壞了，他進城來買零件。因辦完事還需要趕回村去，我們三言兩語即告別。看情形是他回農村後一邊參加生產隊的勞動，業餘為村裏管理擴音器廣播喇叭之類的設備。他依舊是短髮，騎的自行車很破舊，鈴鐺、車閘、擋泥板、後座、車鎖全沒有，騎上去咯吱咯吱亂響，丟到路邊都沒有人偷的那種。

聽其他同學說，老丁早就沒有了父母，回村後和孤身一人的叔叔住在一起。一天有同學去他家，見到他剛從地裏幹活回來，一個人正彎著腰在灶間吹火做飯。也許是柴火濕，也許是還沒有掌握做飯的要領，弄了滿屋子濃煙，卻燃不著火。看來是老丁回鄉後生活比較艱難。

艱難的日子一天天過去，丁司令等來了大學恢復招生的消息。一九七七年冬天，他和五百七十萬考生一起走進了關閉了十一年的高考考場。當年全國錄取新生二十七萬多，老丁沒有能成為其中的一員。丁司令考試的分數進入了錄取分數線，他的名聲再次害了他。

丁司令考上大學的消息不脛而走，成為那一陣臨清城鄉的特大新聞。縣裏那些還惦記著丁司令的人一聲指令下到鄉裏、村裏，老丁的政審沒有通過，連體檢都沒有讓他參加。半年後一九七八年夏季招生時，主管這件事的小官員做得更絕，乾脆就直接剝奪了丁玉泉的報名資格，大學徹底對丁司令關上了大門。

上不了大學，日子還得過下去，不久傳來老丁結婚的消息，說新娘是一個帶著孩子的再婚人。有同學見面問老丁婚事怎麼樣，老丁說：

「很好，沒費事就當上了爹。」

這樣的回答完全是丁司令的幽默風格。

鄉裏的中學需要代課教師，有人推薦了老丁，老丁成了脫產的人，每天去朱莊中學上課，在生產隊裏記十個工分，每月補助五元錢。後來縣裏又有人知道了丁司令當上代課教師的事，通知下來，朱莊中學只好把老丁辭退。

丁司令好像壓在大石頭下面的一棵草，有嫩芽鑽出來，就有人砍過來一鐮刀。斬盡殺絕的做法實在過分，老丁沒處申訴，沒有人能為丁司令這樣的人說句公道話，老丁只能忍了又忍。

一兩年後，朱莊中學一位代課教師（姑且稱呼他為黃老師吧）因故離去，老丁就又回到朱莊中學，頂替了黃老師的位置，也頂替了黃老師的名字。代課教師的花名冊上沒有丁老師的姓名，一切活動都是以黃老師的名義出現。縣裏再有人關注追查，無法找到丁司令的痕跡，鐮刀也就無從下手。當年丁玉泉一中做學生時是文科班，在朱莊中學代課教的是初中數學，頂替黃老師做代課教師的丁司令拿了十八年的教鞭。

二十多年間，老丁種地、代課、養育子女，除此之外，幾乎斷絕了和外界的聯繫，他只和徐耀宗一兩個同學偶爾通些信息。

在某學校擔任教導主任的徐耀宗知道代課教師老丁的日子是如何地艱辛。老丁的年齡五十歲了，代一輩子課，將來養老怎麼辦？一九九六年，上級行文為代課多年的教師們提供了一次到師範學校進修的機會，進修後通過考試，可以轉為正式的教師。徐耀宗約了幾個已在教育界擔任了領導職務的同學，共同想辦法要讓老丁搭上這輛末班車。時間推移，事過境遷，那些揮舞鐮刀以砍老丁為己任的人也退休的退休，離崗的離崗了。

徐同學們為老丁爭取來了一個進修的名額，卻哪裏也找不到有關老丁曾經擔任過中學代課教師的文字記錄，所有與此相關的檔案材料都是黃老師的，領取補貼的簽收單據上也都是黃老師的姓名。不能證明丁老師有過代課教師的經歷，進修轉正的事就無從談起。事情做到這裏了，下面怎麼辦？

丁老師拿來幾張照片，那是朱莊中學每年學生畢業時的集體照，每張都有丁老師的身影。用照片來證明一個人的歷史應該是最真實最有說服力的，慣常卻沒有這樣的先例。丁老師只能尋到這些憑證，主管人員最終予以批准，頗有些特案特辦的味道。

丁老師代課十八年後，最終成為一名正式教師。徐耀宗幾個辦了一件天大的好事，臨清一中所有的同學無不希望自己當年的領袖年老之時能有一個可以滿足最基本生活需要的歸宿，連我這個曾經的捍衛派也對徐耀宗幾個的努力滿懷感激之情。二〇〇五年，丁老師年滿六十退休，每月一千多元的退休金，算是老有所養。

二〇〇八年四月二十三日，風和日麗陽春天，我和同學張善欣去李堂村看望老丁。四十年沒有見過面了，說出姓名之後，丁玉泉同學還能相認。六十三歲的老丁身體還算不錯。

丁司令的家是三間平房，比鄰居家的都破舊，屋子裏一張桌子幾把凳子，沒有其他傢俱。丁司令的老伴說：

「這些年全供著孩子們上學了，你看這房子實在是該翻蓋了。」

又約來幾個同學，幾杯酒下肚，話題自然是當年的文革。下面是我和老丁的幾段對話，我問老丁：

「你文革期間真沒有打過人嗎？」

這樣問老丁和在座的同學都知道，我問的是一九六七年兩派較量期間。

老丁說：

「我那時候最反對打人了。學校外邊咱管不了，學校裏邊我說了算，你們想想，咱們學校內的兩派那時候是否從來沒有武鬥過？」

老丁用手指了指我和張善欣，說：

「要真動手，你們老保那幾個熊人，還經（得起我們）打呀？」

大家都哈哈大笑。

老丁接著回憶說：

「說起打人來，我還真讓學生們打過一個人，他就是咱們一中的周世顯老師。」

「你們知道，七三那天一中的學生挨了打，大家都在氣頭上。到了晚上，學校都關了大門，周老師卻偏偏在這時候敲門要到學校裏面來。他不是昏了頭，就是故意找事。（周世顯老師是捍衛派的，後來曾作為教師代表參加兩派在濟南的辯論會）看守大門的同學不給開門，周老師高聲叫嚷著砸門。我讓人把大門打開，周老師走進學校就被幾個學生扭到一間屋子裏。夏天穿的衣服少，有學生動手把周老師揍了一通，我沒有制止，我也想教訓一下他。」

「到了下半夜，看守周老師的學生故意放鬆看管，周老師自己跳牆跑了。有同學去報告我，我說：『跑了正好，省咱們的事了。』」

周世顯老師挨打的過程，老丁敘說的版本與其他同學告訴我的完全一致。

也就是周世顯老師被打那天夜裏，一中校園內的局勢非常緊張，捍衛派的大批人馬很可能趁著黑夜攻打一中這個炮轟派的據點。住在校園裏的學生們都做好了應急準備。冬季學生宿舍床鋪上鋪墊的麥草到了夏天就都要撤掉。撤掉了的麥草胡亂堆積在南校區的一片空地上。丁司令那天是獨自一人鑽到了那堆麥草裏過夜的。緊急時刻選擇這樣的隱身之處，實在是高明得很。勇冠三軍的老丁，謀略心計也是與眾不同的。

我又問老丁：

「你被關押的那三十九個月期間，你挨過打嗎？」

「沒有，沒有任何人打過我，一次也沒有。」

老丁接著這個話茬說：

「全縣（炮轟的）就逮捕了我一個，反倒便宜了我。老田（田保池）、老徐（徐建壯）那些傢伙，包括范春明，還有下邊的，都給打毀了。」

「那你在監獄裏都幹什麼？」

「剛進去時是審查，政治的，經濟的，男女作風的，凡是能審查的都審了個底朝天，結果是屁事沒有。那時候要是審出我的一丁點事，也得要我的小命。」

「審夠了，就不管我了。有時候幾個月沒一個人理我。」

「批鬥過你嗎？」

「批鬥過！你尋思批鬥能少得了我嗎？」

「批鬥你的時候，打你了沒有？」

「沒有，每次押著我去批鬥，公安局都派兩個人保護我，不讓打我。可能是怕把我打壞了，他們擔責任。」

「到後來，我最盼望的是挨批鬥。」

「為什麼？」

老丁這樣說大家都不理解。

「你們想一想，三十多個月見不到人。每天從一個小窟窿裏送進來三次窩窩頭，一張《人民日報》。沒有人和你說話，甚至一個人影也看不到，連人弄出來的動靜都聽不到，那滋味真難受。」

從左到右，後排：作者、張善欣、花俊起；前排：徐耀宗、丁玉泉、宋來泉（二〇〇八年五月於臨清）。據說這是丁司令四十年來第一次與臨清一中的同學聚會。

「所以我一天到晚盼著挨鬥。挨鬥的時候罵也好，吼也好，你能看到人，能看到那麼多的人。」

老丁說這些話的時候，表情很平靜。大家默默地聽著想像著當時的情景。

「公安局那熊舅子監獄是一棟平房，房頂上的瓦都露著縫，晚上能從縫裏看到星星，冬天特別冷，雪花從縫裏飄下來，凍得你沒法睡覺。」

「後來叫我寫悔過書，娘了個屁的，誰寫那熊黃子。」

「關了我三十九個月零幾天，最後什麼結論也沒有，說是我罪有應得，把我放出來是寬大。你上哪裏說理去？」

話題有些沉重，換一個吧。我問老丁：

「當年那個女朋友的事是真的嗎？」

「是真的。」

「後來呢？」

「後來人家不願意了。話說回來，就是人家願意，我成了這個樣子，咱也不能連累人家。」

話題還是沉重。

那天喝酒的六個同學，拍攝了一張合影。拍照的時候，我把原先坐在一側的老丁擁到前排的中間，說：

「老丁坐中間，你永遠是我們一中的司令。」

不久，我遇到我們高一二班的同學黃興榮。把與丁司令的合影給老黃一張。

黃興榮說了有關老丁的一件事：時間大約在一九九〇年前後，黃興榮在新疆當兵，擔任新疆軍區劉副政委的祕書，軍階不高，卻也是讓人高看的角色。

臨清機床廠有個工人叫滕丙寅，文革中曾擔任過炮轟派的工人組織頭頭（見本書第九章《七三事件》一節）。滕丙寅的兒子在新疆某部當兵，幹的是盡職盡責，還擔任了班長。那年冬天，小滕班長們負責看管的燃煤屢屢丟失。滕班長和班裏的士兵便在煤堆附近安裝了防竊電網。不巧有一四川籍士兵夜裏出來方便，尿液隨意拋灑，結果觸電身亡，事情驚動了上面的首長，指定軍事法庭介入。

滕丙寅病急亂投醫，打聽到黃興榮的關係，讓丁司令寫了一封親筆信，從臨清就到了新疆。滕丙寅對黃興榮說：

「這孩子出生的時候，我還蹲在監獄裏，打小我就沒有好好照顧過他。對不起孩子！」

說得動情，早已熱淚盈眶。

黃興榮言道：

「你老遠跑來，丁司令還寫了信，我一定盡力。」

臨清一中的同學們都知道，丁司令從監獄裏不明不白地被放出來以後，三四十年的時間，不論是報考大學受阻，還是當民辦教師被逐，為自己的事情，老丁沒有向任何一個同學發出過求助的要求。他民辦教師的身份轉正還是徐耀宗幾個主動幫他促成。為滕丙寅兒子的事寫信給黃興榮求助，大概是老丁唯一的一次。這件小事，可見丁司令的性情。

八十一、路司令

路常青是臨清蕭寨鄉人。他是在德州市讀的高中，是德州一中的紅衛兵司令。

路常青是在德州參加文化大革命認識王司令員的。路常青是紅衛兵的首領；王××是軍分區副司令員。據說是路常青主持的一次革命群眾批鬥當權派的大會上，路常青走過去摁了一下正彎腰接受批判的王副司令的腦袋，王司令從那起算是認識了路司令。

一九六九年，路常青和所有的老三屆中學生一樣，離開學校，或者說是高中畢業回到臨清蕭寨當了農民。第二年，聊城軍分區在本地招收了一批特殊士兵，數量不多，都是各種各樣的人才，有會唱歌的，有會畫畫的，有能寫文章的，有會打籃球乒乓球的。路常青也被選中，他的文字功底不錯。

新兵訓練結束，路常青分在了軍分區警衛連，警衛連的主要職責是站崗。一天路士兵正手持步槍軍容整齊站在聊城軍分區大門口執勤。新任軍分區司令員王××座在吉普車內緩緩駛進軍分區院裏。路士兵緊忙一個軍禮。哦！這不是路司令嗎？王司令員讓吉普車停下，隔著汽車玻璃仔細觀看。一點兒也不錯，的確是那個德州紅衛兵司令路常青。

王××司令員回到辦公室做的第一件事就是叫來管事的下屬，然後指令道：

「立即把大門口站崗的那個士兵給我開回去！」

於是，路常青被剝奪了軍籍。路士兵又成了路農民。

如果不是王××司令員的關照，聊城也好，臨清也好，根本不會有人知道路常青在德州讀高中時擔任過紅衛兵的司令。

蕭寨鄉地處臨清縣的東北一隅，立足這裏，幹出一些名堂後脫穎而出去縣裏工作，對於沒有任何背景的一名回鄉青年說來，確實有點兒難度。五年後，路常青完成了這一飛躍。一九七五年十二月，他被提拔為共青團臨清縣委員會的副書記。瞭解官場規則的人都知道，共青團副書記是一個很有前途的職位。

進入縣級機關後，路常青為人謹慎低調，工作兢兢業業，各方人緣盡力打點，年齡還不到三十歲，一步一步走下去，不說是前程似錦，職位穩穩地升上去應該是順理成章的事情。

天有可測之風雲，無產階級文化大革命好像必定會有這樣的結局。一九七八年，文革後第一次清理三種人時，路常青就被免除了職務。老路被免職後的去處只能是再回蕭寨，身份仍然是農民。

那一段時間我曾和路常青有過接觸。臨離開縣城時，路常青說：

「看來我這一輩子只能在俺們村裏幹了。三年後，我爭取當上村支書。」

不出三年，路常青擔任了他們村的黨支部書記，不似探囊取物，卻也水到渠成，路司令有這個能力。

管理一個村莊並不是一件容易的崗位，路書記不費氣力便能做到，還是那句話：路司令有這個本事。

我不想把路常青說成是什麼帶領鄉親們致富奔小康的人物，他也從來沒有說過這樣的語言。路司令當村官不同於其他同行的地方是他不想魚肉鄉親們。

村莊的黨支部書記沒有什麼收入，不要說比一般村民過的好，就是想保持和多數人一樣的生活，不依仗職務權利撈取好處也是辦不到的。

為了村裏有錢開銷，更是為了自己能過上比較富裕的日子，路常青在村裏辦起了一家工廠，生產醫用藥棉。蕭寨乃至周圍區域盛產棉花，原料不愁短缺。資金設備廠房籌備齊了，請來了技術指導，工廠就開了工。路廠長安排村裏的十幾個殘疾人進廠當了工人，生產的產品既可以免稅，又幫助了生活困難的村民，反正解決貧困戶的溫飽早晚也都是村支部書記的職責。

藥棉這種產品不是食品衣服，到處都有賣的，到處都可以銷售。藥棉的供銷早已形成固有的渠道，一個沒有基礎沒有背景沒有名氣的村辦小廠，想把自己的產品銷出去非常困難。路常青親自出去跑銷售，奔波了幾個月，拿到的合同寥寥無幾，工廠只能停產待銷。

有一次，在外奔波的路常青聽說在北京將要舉辦一個醫藥用品展銷會，趕忙帶上兩個人就奔了那裏。展銷會的規模真是不小，路常青知道這是一個千載難逢的好機會。

一問展銷會的路數，廠裏的家底連進會場搞定一個攤位的資金都出不起，看來得另闢途徑。

晚上住在小旅館裏，路常青買來紙板與筆墨，把自家工廠的產品介紹悉數寫好，製成一面二尺見方的牌子。第二天，路常青把牌子掛在自己的脖子上，在展銷會門前看準一個位置，駐足站在了那裏，很像文革時期胸前懸掛大牌子的被批鬥者。這樣特殊的展示方式，引來許多人觀看，甚至可以說是小小的轟動。

有一個人尤為關注小小展示牌上的內容，這個人的老家也是臨清，他為家鄉出了一個路老鄉這樣敬業的人所感動。

路常青在那裏站立了三天後，這個臨清老鄉自己找了來。臨清老鄉的職位不高，卻能夠在藥棉銷售中提供幫助。路常青的藥棉廠慢慢轉入正常的經營。

後來我只見過路常青一次，開著一輛吉普車到縣城辦事，來去匆匆也沒有多交談。那時還沒有村裏的支部書記能有小汽車坐，起碼臨清是沒有。

在寫這些文字的時候，路常青已是六十多歲的老人了。大凡遇到報紙電視上使用「精英」二字，我就會想到路常青，他是我們這個時代當之無愧的精英，能文能武，能上能下，智商情商都屬一流，幹什麼都能出彩。

路司令人生的顛簸起伏，只因為二十歲的時候摁了一下某個人的腦袋，而這個人是軍分區的副司令。

我在文化大革命中，一直屬於芸芸眾生，基本群眾，屬於混亂蟻群中的一隻工蟻，猶如驚恐逃命魚群裏的一條沙丁。文革後期清理「三種人」與我該無關係。

丁司令和路司令是我們那一代學生領袖中我比較熟悉的兩位。那年代的學生領袖，沒有誰個指派，都是因為群眾擁戴推舉才脫穎而出的，多數是同齡人中的佼佼者。

雖然我與丁司令的人馬曾經對立，但我對於這些人在文革後期全部被掃蕩出局非常惋惜，國家建設發展經濟也需要人才啊，認為高層制定這樣的政策當屬失誤，並為此而百思不得其解，甚至曾天真地設想：讓他們「戴罪立功」也好呀。

這樣的迷惑，直到我讀過《商鞅書》後，方才恍然大悟。原來我們民族的智慧，很早很早以前就為統治者提供了駕馭人民的獨門絕技。「以弱去強，以奸馭良」實乃統治者孜孜以求的祖傳祕方。丁司令、路司令是發生在山東一個小城市的個案；「焚書坑儒」、「反右派」則屬於震撼人類的創舉。

參照殘酷的中國歷史，參考反右的過程，丁司令、路司令們還算是幸運的。

本書的第二部《文革之火》結束的時候，我想再次表達一些誠摯的歉意。如果我的文字記述了一些師長故人朋友不願再次提及的陳年往事；如果我的記述與當年的事實有些出入，我希望能夠得到你們的寬容與諒解。

（第二部完）

附錄 「麻色文革」三部曲總目次

自 序
前 言
「麻色文革」首部曲：饑餓的小城
第一章 南劉家口村
一、一個鄰近白洋澱遙望太行山的村莊
二、來自山西沁州的移民
三、進德堂
四、小四合院（上）
五、跑反
六、蘭至兒與大氈
七、我的祖父
八、保定二師附小
九、土改
十、上中農（上）——三戶上中農的誕生
第二章 北劉家口村
十一、後頭院裏
十二、俊改換變拾夠剩
十三、通敵案和國特案
十四、逃往土木爾臺
十五、掃地出門
十六、臘月十四月亮白
十七、大姨（上）
十八、大姨（下）
十九、駕返瑤池
二十、三舅
二十一、二姨夫
二十二、巴扎表兄
第三章 走出劉家口村
二十三、父母的婚姻

二十四、小四合院（下）
二十五、我到人間
二十六、鄉親的乳汁
二十七、張超經理的信
二十八、去外面過咱們的小日子
二十九、劉口村人小名外號拾趣

第四章　童年歲月（上）

三　十、兩省邊界的小城
三十一、徒步到臨清
三十二、下堡寺
三十三、又回劉口村
三十四、紙馬巷
三十五、先當技師後做學徒
三十六、從三完小到三元閣
三十七、反右印象
三十八、大躍進二三事
三十九、饑餓（上）
四　十、一九六〇年暑假——「旅遊」的樂趣

第五章　童年歲月（下）

四十一、重返三完小
四十二、一九六一年暑假——兩支鋼筆的故事
四十三、大西河
四十四、舍利寶塔
四十五、進德會
四十六、元倉大雜院
四十七、巒山芋
四十八、一九六二年暑假——三支鋼筆的故事

第六章　初一二班

四十九、十字樓
五　十、我的老師
五十一、憨老孟（上）
五十二、饑餓（下）
五十三、一九六三年暑假（上）——童工
五十四、一九六三年暑假（下）——洪水
五十五、我的同學
五十六、四清（上）
五十七、我的理想

第七章　高一二班
五十八、二閘口
五十九、平庸的班級和三個不幸的學生
六　十、元旦會餐
六十一、地震
六十二、五姑
六十三、四清（下）
六十四、五一晚會

「麻色文革」二部曲：文革之火

第八章　文化大革命——一九六六
一、四十七頁筆記與一卷廢紙
二、文革風起
三、縣委派來了工作組
四、批判《國慶十點鐘》
五、改名
六、破四舊
七、掘墓燒屍
八、橫掃一切牛鬼蛇神（上）
九、語文教師孫誠
十、也是語文教師的高百祥
十一、體育教師張士仁
十二、榮主任
十三、憨老孟（下）
十四、政治課教師賈連城
十五、上中農（中）——紅紙做一個「紅衛兵」
十六、橫掃一切牛鬼蛇神（下）
十七、成者為王，敗者為寇
十八、《狐狸、綿羊和狼》
十九、一張兩個字的大字報
二十、一顆十五年前的地雷
二十一、派代表去北京見毛主席
二十二、大串聯——濟南
二十三、大串聯——北京
二十四、買像章
二十五、我的懺悔之一：揭發馬登洋同學
二十六、我的懺悔之二：砸碎武訓的雕像
二十七、我的懺悔之三：皮鞋與罐頭盒

二十八、我的懺悔之四：對聯與漫畫
二十九、我的懺悔之五：「你把軍裝脫下來！」

第九章　文化大革命——一九六七
三　十、燒掉黑材料
三十一、批鬥縣委書記
三十二、三二三奪權
三十三、炮轟與捍衛
三十四、「東方紅」
三十五、「井岡山」
三十六、七一造反兵團
三十七、脫坯
三十八、七三事件
三十九、濟南辯論
四　十、攻陷中型廠
四十一、逃亡
四十二、北京上訪
四十三、捍衛派的遠方戰友
四十四、第五生產隊
四十五、魚訊
四十六、外祖母的午餐
四十七、吃撈麵
四十八、拾柴火
四十九、榮枝媽

第十章　文化大革命——一九六八
五　十、築長城戰鬥隊
五十一、放風箏
五十二、糧票油票肉票雞蛋票
五十三、復課鬧革命
五十四、校長受辱自殺
五十五、校醫群毆致死
五十六、會計菜刀刎頸
五十七、數學教師魏固軒
五十八、反復舊
五十九、魏延領人來抄家
六　十、風雨同舟鬧革命，永遠忠於毛主席

第十一章　文化大革命——一九六九及以後
六十一、工人游擊隊

六十二、康莊學習班
六十三、批示十條
六十四、清查「五一六」與「一打三反」
六十五、一份清查「五一六」辦公室的彙報
六十六、「畏罪自殺」者一百三十七人
六十七、一份被列為機密的《情況反映》
六十八、「反共野戰兵團」
六十九、暗殺張部長
七　十、美人計
七十一、「叛逃到蘇修去」
七十二、一份關於家屬鬧事的報告
七十三、袁英之死
七十四、南郊會議
七十五、康聖莊人民公社
七十六、「勒令你把它喝下去！」
七十七、清理三種人
七十八、兩個縣委副書記
七十九、王澤國
八　十、丁司令
八十一、路司令

「麻色文革」最終曲：挖山洞的大兵

第十二章　穿上軍裝
一、徵兵大會
二、「要不你也去當兵吧！」
三、我們要去珍寶島
四、紅色的帽徽紅領章
五、絨衣
六、「打倒臺灣！」
七、感受青春
八、走進深山
第十三章　二連二班
九、山溝裏的保爾．柯察金們
十、二班的戰友
十一、一隻狼
十二、爆破事故
十三、五好戰士
十四、王彥梅與岳保才
十五、離開二連

第十四章　經始班（甲）

十六、村民老王家
十七、小知識份子成堆的地方
十八、芒果
十九、王部長詮釋工程建築兵
二十、林副統帥一號戰鬥令
二十一、關班長
二十二、黃助理與劉技術員
二十三、兩憶三查
二十四、煤礦農工馮海山
二十五、申請入黨
二十六、上中農（下）——政審調件來了
二十七、「打倒現代修正主義！」
二十八、火焰在爆炸聲中燃燒
二十九、劉維恩
三　十、杜英豪
三十一、「出土文物」

第十五章　經始班（乙）

三十二、趙班長
三十三、殺豬與搓背
三十四、張副營長
三十五、特異功能早期版
三十六、烏居棟與白德勝
三十七、李靖
三十八、三千個雷管和兩枚火箭彈
三十九、拉練（上）
四　十、黨支部委員老李
四十一、被槍斃了——第一份《入黨志願書》
四十二、胃潰瘍
四十三、驢

第十六章　經始班（丙）

四十四、林彪叛逃
四十五、通緝令
四十六、「精神病患者」
四十七、青山溝子
四十八、山坡上有人唱《國際歌》——第二份《入黨志願書》

四十九、軍屬（上）
五　十、永遠十九歲的馬九成
五十一、概率
五十二、朱文芝
五十三、兩名女知青、兩車鋼材和一塊上海牌手錶
五十四、「伯恩斯坦」
五十五、「現編的！」
五十六、好兵陸遜
五十七、營房前後的兩座山包——第三份和第四份《入黨志願書》
五十八、山中人惘解人間事

第十七章　經始班（丁）

五十九、代理班長
六　十、三個女兵
六十一、五月一日的嘉獎令
六十二、軍屬（下）
六十三、相親
六十四、山梁上的鬼火
六十五、卸磨殺驢
六十六、兔子急了也咬人
六十七、書記官周瑜

第十八章　二連十一班（上）

六十八、回二連
六十九、拉練（下）——小山村的兩戶人家
七　十、「康德」、「托洛斯基」和「布叔叔」
七十一、「西哈努克」解排長
七十二、黨小組長李金海
七十三、安全員
七十四、卸水泥
七十五、父親的失望與憤怒

第十九章　二連十一班（下）

七十六、批林批孔
七十七、一不怕死，二不怕苦
七十八、山洪中的推土機手
七十九、生產模範
八　十、「勞動黨」
八十一、劉占嶺

八十二、「老九」
八十三、辛光學
八十四、一篇黑板報稿和一份發言提綱
八十五、「我們施工為人民」
八十六、「雷打不動」

第二十章　脫去軍裝

八十七、經始班出事了
八十八、二百米賽跑
八十九、去商業局工作？
九　十、終成正果——第五份和第六份《入黨志願書》
九十一、站好最後一班崗
九十二、「康德」排長打開了我的檔案袋

後　記

一、關於上中農
二、關於童子軍
三、關於調件的演繹與推理
四、鋪磚
五、汽車調度
六、政工幹事
七、國人共一哭
八、一九七七年高考
九、四十八根螢光燈管
十、離開臨清
十一、夢

附　錄　「麻色文革」三部曲總目次

目擊中國05　史地傳記類　PC0337

「麻色文革」二部曲
——文革之火

作　　者／南懷沙
主　　編／蔡登山
責任編輯／劉　璞
圖文排版／陳姿廷
封面設計／秦禎翊

發 行 人／宋政坤
法律顧問／毛國樑　律師
出版發行／秀威資訊科技股份有限公司
114台北市內湖區瑞光路76巷65號1樓
電話：+886-2-2796-3638　傳真：+886-2-2796-1377
http://www.showwe.com.tw
劃撥帳號／19563868　戶名：秀威資訊科技股份有限公司
讀者服務信箱：service@showwe.com.tw
展售門市／國家書店（松江門市）
104台北市中山區松江路209號1樓
電話：+886-2-2518-0207　傳真：+886-2-2518-0778
網路訂購／秀威網路書店：http://www.bodbooks.com.tw
國家網路書店：http://www.govbooks.com.tw

2013年8月BOD一版
定價：500元

國家圖書館出版品預行編目

「麻色文革」二部曲：文革之火 / 南懷沙著. -- 一版. --
臺北市 : 秀威資訊科技, 2013.08
面； 公分. -- (史地傳記類 ; PC0337)
BOD版
ISBN 978-986-326-146-9 (平裝)

1. 文化大革命 2. 文集

628.75　　102013365

讀者回函卡

感謝您購買本書，為提升服務品質，請填妥以下資料，將讀者回函卡直接寄回或傳真本公司，收到您的寶貴意見後，我們會收藏記錄及檢討，謝謝！

如您需要了解本公司最新出版書目、購書優惠或企劃活動，歡迎您上網查詢或下載相關資料：http:// www.showwe.com.tw

您購買的書名：＿＿＿＿＿＿＿＿＿＿＿＿＿＿＿＿＿＿＿＿＿＿＿＿

出生日期：＿＿＿＿年＿＿＿＿月＿＿＿＿日

學歷：□高中（含）以下　□大專　□研究所（含）以上

職業：□製造業　□金融業　□資訊業　□軍警　□傳播業　□自由業

□服務業　□公務員　□教職　□學生　□家管　□其它＿＿＿

購書地點：□網路書店　□實體書店　□書展　□郵購　□贈閱　□其他

您從何得知本書的消息？

□網路書店　□實體書店　□網路搜尋　□電子報　□書訊　□雜誌

□傳播媒體　□親友推薦　□網站推薦　□部落格　□其他＿＿＿＿＿

您對本書的評價：（請填代號　1.非常滿意　2.滿意　3.尚可　4.再改進）

封面設計＿＿　版面編排＿＿　內容＿＿　文／譯筆＿＿　價格＿＿

讀完書後您覺得：

□很有收穫　□有收穫　□收穫不多　□沒收穫

對我們的建議：＿＿＿＿＿＿＿＿＿＿＿＿＿＿＿＿＿＿＿＿＿＿＿＿

＿＿＿＿＿＿＿＿＿＿＿＿＿＿＿＿＿＿＿＿＿＿＿＿＿＿＿＿＿＿

＿＿＿＿＿＿＿＿＿＿＿＿＿＿＿＿＿＿＿＿＿＿＿＿＿＿＿＿＿＿

＿＿＿＿＿＿＿＿＿＿＿＿＿＿＿＿＿＿＿＿＿＿＿＿＿＿＿＿＿＿

請貼
郵票

11466
台北市内湖區瑞光路 76 巷 65 號 1 樓

秀威資訊科技股份有限公司　　收

BOD 數位出版事業部

(請沿線對折寄回，謝謝！)

姓　　名：＿＿＿＿＿＿＿＿　年齡：＿＿＿＿　性別：□女　□男

郵遞區號：□□□□□

地　　址：＿＿＿＿＿＿＿＿＿＿＿＿＿＿＿＿＿＿＿＿

聯絡電話：(日)＿＿＿＿＿＿＿＿＿＿(夜)＿＿＿＿＿＿＿＿＿＿

E-mail：＿＿＿＿＿＿＿＿＿＿＿＿＿＿＿＿＿＿＿＿